Rhetorik | Psychologie | Manipulation | Kommunikation

Das große 4 in 1 Buch: Wie Sie Menschen lesen, Rhetorik entschlüsseln und Ihren Gegenüber durch souveräne Kommunikation für sich gewinnen

Martin von Oldenburg

ISBN –9798552760060

Inhalt

Vorwort

Ich heiße Sie herzlich Willkommen in diesem Buch und freue mich darauf, Sie in den nächsten Tagen, Wochen und Monaten begleiten zu dürfen.

Psychologie, Kommunikation, Rhetorik und Manipulation – sehr wichtige Begriffe, die nicht nur tiefgreifend sind, sondern deren Inhalte uns auch in unserem Alltag begegnen. Doch Sie fragen sich bestimmt, was sich hinter diesen hochtrabenden Begriffen verbirgt und was in diesem Buch auf Sie wartet!

Wir werden uns mit vier großen Themenblöcken beschäftigen.

Psychologie – ein sehr weitgreifendes Thema, das uns eigentlich täglich begleitet und beeinflusst. Wir werden herausfinden, woher die Psychologie kommt und in welcher Form sie uns in unserem alltäglichen Leben begleitet. Dabei werden wir besonders auf die angewandte Psychologie eingehen. Welche Wirkung bestimmte Denk- und Verhaltensweisen auf den Menschen haben und welche Entscheidungen wir aktiv treffen können, um unser Leben positiv zu gestalten.

Kommunikation – auch sie begleitet uns täglich. Ob nun im positiven oder im negativen Sinne. Zu diesem Thema finden Sie in diesem Buch geballtes Fachwissen. Denn wir gehen auf die verschiedensten Bereiche der Kommunikation ein, beleuchten verbale und nonverbale Kommunikation, setzen uns mit der Problematik von Missverständnissen auseinander und beleuchten, verschiedenste Kommunikationsstrategien. Außerdem finden wir heraus, wie Sie sich in unterschiedlichen Gesprächssituationen verhalten, um Ihre Anliegen an Ihren Gesprächspartner zu übermitteln.

Rhetorik – ein unbeschreiblich wichtiger Teil der Kommunikation. Wir werden in diesem Buch erarbeiten, welche rhetorischen Mittel Ihnen bei der Kommunikation zur Verfügung stehen. Welche Vorgehensweise ist mit welcher Wirkung verbunden? Wir gehen bis ins kleinste Detail und finden dabei heraus, wie Sie Ihre Gedanken und Ideen noch geschickter an Ihre Mitmenschen weitergeben können.

Manipulation – der vierte Bestandteil dieses Buches. Sie verbindet die Kommunikation mit der Psychologie. Manipulation wird häufig verteufelt, doch was verbirgt sich wirklich hinter diesem Begriff? Wer wendet manipulative Strategien an und in welchen Situationen? Handelt es sich hierbei wirklich um Monster oder steckt in uns allen auch ein Stück manipulativen Verhaltens? Wir gehen der Frage auf den Grund, wer im Alltag besonders manipulativ ist und wer leicht zum Opfer wird.

Außerdem erarbeiten wir, was Sie tun können, um Ihre Ideen und Vorhaben bei Ihren Mitmenschen durchzusetzen.

Wie Sie sehen, treffen in diesem 4 in 1 Gesamtwerk vier sehr unterschiedliche Themen aufeinander, deren äußerst interessante Schnittpunkte wir näher betrachten wollen. Höchst komplexe Thematiken werden in gebündeltem Fachwissen übermittelt. Ein Meisterwerk mit interessanten Fakten und nützlichen Tipps, um das Erlernte in die Praxis umzusetzen.

Psychologie

Eine Einleitung in die Psychologie

Was ist Psychologie?

Die Psychologie ist eine äußerst komplexe, tiefgreifende Wissenschaft. Sie ist schwer zuzuordnen und lässt sich unterschiedlich auslegen, aus diesem Grund gehört sie allgemein zu den Geisteswissenschaften, den Sozialwissenschaften und darüber hinaus auch zu den Naturwissenschaften. Je nach Fokus des Betrachters kann die Psychologie stärker oder weniger stark in eine dieser Gruppen eingefügt werden.

Personen, die sich mit der Naturwissenschaft beschäftigen, erkunden dabei die Natur. Mögliche Themengebiete sind deshalb zum Beispiel Biologie, die Geologie, die Agrarwissenschaften oder aber auch Physik, sowie Chemie. Naturwissenschaftler gehen systematisch vor. Sie gebrauchen Werkzeuge, um die einzelnen Funde und Entdeckungen auszumessen, zu wiegen oder zu beobachten. Mit Hilfe dieser Werkzeuge, sowie eingehender Analysen und Beobachtungen stellen arbeiten die Naturwissenschaftler Muster und Methoden heraus, mit deren Hilfe sie die unterschiedlichsten Prozesse erklären, einordnen und voraussehen können. Dies ist auch in der Psychologie eines der Anliegen der Wissenschaftler. Denn es geht unter anderem darum, menschliches Denken und Verhalten zu analysieren, zu beobachten und anschließend Erklärungen und Gemeinsamkeiten zu finden. Mit Hilfe dieser Strategien sollen Lösungen für psychische Probleme betroffener Personen gefunden werden. Außerdem helfen die Techniken dabei, ein mögliches Verhalten bestimmter Personen vorauszusehen.

Die Humanwissenschaften befassen sich mit allen Themen, die den Menschen als Zentrum ihrer Untersuchungen haben. Hierzu gehören zum Beispiel die Humanmedizin, die Sozialwissenschaften oder die Geisteswissenschaften.

Zu den Sozialwissenschaften gehören unter anderem die Kindheitsforschung, die Pädagogik, die Soziologie, die Wirtschaftswissenschaften, die Rechtswissenschaften und die Politikwissenschaften. Es wird untersucht, wie die verschiedenen Institutionen und die einzelnen Individuen in den Gesellschaften miteinander verflochten sind. Hierzu werden Statistik und Empirik verwendet, deren einzelne Methoden und Modelle in einem Studium erlernt werden. Die Sozialwissenschaften dienen dazu, das Verhalten der Menschen und ganzer sozialer Gebilde zu analysieren, zu verstehen und bestimmte Verhaltensmuster oder Regeln herauszuarbeiten.

Unter den Geisteswissenschaften werden heute rund 40 verschiedene Wissenschaftsbereiche zusammengefasst. Dies sind unter anderem Wissenschaften, die sich mit historischen, kulturellen, geistigen oder soziologischen Themen befassen.

Die einzelnen Wissenschaften sind insgesamt schwer einzuordnen, denn die einzelnen Themenbereiche überlappen sich häufig, gehen ineinander über oder tauchen an mehreren Stellen auf. Auch die Psychologie kann deshalb nicht einer einzelnen Wissenschaft zugeordnet werden. Es kann jedoch darauf hingewiesen werden, dass sie sich in einzelne Wissenschaften einbettet, je nachdem, worauf das Augenmerk gelegt wird.

Der Begriff „Psychologie" stammt aus dem Altgriechischen und bedeutet wörtlich übersetzt „Die Lehre der Seele". Psyche kann unter anderem mit Geist, Atem, Seele, Leben, Gemüt oder Lebenskraft übersetzt werden. Logía beschreibt die Wissenschaft oder die Lehre über etwas. Aus diesen beiden Begriffen entstammt das Wort Psychologie.

Die Psychologie an sich wird von den Wissenschaftlern in unterschiedliche Bereiche unterteilt. Hierzu gehören die Neurowissenschaft, die Kognitionswissenschaft und die Verhaltenswissenschaft. Darüber hinaus betonen die Wissenschaftler, dass sich nicht alle psychologischen Bestandteile auf der Empirik der Naturwissenschaften beweisen und erklären lassen. Aus diesem Grund wird der geisteswissenschaftlichen Psychologie ebenso eine wichtige Rolle zuteil.

Psychologen sind Menschen, die sich in ihrem Arbeitsumfeld dadurch auszeichnen, dass sie ihr Wissen im Bereich der

Psychologie anwenden. Hierzu gehört beispielsweise, die Erlebensweise und das Verhalten von verschiedenen Menschen analysieren und erklären zu können, um auf den Beobachtungen eine Vorhersage über zukünftige Verhaltensweisen der Person ausarbeiten zu können. In Deutschland ist für den Erhalt dieser Berufsbezeichnung unter allen Umständen ein Hochschulstudium notwendig. Dieses nimmt mehrere Jahre in Anspruch, denn die Inhalte, die dort vermittelt werden, sind komplex. Es handelt sich um ein wissenschaftliches Studium, bei welchem auf die Arbeiten und Werke vergangener Philosophen, Psychologen und Wissenschaftler eingegangen wird. Darüber hinaus erlernen die Studenten verschiedene Techniken, sowie den Umgang mit Statistiken. Um als Psychotherapeut arbeiten zu können, benötigt man eine auf das Studium aufbauende, mehrjährige Ausbildung zum Psychotherapeuten. Mit dem Abschluss des Psychologen kann man vor allem im Bereich der Marktforschung, sowie des Personalmanagements oder in der Bildungsberatung arbeiten. Darüber hinaus kann man im Bereich der Wissenschaft an Universitäten tätig werden oder eine Stelle in einer sozialen Einrichtung, beim Jugendamt oder bei Beratungsstellen annehmen. Selbst bei der Polizei werden Psychologen benötigt. Das Studium öffnet somit die Möglichkeiten, in einen breit gefächerten Arbeitsmarkt einzusteigen.

Psychologie im Wandel der Zeit

Bereits rund 350 Jahre vor Christus schrieb der griechische Philosoph Aristoteles sein Lehrbuch, in welchem er sich mit der Seele befasste. Auch Platon erstellte ein Schichtenmodell der Seele, welches später die Grundlage für das Strukturmodell von Freud werden sollte. Der Mensch befasst sich somit bereits seit vielen Jahrhunderten mit der Psyche. Im Mittelalter setzten sich die Gedankengänge fort, hinzu kamen ganz neue Ideen, die den Grundstein für die moderne Psychologie legten.

Der persische Arzt, Dichter, Philosoph und Naturwissenschaftler Avicenna untersuchte um das Jahr 1000 n. Chr., wie die kognitiven Prozesse im Menschen, zu denen unter anderem auch das Gedächtnis, sowie die Vorstellungskraft gehören. Er arbeitete verschiedene psychische Krankheiten heraus und befasste sich ausgiebig mit ihnen. Weitere wichtige, historische Persönlichkeiten beschäftigten sich im Laufe ihres Lebens mit der Seele des Menschen. Der Spanier Juan Huarte de San Juan war seiner Zeit in einigen Bereichen weit voraus, denn er gebrauchte schon 1575 einige Gedanken und Ideen, die viele Jahre später in der modernen Psychologie wieder aufgegriffen wurden. Lessing übersetzte das Werk aus dem Spanischen und gab ihm den Titel „Prüfung der Köpfe zu den Wissenschaften". Das geschah jedoch erst rund zweihundert Jahre später, im Jahr 1752. Durch Lessings Übersetzung erlangten die Ideen und

Gedanken des Spaniers Huarte de San Juan in Deutschland einen hohen Bekanntheitsgrad.

Der deutsche Philosoph Johann Thomas Freigius beschäftigte sich Zeit seines Lebens mit Aristoteles. Er war Professor an der Universität in Freiburg und geriet auf Grund seiner Auffassung und seiner Gedanken mehrmals in Konflikte mit der Kirche. Freigius war derjenige, der nachweislich zum ersten Mal das Wort *psychologia* gebrauchte, nämlich in seinem Werk über die Fragen der Logik und Ethik, welches 1574 in Basel gedruckt wurde. Sicher kannte er auch die Niederschriften von Gregor Reisch, welcher in Freiburg im Jahre 1503 sein Werk Die Perle der Philosophie drucken lies. Es handelt sich hierbei um die älteste Enzyklopädie, die im deutschen Raum gedruckt wurde.

Die Fragen zu Themen der Psychologie nahmen weiter zu, sodass sich im Laufe der Jahre in den verschiedenen Ländern der Welt die unterschiedlichsten Gedankengänge und Modelle entwickelten. Diese waren häufig ineinander verwoben, denn die Naturwissenschaftler und Philosophen, die sich mit diesen Themen beschäftigten, griffen Ideen ihrer Mitmenschen auf, vereinten unterschiedliche Strömungen und entwickelten diese in ihre individuelle Richtung weiter.

Mit dem Zeitalter der Aufklärung, welches von etwa 1650 bis 1800 stattfand, nahmen die Gedanken und Äußerungen rund um das Vorgehen im Inneren des Menschen zu. Kirchliche Vorstellungen und Gebote wurden hinterfragt, Denker wie Kant und Leibniz forderten die Menschen dazu auf, Vernunft in ihren Alltag zu integrieren und von Vorurteilen und aufgebürdeten Gedankenmustern Abstand zu nehmen.

In diesem Zeitraum beschäftigten sich die Philosophen und Naturwissenschaftler verstärkt mit der Psychologie, erstmals wurden Begriffe wie „rationale Psychologie" und „empirische Psychologie" verwendet. Auffällig ist, dass besonders die Schriftsteller und Philosophen des 19. Jahrhunderts, darunter Nietzsche und Dostojewski, ihrer Zeit weit voraus waren und bereits wichtige Erkenntnisse hatten, die sehr viel später in der modernen Psychologie auftauchen sollten.

Die Psychologie blieb lange Zeit ein Gebiet der Denker und Dichter. Schriftsteller und Philosophen beschäftigten sich mit ihr, doch sie stützten sich dabei eher auf Gedanken und Ideen, als auf Statistiken und Wissenschaft.

Erst im Laufe des 19. Jahrhunderts wird Psychologie auch als Naturwissenschaft betrachtet. Seitdem wird sie auch an unterschiedlichen Universitäten gelehrt, wobei Wilhelm Wundt im Jahr 1879 an der Universität in Leipzig das erste Labor gründete, welches sich mit der Erforschung psychologischer Gedanken und Phänomene beschäftigte. In Deutschland begann der Vormarsch des Faches Psychologie, welches von dort aus ausgebreitet und auch an anderen Universitäten Europas unterrichtet wurde. Frankreich, England und später auch Nordamerika gehörten zu den Ländern, in welchen das Studium der Psychologie und somit des Verhaltens des Menschen, besonders stark vorangetrieben wurde. Unter dem Grundgedanken der Naturwissenschaften wurden die Mathematik und die Physik immer stärker eingebunden. Darüber hinaus wurden statistische Methoden entwickelt, nach denen das Verhalten der Menschen analysiert werden konnte. Daraus konnten Verhaltensmuster gewonnen werden, mit deren Hilfe das zukünftige Verhalten der Menschen vorausgesehen werden kann.

Nachdem die Psychologie im 18. Jahrhundert einen großen Wandel erfuhr, kristallisierten sich im 19. Jahrhundert verschiedene Richtungen und Strömungen heraus.

Behaviorismus

Diese Strömung geht davon aus, dass die Verhaltensmuster der Menschen beinahe ausschließlich erlernt seien. Daraus ergibt sich ebenso die Schlussfolgerung, dass sie auch wieder verlernt werden können. Im Vordergrund der Forschungen steht das Verhalten der Personen, dabei wird jedoch nicht darauf geachtet, welche Emotionen, Gedanken und Motivation hinter bestimmten Verhaltensweisen stehen. Der Behaviorismus geht davon aus, dass der Mensch als einzelner von den Eindrücken und Einwirkungen seines Umfelds gelenkt wird.

Psychodynamische Sichtweise

Diese Herangehensweise an die Psychologie fand im Laufe der Jahre viele Anhänger, aus deren Gedanken und Ideen sich innerhalb dieser Sichtweise mehrere Strömungen formten. Eine weit bekannte Persönlichkeit in diesem Zusammenhang ist Siegmund Freud, welcher für die Entwicklung der Psychoanalyse zuständig war. Diese wurde später von anderen Psychologen erweitert und weiter entwickelt. Dabei gehört die Psychoanalyse aus wissenschaftlicher Sicht jedoch nicht zur Psychologie. Es handelt sich eher um ein komplexes Modell mit Ursprüngen in der Philosophie, der Neurologie, der Psychiatrie und der Metaphysik. Sie war jedoch der Grundstein für die Analytische Psychologie, die sich aus ihr entwickelte.

Im Laufe des 20. Jahrhunderts erfuhr die Psychologie unter dem Nationalsozialismus einen tiefen Einschnitt, denn Hitler nutzte verschiedene, psychologische Mittel, um das Verhalten und die Gedankengänge der deutschen Bevölkerung in eine bestimmte Richtung zu lenken.

Ab der zweiten Hälfte des 20. Jahrhunderts veränderte sich die Psychologie stetig weiter. Es kamen neue wissenschaftliche Methoden hinzu, welche die Psychologie vom Behaviorismus weglenkten, hin zu der Auffassung, dass das Verhalten des Menschen durchaus auch von seinen ganz persönlichen Gedanken beeinflusst wird.

Heute existieren ganz unterschiedliche Ansätze nebeneinander, die sich gegenseitig nicht einschränken oder in Frage stellen. Das bietet zwar eine unheimliche Vielseitigkeit und einen großen Reichtum an Gedankengut, bedeutet jedoch auch, dass die Psychologie zu einem sehr weitreichenden, komplexen Themengebiet wird. Auch während des Studiums kommt es deshalb ganz darauf an, welche Richtung die Studierenden einschlagen möchten. Darüber unterscheidet unter anderen, welchen kulturellen, religiösen und persönlichen Hintergrund sie haben.

Psychische Gesundheit und Krankheit

Welche psychischen Krankheiten kommen in Deutschland am häufigsten vor?

Die meisten Menschen machen sich im Alltag kaum Gedanken über psychologische Fragen. Stress und die Bearbeitung verschiedenster Aufgaben geben uns gar nicht genug Zeit, um uns täglich mit unserer psychischen Gesundheit zu beschäftigen. Wir kommen zur Welt, werden von unseren Eltern großgezogen und kommen dann in das System, das sich Gesellschaft nennt. Schule, Ausbildung, Arbeit, dann bilden wir unsere eigene Familie und hinzu kommen die Gedanken rund um unsere Existenzsicherung. Hauskauf oder Mietwohnung, was soll es in der nächsten Woche zu essen geben und haben die Kinder die Hausaufgaben gemacht? Dies sind einige der Fragen, die sich tagtäglich mit den eigenen Sorgen um den Arbeitsplatz vermischen. Bei all den Aufgaben und Ängsten funktionieren wir einfach. Solange, bis wir eines Tages nicht mehr funktionieren.

Die meisten Menschen gönnen sich nicht einmal eine Auszeit, wenn sie eine körperlich sichtbare Erkrankung haben. Dann wird mit einem gebrochenen Knöchel zur Arbeit gehumpelt und die Einkäufe werden trotz starker Erkältung gemacht. Schließlich müssen alle Familienmitglieder versorgt werden.

Doch jeder vierte Mensch kommt innerhalb seines Lebens mindestens einmal an den Punkt, an welchem er unter einer psychischen Erkrankung leidet. Darüber wird meist nicht gesprochen, denn psychische Krankheiten gelten in der Gesellschaft weiterhin als Tabu-Thema. Das ist erschreckend, schließlich befinden wir uns in einem Zeitalter der Aufklärung und Toleranz. Für die betroffenen Personen wird die Erkrankung oft dadurch verschlimmert, dass sie Angst vor den Reaktionen ihrer Mitmenschen und Vorgesetzten haben. Wer an Angststörungen oder Depressionen leidet, der macht sich nicht nur Gedanken über sein eigenes Leid und seine Ängste. Er wird auch häufig mit Unverständnis seitens seiner Mitmenschen konfrontiert.

Dabei sind psychische Erkrankungen keineswegs eine Seltenheit. Wie bereits erwähnt, leiden 25 Prozent der Menschen mindestens einmal in ihrem Leben unter einem Zustand, der als psychische Erkrankung einzuordnen ist. Hierzu gehören unter anderem Störungen, die durch Medikamenten- oder Alkoholkonsum herbeigeführt werden. Auch Angststörungen und Depressionen treten auffällig häufig auf.

Angststörungen

Keiner von uns ist vollkommen frei von Ängsten. Jeder von uns stand schon einmal vor einer Situation, die ein schwerwiegendes Problem bedeutet und machte sich dann Gedanken darüber, wie er dies lösen könnte. Es gibt Ängste, welche viele Menschen teilen und die zum Teil aus unseren Urinstinkten stammen. Wir bewegen uns zum Beispiel nicht gerne in der Dunkelheit, weil wir dann kaum etwas sehen können und nicht wissen, wohin wir gehen und ob wir womöglich im nächsten Moment mit einem Hindernis zusammenstoßen könnten.

Doch neben den allgemeinen Ängsten entwickelt jeder Mensch im Laufe seines Lebens ganz persönliche Eigenheiten. Viele Menschen empfinden es als angsteinflößend, einen Abend mit fremden Menschen verbringen zu müssen. Andere haben Angst vor Spinnen, Schlangen oder Nachtfaltern. Doch bei manchen Personen entwickeln sich daraus Angststörungen. Diese bedeuten eine Einschränkung für den Alltag und können auf einem konkreten Gegenstand oder Tier beruhen, ebenso wie auf einer etwas abstrakteren Lebenssituation. Einige Personen verfallen in Panik, wenn sie sich alleine in einem Raum befinden oder haben insgesamt Angst vor der Einsamkeit. Andere bekommen in einem Fahrstuhl Platzangst und müssen deshalb die Treppen benutzen, selbst wenn sich ihr Ziel im 12. Stockwerk eines Gebäudes befindet. Einige Ängste werden von den Mitmenschen als logisch angesehen und deshalb gut aufgenommen. Es ist beispielsweise für jeden leicht verständlich, wenn eine Person, die in einer bestimmten Situation oder von einem bestimmten Menschen misshandelt wurde, im Laufe ihres Lebens eine große Angst vor eben dieser Situation oder Person entwickelt. Andere Ängste können von den Mitmenschen jedoch weniger gut nachvollzogen werden. Hat eine Person Panik sich zu verschlucken und nimmt deshalb nur noch pürierte Speisen zu sich, dann kann das im sozialen Umfeld auf Unverständnis treffen.

Bipolare Erkrankung

Wenn eine Person häufige Stimmungsschwankungen hat und dabei innerhalb kurzer Zeit von glücklich zu traurig oder wütend wechselt, so wird im Volksmund oft gesagt, diese Person sei bipolar. Aus medizinischer Sicht ist dann von einer bipolaren Erkrankung die Rede, wenn ein Mensch in verschiedenen Intervallen lebt. Ein Intervall beschreibt den normalen Zustand. Die Person ist ansprechbar, nimmt die Realität wahrheitsgetreu wahr und lebt einen geregelten Alltag. Dieser Zustand wird durch ein Intervall der Manie abgelöst. In dieser Zeit fühlt sich die Person besonders energiegeladen. Sie braucht nur sehr wenig Schlaf, fühlt sich trotzdem stets ausgeschlafen und ist rastlos. Die Gedanken scheinen in ihrem Kopf zu wirbeln, in Diskussionen ist sie ihren Mitmenschen zehn Schritte voraus. Einige Menschen sind in dieser Phase besonders glücklich. Auch ihr Gehirn funktioniert anders. Geräusche scheinen deutlicher, Farben sind klarer und Düfte tränken die Luft. Das Gehirn einer manischen Person scheint nie still zu stehen. Diese Menschen haben die glänzendsten Ideen, neigen dabei jedoch oft zum Größenwahnsinn und reagieren darüber hinaus sehr schnell gereizt. Dies ist mit einer Glühbirne zu vergleichen, die unter einem zu hohen Stromeinschuss überaus hell leuchtet.

Im Anschluss daran brennt die Glühbirne jedoch durch. Die Person verfällt in eine Depression. Manische Personen agieren übertrieben. Sie achten nicht auf ihre finanziellen Möglichkeiten, sind im Umgang mit ihren Mitmenschen schwer einzuschätzen und zerstören durch ihr unbedachtes, unvorsichtiges Verhalten und ihre verzerrte Wahrnehmung oft viele Beziehungen.

In der depressiven Phase werden sie sich der Zerstörung bewusst. Sie können nicht glauben, was sie mit ihrem Verhalten verursacht haben und stehen oft vor Schulden, gescheiterten Beziehungen und anderen Katastrophen. Während der depressiven Phase sind Menschen mit einer bipolaren Erkrankung besonders Suizidgefährdet.

Kämpfen sie sich mit Hilfe einer Therapie und einer medikamentösen Behandlung aus der Depression heraus, so können sie mit einem optimalen Zusammenhalt ihres sozialen Umfelds und großer Unterstützung häufig einen längeren Zeitraum im normalen Zustand leben. Früher oder später setzen jedoch erneute manische und depressive Phasen ein, die meist nicht durch große Einflüsse von außen verursacht werden.

Depression

Beinahe jeder Mensch macht in seinem Leben Phasen durch, in welchen er mit Problemen zu kämpfen hat. Es gibt Menschen, die mit diesen Problemen besser zurecht kommen als andere. Sie sind weniger empfänglich für die einzelnen Emotionen, die durch besagte Probleme ausgelöst werden. Doch für viele Personen ist das nicht einfach. Es kommt dabei nicht einmal unbedingt auf die objektive Größe des Hindernisses an. Viel entscheidender ist, wie das Gehirn der betroffenen Person auf diese Probleme und die dadurch ausgelösten Emotionen reagiert und diese verarbeiten kann.

Es handelt sich um einen chemischen Prozess, auf den auch die Wahrnehmung der Person einen großen Einfluss hat. Eine Depression ist nicht immer einfach zu diagnostizieren. Auch wenn sie insgesamt von einer gedrückten Stimmung und Lustlosigkeit begleitet wird, können die einzelnen Symptome stark variieren. Einige Menschen verlieren ihren Antrieb, sie haben keinen Hunger mehr, können morgens keinen Sinn darin erkennen, aufzustehen und vernachlässigen ihre sozialen Kontakte. Bei anderen äußert sich eine Depression mit Schlafstörungen oder Schmerzen, die sich auf verschiedene Bereiche des Körpers ausdehnen können.

Viele Menschen, die an Depressionen leiden, fühlen sich zwar unfähig, ihren Alltag alleine zu gestalten, sie suchen jedoch trotzdem keine ärztliche Hilfe. Oft ist die fehlende Aufklärung ein

Grund dafür, denn über psychische Erkrankungen wird in der Gesellschaft weiterhin viel zu wenig gesprochen. Doch auch Schamgefühl kann eine Ursache dafür sein, warum die erkrankte Person sich nicht an einen Arzt wendet. Sie hat das Gefühl, mit den Problemen, Ängsten und Sorgen eigentlich alleine zurechtkommen zu müssen. Depressionen sind eine ernstzunehmende Krankheit, für die man sich keineswegs schämen braucht. Schließlich sollte die Gesellschaft darauf ausgerichtet sein, dass sich die Menschen gegenseitig bei der Bewältigung ihrer Sorgen und Probleme helfen und sich gegenseitig unterstützen. Darüber hinaus kann die betroffene Person sich zwar vornehmen, ihre Denkweise zu ändern und sich selbst aus ihrem Zustand zu befreien, doch sie können ihre Wahrnehmung nicht alleine verändern und schlingern deshalb immer und immer wieder in die selben Gedanken und Gefühle hinein. Hilfe zu suchen ist keinesfalls ein Zeichen von Schwäche, wie es häufig leider noch dargestellt wird. Es geht vielmehr darum, sich selbst einzugestehen, wenn man Hilfe benötigt und auch nicht davor zurückzuschrecken, sich in einem solchen Moment professionelle Hilfe zu suchen. Schließlich hat jeder von uns eine gute Lebensqualität verdient und sollte sich für diese auch aktiv einsetzen.

Die meisten Depressionen treten zwischen dem 30. und dem 40. Lebensjahr auf, bei den meisten Menschen machen sich die ersten depressiven Episoden jedoch bereits in den Zwanzigern bemerkbar. Es ist auffällig, dass Frauen etwa doppelt so oft von dieser Krankheit betroffen sind wie Männer. Insgesamt liegt das Risiko, im Laufe seines Lebens eine oder mehrere depressive Phasen zu durchlaufen, zwischen acht und 17 Prozent. Auffällig ist außerdem, dass etwa fünf Prozent der Bevölkerung betroffen ist und jährlich ein bis zwei Prozent neu an Depressionen erkranken. Das sind allein in Deutschland etwa vier Millionen Menschen.

Die größte Gefahr in Zusammenhang mit Depressionen liegt bei der hohen Suizidgefahr der Betroffenen. Die Gedanken an einen Suizid plagen viele Menschen mit depressiven Erkrankungen. Doch tatsächlich liegt die Selbstmordquote bei dieser Krankheit bei zehn bis 15 Prozent und somit weitaus höher als bei anderen psychischen Krankheiten. Dies ist auch einer der Gründe, warum eine solche Erkrankung unbedingt ernst genommen und rechtzeitig behandelt werden muss.

Problematisch ist, dass die Krankheit bei vielen Menschen erst recht spät erkannt wird. Selbst wenn sich eine Person dazu durchringen kann, den Arzt aufzusuchen, so sind die Symptome einer Depression so vielfältig, dass dieser die Krankheit oft nicht sofort richtig einschätzen kann. Konnte sie diagnostiziert werden, so gibt es jedoch gute Behandlungsmöglichkeiten. Auf Grund neuer Methoden und Therapien ist es heute möglich, etwa 80 Prozent aller Erkrankten zu heilen, sodass sie auch langfristig keine Rückfälle erleiden.

Posttraumatische Belastungsstörung

Rund die Hälfte aller Menschen erlebt im Laufe seines Lebens etwas, was als ein traumatisches Ereignis gilt. Von solchen Erlebnissen kann deshalb niemand ausgeschlossen werden. Es kann sich beispielsweise um einen Unfall handeln, die Misshandlung durch einen anderen Menschen, eine Krankheit oder eine Vergewaltigung.

Auffällig ist, dass die Erlebnisse dann besonders schmerzhaft und schwieriger zu verarbeiten sind, wenn sie durch eine andere Person verursacht wurden. Ein Autounfall, für den ein technischer Fehler zuständig war, ist deshalb zum Beispiel grundsätzlich leichter zu verarbeiten als eine Vergewaltigung. Darüber hinaus ist das Erlebnis besonders traumatisch, wenn der „Übeltäter" eine dem Betroffenen bekannte Person ist. So ist es schwerer, die Misshandlung durch einen Partner oder einen Elternteil zu verarbeiten, als die, die von einer fremden Person ausgeht.

Auch akute Krankheiten können durchaus eine posttraumatische Belastungsstörung hervorrufen, diese ist in den meisten Fällen jedoch deutlich leichter aufzuarbeiten.

Menschen mit einer solchen Belastungsstörung werden häufig für depressive Personen gehalten. In vielen Fällen berichten die Betroffenen nicht offen von den Erlebnissen, welche diese Belastungsstörung hervorgerufen haben. Dies ist besonders dann der Fall, wenn sie sich selbst die Schuld für die Ereignisse geben. Dies kommt beispielsweise bei Frauen vor, die im Laufe ihrer Jugend von nahestehenden Personen misshandelt wurden. Sie schämen sich dafür, das Verhalten in der anderen Person hervorgerufen zu haben. Hinzu kommt die Angst, dass ihnen nicht geglaubt werden könnte. Dann zum Beispiel, wenn die misshandelnde Person eine große Macht hat und Drohungen ausspricht.

Menschen mit einer posttraumatischen Belastungsstörung erleben die Ereignisse immer und immer wieder vor ihrem inneren Auge. Dies kann sowohl tagsüber als auch nachts geschehen, sodass die Betroffenen nicht von den Geschehnissen loskommen. Die Angst, vor einer Wiederholung der Situation zerfrisst sie innerlich und macht es unmöglich, den Alltag normal und geregelt zu gestalten. Typische Symptome sind der Versuch, Situationen, in denen sogenannte Flashbacks auftreten, zu vermeiden. Hinzu kommt, dass die betroffenen Personen häufig unter Konzentrationsschwäche leiden, gereizt sind und sich in einen vegetativen Zustand versetzen. Sie erscheinen dann distanziert und lustlos, versuchen, sich emotional von den Geschehnissen um sie herum loszulösen und beginnen damit, sich von ihrem sozialen Umfeld zu entfernen. Dieses Verhalten wird angenommen, um mögliche Verletzungen in der Zukunft unwahrscheinlicher zu machen.

Sehr viele Menschen durchleben traumatisierende Ereignisse, doch nur rund zehn Prozent von ihnen erkranken an einer diagnostizierbaren, posttraumatischen Belastungsstörung. Die Störung kann außerdem in verschiedene Gruppen unterteilt werden, je nach Stärke des Traumas und Anzeichen der Symptome einer Belastungsstörung.

Schlafstörungen

Beinahe jeder Mensch macht im Laufe seines Lebens die Erfahrung, über einige Tage hinweg nicht gut schlafen zu können. Dabei nehmen wir besonders lange Einschlafphasen und häufiges oder sehr frühes Erwachen als Hindernisse wahr. Im Anschluss daran fühlen wir uns am Tag unausgeruht und unausgeglichen. Über einen kurzen Zeitraum hinweg können diese Phasen durchaus auftreten und sie sind ein Teil unseres Lebens. Dann zum Beispiel, wenn es gerade besonders stressig ist, wenn uns Sorgen plagen oder ein wichtiges Event bevorsteht. Die Schlafstörungen können auch von außen kommen, bei frisch gebackenen Eltern beispielsweise, denn Säuglinge wachen in der Regel mehrmals in der Nacht auf und bringen in den ersten Wochen und Monaten den gesamten Tagesablauf der Familie durcheinander.

Sind diese Phasen des unerholsamen Schlafes kurz, so kehrt die Person anschließend wieder in den gewohnten Rhythmus zurück. Halten sie jedoch mehrere Wochen oder gar Jahre an, so kann dies schwerwiegende Folgen für die Psyche haben.

Betroffene Personen sind unausgeglichen und schnell reizbar. Ihre Produktivität lässt deutlich nach und in vielen Fällen entwickeln sich Depressionen.

Wie viele Stunden Schlaf eine Person pro Nacht benötigt, kann ganz unterschiedlich sein. Einige Menschen fühlen sich mit sechs Stunden Schlaf vollkommen erholt und produktiv, andere benötigen bis zu zehn Stunden Schlaf pro Nacht. Die Länge des Schlafes entscheidet nicht unbedingt über seine Qualität. Deshalb ist auch darauf zu achten, wie ausgeruht man sich am Morgen fühlt. Häufige Kopfschmerzen oder Tagesmüdigkeit sind wichtige Indikatoren für eine Schlafstörung und sollten deshalb sehr ernst genommen werden.

Auswirkungen auf Wirtschaft, Gesellschaft und Angehörige

Psychische Erkrankungen gelten weiterhin in vielen Situationen als Tabu-Thema. Wenn jemand erzählt, dass er im Skiurlaub einen Unfall hatte und dabei sein Bein gebrochen ist, dann kann sich jeder von uns vorstellen, was passiert ist. Wir sehen den Knochen des Beins vor uns und können die Schmerzen nachvollziehen, unter denen die betroffene Person gelitten hat oder immer noch leidet. Wir verstehen, dass die Person Ruhe braucht, dass der Knochen verheilen muss und eine Therapie notwendig ist, damit sich das Bein wieder normal bewegen und belasten lässt.

Wenn jemand unter Kopfschmerzen leidet, dann können wir diese zwar nicht sehen, wie etwa den Gips an einem gebrochenen Bein, doch wir alle hatten bereits Kopfschmerzen und können den Schmerz nachvollziehen. Wir verstehen, dass die Person Schwierigkeiten hat, sich zu konzentrieren und deshalb zu Hause bleibt, um zu schlafen.

Eine psychische Krankheit können wir hingegen nicht sehen und sie ist schwer nachzuvollziehen, wenn wir nicht selber schon einmal Erfahrungen in diesem Bereich gemacht haben. Wenn wir einen Menschen sehen, der antriebslos wirkt und morgens nicht die Kraft aufbringt, aus dem Bett zu kommen, dann kann es uns schnell passieren, dass wir diese Person als faul einstufen. Wir denken, sie bräuchte lediglich eine andere Einstellung, um den Alltag zu bewältigen. Oft fallen in diesem Zusammenhang Sätze wie „Dir geht es doch aber gar nicht so schlecht. Überlege mal, was andere Menschen auf der Welt für schlimme Probleme haben." Diese Aussagen helfen dem Betroffenen jedoch nicht weiter. Es geht nicht darum, sich rechtfertigen zu müssen, weil andere Menschen noch schlimmere Dinge durchleben. Es geht darum, wie man sein eigenes Leben wahrnimmt und wie sehr einen die Hindernisse aus der Bahn werfen, die sich einem in den Weg stellen. Professionelle Hilfe zu suchen und in Anspruch zu nehmen, ist keineswegs ein Zeichen von Schwäche. Es ist vielmehr ein Beweis dafür, dass man sein eigenes Leben überdenkt und feststellt, dass man eine bessere Lebensqualität anstrebt und dass man noch so viel verändern möchte. Aus diesem Grund wendet man sich an jemanden, der einem unter die Arme greifen kann. Ein Psychotherapeut kann dabei helfen, Traumata aufzudecken. Er kann hilfreiche Tricks weitergeben, wie man seine Ängste überwinden kann.

Das Prinzip ist vergleichbar mit jemandem, der bereits gearbeitet hat in seinem Leben, irgendwann jedoch feststellt, dass er sich weiterbilden möchte. Er absolviert ein Studium oder macht eine Fortbildung, um sein Wissen und Können in diesem Themengebiet zu verbessern. Anschließend hat er besondere Qualifikationen, die ihn seine Arbeit noch sehr viel besser ausüben lassen. Wenn wir also feststellen, dass wir in unserem Leben Baustellen haben, die wir allein nicht flicken können und die uns daran hindern, unser Leben in vollen Zügen zu genießen, dann ist es doch naheliegend, jemanden zu suchen der uns dabei helfen kann.

Auch wenn psychische Krankheiten weiterhin in vielen Bereichen nicht angesprochen werden, so zeigen Studien der Krankenkassen, dass psychische Probleme in den letzten Jahrzehnten immer öfter als Grund für eine Krankschreibung dargelegt wurden. Hierfür gibt es zwei Erklärungen, die sich gegenseitig nicht ausschließen, sondern vielmehr Hand in Hand gehen. Zum einen scheint es immer normaler zu werden, psychische Krankheiten nicht hinter einer Erkältung, einer Magen-Darm-Grippe oder einer anderen, harmlos klingenden Ausrede zu verstecken. Bis vor einigen Jahrzehnten machte es

Arbeitnehmern Angst, psychische Probleme vor ihrem Arbeitgeber zu erwähnen. Sie hatten Angst, dadurch als weniger geeignet für ihre Arbeit zu gelten. Schließlich kann der Verlauf einer psychischen Krankheit weniger genau vorausgesagt werden, als beispielsweise die Genesung eines gebrochenen Arms oder einer Erkältung. Psychische Probleme im privaten Leben schienen eine Schwäche zu offenbaren, welche den Betroffenen am Arbeitsplatz angreifbarer machten.

Diese Auffassung hat sich in den letzten Jahrzehnten zunehmend geändert. Immer mehr Personen in Arbeitspositionen mit hoher Verantwortung gaben ein Burnout als den Grund für ihre Krankschreibung an. Es handelt dabei nicht um eine Krankheit mit einer klaren Definition und Abgrenzung zu anderen Erkrankungen. Im Volksmund steht Burnout vor allem dafür, dass jemand nach einer langen Phase der Überanstrengung ausgebrannt ist und deshalb seine Aufgaben nicht mehr ausüben kann. Stattdessen muss eine Therapie begonnen werden, damit sich die betroffene Person erholen kann, um anschließend wieder an einem normalen Lebensalltag teilnehmen zu können.

Burnout ist eine der wenigen Krankheiten, die von der Gesellschaft sogar als positiv aufgefasst werden. Sie scheint zu vermitteln, dass jemand eine besonders große Leistung erbracht hat. Die Verantwortung der betroffenen Person, sowie ihr Arbeitspensum, waren so hoch, dass sie schließlich vollkommen ausgebrannt war und sich mehrere Monate erholen musste. So wurde diese Krankheit zu einer Mode und konnte auch immer öfter ohne Angst als Grund für eine Krankschreibung genannt werden. Mit anderen Krankheiten, wie etwa Angststörungen, Depressionen oder Süchten, können die Menschen ebenfalls immer öfter an die Öffentlichkeit treten. Dennoch treffen sie häufig auf Vorurteile und müssen mit verschiedenen Hindernissen kämpfen.

Insgesamt lässt sich jedoch beobachten, dass man bei seinem Arztbesuch heute ehrlicher sein kann. Man kann sagen, dass man auf Grund einer psychischen Belastung einige Tage braucht, um zur Ruhe zu kommen und Kraft zu tanken, anstatt dieses Bedürfnis mit dem Vorwand eines grippalen Infekts zu überdecken.

Der zweite Grund dafür, warum psychische Krankheiten immer öfter als Grund für eine Krankschreibung genannt werden ist, dass sie tatsächlich öfter auftauchen als noch vor einigen Jahren. Die Menschen versuchen immer schon, sich gegenseitig zu übertrumpfen, doch in Zeiten der sozialen Netzwerke wird eine Transparenz vorgegaukelt, die uns an dem scheinbar perfekten Leben unserer Mitmenschen teilhaben lässt. Dort wird suggeriert, dass wir alle unser Leben wunderbar im Griff haben, das Haus perfekt geputzt ist, während die Kinder stets auf hohem pädagogischen Niveau betreut werden und nebenbei noch eine 50 Stunden Woche am Arbeitsplatz absolviert wird.

Die Rollen von Mann und Frau in der Gesellschaft verändern sich und das bringt durchaus neue Chancen mit sich, kann jedoch auch eine Ursache für Stress und Unsicherheit sein. Viele Frauen sind dankbar dafür, eine Karriere machen zu können. Sie möchten sich beruflich fortbilden und zeigen, was sie leisten können. Gleichzeitig liegt die Last auf ihnen, trotzdem noch perfekte Hausfrauen und Mütter sein zu müssen, wobei perfekt selbstverständlich eine sehr subjektive Maßeinheit ist. Auch Männer müssen ihre neue Rolle erst finden. Es reicht nicht mehr, einen vollen Arbeitstag zu haben. Man stellt an sich selbst den Anspruch, auch eine funktionierende Beziehung zu führen, eine enge Bindung zu den Kindern aufzubauen und nebenbei Freundschaften und Hobbys nicht zu vernachlässigen.

Viele erkennen dabei nicht, dass sie ihre neuen Freiheiten und Möglichkeiten nicht einfach auf die alten Muster der Verantwortung am Arbeitsplatz addieren können. Der Tag hat schließlich weiterhin nur 24 Stunden. Aus diesen Gründen werden Stress, soziale Angststörungen und Anpassungsstörungen, sowie Depressionen immer häufiger diagnostiziert. Da immer mehr Menschen an solchen psychischen Krankheiten leiden, wird auch die Gesellschaft an sich empfänglicher für solche Themen. Filmstars und Influencer zeigen auf ihren Profilen im Internet immer häufiger, wie es wirklich hinter den Kulissen aussieht. Sie versuchen damit, anderen Menschen deutlich zu machen, dass jeder von uns seine ganz eigenen Probleme im Leben hat und stets versucht, diese

Hindernisse zu bewältigen. Das ist überaus wichtig, denn viele Menschen mit psychischen Erkrankungen können sich nicht optimal in die Gesellschaft integrieren. Das ist nicht nur für die erkrankte Person von Nachteil, sondern auch für ihr Umfeld. Viele Menschen gehen heute aus gesundheitlichen Gründen in Frührente, wobei die Ursache immer öfter eine psychische Erkrankung ist. Damit gehen dem Arbeitsmarkt sehr viele Personen mit einem großen Potenzial verloren. Ihre Kreativität, ihre Sicht auf die Welt und ihre ganz besondere Wahrnehmung sind in vielerlei Hinsicht eine große Bereicherung für die Gesellschaft und wären dies auch an einem respektvollen Arbeitsplatz. Aus diesem Grund wird es immer wichtiger, sich aktiv mit psychischen Erkrankungen, ihren Symptomen und Therapien zu beschäftigen - nicht nur im privaten Umfeld, sondern auch auf beruflicher Ebene.

Für die Angehörigen von Menschen mit psychischen Erkrankungen ist die eigene Aufklärung und die der Gesellschaft ebenso wichtig wie für den Erkrankten selbst. Studien zeigen, dass Menschen mit psychischen Problemen eine deutlich bessere Lebensqualität haben, wenn ihr sozialen Umfeld verständnisvoll ist und aktiv für die Gesundheit der betroffenen Person arbeitet. Isolation und Einsamkeit sind die schlimmsten Verbündeten psychischer Krankheiten. Doch wenn ein Mensch Personen in seinem Umfeld hat, die sich über die Krankheit, ihre Symptome und ihre Therapie informieren, dann können die betroffenen Menschen in vielen Fällen ein normales Leben führen.

Umso mehr über psychische Krankheiten, ihre Ursachen und Symptome gesprochen wird, desto weniger Angst hat die Gesellschaft. Wissen verleiht uns Macht, und in vielen Fällen ist dies eben die Macht, die einem Menschen das Leben rettet und sein Dasein in seinen Augen wieder lebenswert macht.

Verständnis ist der erste Schritt in die richtige Richtung. Viele betroffen Personen trauen sich nicht, zum Arzt zu gehen und sich behandeln zu lassen. Wenn sie jedoch verständnisvolle Menschen in ihrem Umfeld haben, denen sie vertrauen, dann können diese zu einer Therapie ermutigen.

Mitleid hilft meist nicht, denn es kann dazu beitragen, dass der Patient in Selbstmitleid verfällt. Eine aktive Hilfestellung für die betroffene Person ist allerdings sehr wirkungsvoll. Menschen mit Angststörungen, bipolaren Störungen, Depressionen und anderen psychischen Erkrankungen brauchen oft eine Vertrauensperson, auf dessen Urteilsvermögen sie zählen. So können Panikattacken, depressive Episoden oder Manien frühzeitig erkannt und behandelt werden, ehe sie den Grad einer schwerwiegenden Erkrankung erreichen und langfristige Schäden verursachen. Das Angebot an Selbsthilfegruppen für Angehörige von Menschen mit psychischen Erkrankungen ist in Deutschland bereits groß, es könnte jedoch durchaus noch stärker ausgebaut werden. Immer mehr Ärzte binden die Angehörigen mit ein, weil sie erkennen, wie wichtig diese für den weiteren Krankheitsverlauf und den Erfolg der Behandlung sind.

Dies ist nicht immer einfach, schließlich kann die Dynamik zwischen Patient, Arzt und Angehörigen auf eine harte Probe gestellt werden. Manchen Erkrankungen werden von Wahnvorstellungen und Argwohn begleitet. Dann besteht das Risiko, dass sich der Patient durch den Informationsaustausch zwischen behandelndem Arzt und den eigenen Angehörigen hintergangen fühlt und die Behandlung abbricht.

Die steigenden Zahlen psychischer Erkrankungen spielen auch in der Wirtschaft eine wichtige Rolle. Eine psychische Erkrankung gilt als der häufigste Grund für die Frühverrentung. Darüber hinaus ist es die zweithäufigste Ursache für Fehltage bei der Arbeit. Allein vor diesem Hintergrund wird deutlich, welch großen Einfluss die psychische Gesundheit der Gesellschaft auch auf deren Wirtschaft hat. Die Unternehmen und Arbeitgeber können aus diesen Statistiken herauslesen, dass sie sich um die Gesundheit und das psychische Wohlergehen ihrer Arbeitnehmer kümmern müssen. Aus diesem Grund werden immer mehr Maßnahmen ergriffen, mit denen die psychische Gesundheit von Arbeitnehmern geschützt werden soll. Hierzu gehören eine bessere Koordination von Arbeitsaufgaben und -aufträgen, damit der Stresspegel bei der Arbeit gesenkt werden kann. Viele Unternehmen bieten bereits Coachings an, bei welchen die Angestellten über Stressmanagement informiert werden und herausfinden können, wie sie ihren Alltag noch gesünder gestalten können.

Ein wichtiger Ausgangspunkt für das Angebot zum Erhalt der psychischen Gesundheit von Angestellten ist außerdem der Gedanke an die Zukunft. Wer langfristig denkt, der möchte seine Arbeitnehmer über viele Jahre in seinem Unternehmen anstellen können. Psychische Krankheiten können zu langandauernden Ausfällen am Arbeitsplatz führen, wobei die Behandlungskosten nicht nur für die Krankenkassen enorm sind. Die Unternehmen, deren Arbeitnehmer betroffen sind, müssen Ersatz finden und haben zum Teil enorme Einbußen in ihrer Produktivität. Aus diesem Grund versuchen viele Unternehmen, auf die psychische Gesundheit ihrer Angestellten zu achten. Auf diese Weise arbeiten die Mitarbeiter der Firmen deutlich effizienter, die Produktivität steigt und die Gewinne mit ihr.

Ein weiteres Problem in der Gesellschaft besteht darin, dass die psychischen Krankheiten in zwei Gruppen aufgeteilt zu werden scheinen. Leidet ein Mensch an Depressionen, so sorgt das bei seinen Mitmenschen für Mitleid. Sie können verstehen, dass die betroffene Person mit vielen Problemen zu kämpfen hat und versuchen, mit aufmunternden Worten zu helfen. Eine manische Episode wird von den direkten Angehörigen zwar als eine verstörende Phase wahrgenommen, doch allgemein wird sie in der Gesellschaft häufig mit großer Kreativität und Virtuosität gleichgesetzt. Viele Musiker, Dichter oder Schriftsteller und auch Maler oder Philosophen schufen ihre größten Werke in Lebensabschnitten, in denen sie nach der heutigen Auffassung in einem manischen Geisteszustand waren. Ein Burnout wird von vielen Menschen als Resultat von zu viel Arbeit und Verantwortung gesehen. Doch auch dies wird indirekt als positiv aufgefasst, denn eine Person, die ein Burnout hat, scheint vorher eine besonders große Leistung erbracht zu haben.

Im Gegensatz dazu gelten andere psychische Erkrankungen als beängstigend. Dies passiert vor allem dann, wenn das soziale Umfeld das Gefühl hat, die Handlungen dieser Person nicht mehr voraussehen zu können, da sie keiner allgemeingültigen Logik entsprechen. In vielen Fällen wendet sich die betroffene Person von ihren Angehörigen ab, denn sie fühlt sich missverstanden. Dies liegt vor allem an einer verzerrten Wahrnehmung, die Teil vieler psychischen Erkrankungen ist. Doch auch das Umfeld hat oft nur eine sehr begrenzte Toleranz. Passt jemand nicht ins System, sondern fällt auf irgendeine Weise auf, so dauert es meist nicht lange, bis sich die Freunde und auch ein Großteil der Verwandten von ihm abwenden. Dabei ist der soziale Rückhalt überaus wichtig. An diesem Punkt kommt es jedoch zu einer Schnittstelle, die einer besonderen Zerreißprobe ausgesetzt ist. Eine psychische Krankheit ist sowohl für den Betroffenen, als auch für die Menschen in seinem Umfeld eine Strapaze. Das Verhalten der erkrankten Person ist auffällig, was nicht selten mit Schmerz verbunden ist. Menschen mit Depressionen fügen sich häufig Schaden zu. Sie verletzen sich, was ihren Mitmenschen große Sorgen bereitet. Es gibt Personen, die es vorziehen, sich von dem Erkrankten abzuwenden, anstatt ihn leiden zu sehen. Auch haben sie das Gefühl, selbst in die negativen

Gedanken hineingezogen zu werden. Es mag so klingen, als handele es sich einfach um keinen guten Freund. Doch es ist Tatsache, dass es überaus anstrengend ist, sich stets mit einer Person zu umgeben, die eine sehr negative Sicht auf das Leben und unseren Planeten hat.

Depressive Menschen neigen dazu, keinen eigenen Antrieb mehr zu finden, um morgens aufzustehen. Bereits das Anziehen von Klamotten erscheint ihnen wie eine schier unmögliche Aufgabe.

Dies hat auf Liebesbeziehungen eine große Auswirkung. Handelt es sich um eine kurze Zeitspanne, dann kann diese mit einiger Unterstützung, sowie ärztlicher Hilfe, überwunden werden. Doch wenn die depressiven Episoden lange anhalten, dann fühlt sich der Partner der erkrankten Person in seiner Lebensqualität eingeschränkt. Daraus entwickelt sich eine eigenartige Dynamik, deren Komplexität eine eindeutige Analyse beinahe unmöglich macht. Es lässt sich jedoch ein gewisses Muster erkennen, welches sehr häufig auftritt.

Die betroffene Person bringt nicht die Kraft auf, morgens aufzustehen, sich fertig zu machen und zur Arbeit zu gehen. Ihre Zukunftsträume treten in den Hintergrund und sie hat keine Lust, am täglichen sozialen Leben teilzunehmen. Sie ist mit ihren eigenen Gedanken beschäftigt, fühlt sich dabei unverstanden und kapselt sich immer mehr ab. Für ihren Partner ist dies problematisch. Anfangs versucht er mit allen Mitteln, die erkrankte Person aus ihren Gedankenspiralen zu reißen. Doch seine Versuche scheinen keinen Erfolg zu haben, weshalb sie mit der Zeit abnehmen. Er hat das Gefühl, dem anderen Menschen nicht helfen zu können. Er kann nicht zu Nahe treten, denn sonst verletzt er die Privatsphäre seines Partners. Der erkrankten Person geht es nicht anders. Sie hat das Gefühl, eigentlich keinen Mehrwert zu schaffen. In schweren Fällen leidet sie nicht nur daran, keinen Sinn im Ablauf des Lebens zu finden, sondern sie entwickelt eine schwerwiegende Form von Selbsthass. Aus diesen Gefühlen heraus stößt sie ihren Partner von sich, sowohl körperlich als auch emotional. Sie schottet sich ab, fühlt sich allein mit ihrem Leid und hat selber nicht das Gefühl, den Menschen in ihrem Leben irgendeine Form von Mehrwert zu schenken. Der Partner hat bisher versucht, mit Gesprächen und aufmunternden Worten zu helfen. Er hat sich Pläne überlegt, Wochenendausflüge gebucht und gehofft, dass all dies Früchte tragen würde. Doch langsam überkommt ihn das Gefühl, dass er der anderen Person nicht helfen kann, dass er allein nicht ausreicht, um ihr aus ihrem Elend zu helfen.

Das Paar trennt sich. Für die erkrankte Person hinterlässt dies ein tiefes Loch, denn sie hat das Gefühl, dass ihre Krankheit und ihr Leiden die Verantwortung dafür tragen, dass die Beziehung in die Brüche gegangen ist. Sie hat das Gefühl, nur noch vor Trümmern zu stehen. Oft steht die erkrankte Person zu diesem Zeitpunkt bereits nicht mehr in einem Arbeitsverhältnis.

Die Baustellen vermehren sich und es wird immer schwerer, aus dieser Depression zu entkommen.

Doch auch für den ehemaligen Partner ist diese Situation nicht leicht. Er hat das Gefühl, versagt zu haben. Er war nicht genug, um seine geliebte Person vor ihren Gedanken zu schützen und ihr aus dem emotionalen Loch zu helfen. Dies kann zu dem Gefühl führen, versagt zu haben. Außerdem war nicht die fehlende Liebe der Grund für die Trennung. Aus diesem Grund fragt man sich, ob man nicht zu früh gegangen ist. Vielleicht hätte man noch ein wenig mehr durchhalten können. Wenn man dann beobachtet, wie sich die erkrankte Person aus ihren Trümmern herausarbeitet und ihre Krankheit überwindet, so verstärkt sich dieses Gefühl noch. Vielleicht hätte man doch noch gemeinsam glücklich werden können, wenn man nur etwas länger durchgehalten hätte.

Andrés und Elena haben sich während ihres Masterstudiums kennen gelernt. Aus der anfänglichen Kameradschaft als Studenten wurde schnell mehr und bald verbrachten sie jede freie Sekunde gemeinsam. Nach wenigen Monaten zogen sie zusammen, sein Mietvertrag im Studentenwohnheim lief aus und ihre Mitbewohnerin begann ein Auslandssemester. Da sie mittlerweile ohnehin jeden freien Moment miteinander verbrachten, schien das Zusammenziehen eine naheliegende Lösung zu sein. Die ersten Monate vergingen schnell, sie gewöhnten sich an das Zusammenleben, lernten an den Abenden unter der Woche und verreisten an den Wochenenden. Das Semester endete und er reiste über die Weihnachtstage zu seiner Familie. Ihre Beziehung war stabil, sie telefonierten stundenlang, weil sie sich so sehr vermissten und freuten sich bereits darauf, im neuen Jahr gemeinsam in das nächste, aufregende Semester zu starten. Doch als sie eines Tages um die gewohnte Zeit anrief, bemerkte er schnell, dass etwas nicht stimmte. Ihre Stimme war belegt als sie ihm mitteilte, ihre Mutter sei an Krebs erkrankt. Sie brach in Tränen aus, wusste nicht wohin mit ihrem Schmerz und er fühlte sich nutzlos. Er hatte versagt, er war nicht bei ihr, als sie diese Nachricht bekam. Er konnte sie nicht in den Arm nehmen, konnte ihre Tränen nicht trocknen und ihr keine wärmende Suppe kochen, um sie ein wenig von ihrem Schmerz abzulenken. Diese Gedanken überkamen ihn in diesem Augenblick und sie würden es in den nächsten Monaten noch häufig tun. Er konnte seinen Urlaub bei der Familie nicht mehr genießen, denn er musste unaufhörlich daran denken, wie schrecklich es ihr gehen musste. Als er aus den Ferien zurückkehrte wusste er nicht, wie er sich verhalten sollte. Sie machte ihm keine öffentlichen Vorwürfe, doch es hatte sich etwas verändert.

Der Krebs war weit vorangeschritten, viel Zeit schien nicht mehr zu bleiben und so nahm sich Elena ein Urlaubssemester. Sie zog zu ihren Eltern, um jede Sekunde mit der Mutter auskosten zu können und den Vater in seiner Trauer zu trösten. Andrés blieb in der gemeinsamen Wohnung, reiste so oft wie möglich zu ihr und versuchte, Elena mit tröstenden Worten zu unterstützen.

Auch wenn er eigentlich nichts falsches getan hatte, machte er sich trotzdem Vorwürfe. Sie schottete sich immer weiter von ihm ab, wollte nicht über die Krankheit der Mutter sprechen und schien ihre gesamte Lebensfreude verloren zu haben. Als ihre Mutter schließlich starb, stand es um die Beziehung bereits sehr schlecht. Doch Andrés hatte Hoffnung, dass es nun bergauf gehen würde. Selbstverständlich würde sie trauern und den Schmerz des Verlustes noch lange in ihrem Herzen tragen, doch ihr gemeinsamer Alltag würde endlich wieder eintreten. Es kam anders, denn als Elena zurückkehrte, hatte sie sich grundlegend verändert. Ihre Lebensfreude war verschwunden, sie war stets gereizt und wurde mit jedem Tag verbitterter. Als die beiden ihr Studium beendet hatten, zog sie in die Nähe ihres Heimatortes und begann, dort zu arbeiten. Andrés begann sein Doktorstudium, er reiste an den Wochenende zu ihr und verbrachte jede freie Minute mit ihr, doch sie schien stets müde zu sein. Sie weigerte sich, ihn zu besuchen, wollte nichts unternehmen und schottete sich emotional von ihm ab.

Einige Monate vergingen, die Konflikte wuchsen und schließlich trennten sie sich. Er hatte das Gefühl, nicht mehr an sie heranzukommen, denn sie schien ihn bewusst von sich zu stoßen. Dabei hatten sie sich doch so nah gestanden. Er wusste, dass sie immer noch in ihrer Trauer lebte, dass es ihr schwer fiel, von ihrer Mutter Abschied zu nehmen und dass sie unter ihren Launen und ihrer Unausgeglichenheit am meisten litt. Er verstand jedoch nicht, warum sie sich ihm nicht öffnen wollte, warum sie ihn nicht an ihren Gedanken teilhaben lassen konnte, denn er hätte ihr so gerne geholfen.

Auch wenn er wusste, dass ihre Beziehung seit Monaten vorbei gewesen war, so hörte er doch nicht auf sie zu lieben. Noch Monate später machte er sich Gedanken darüber, wie ihre gemeinsame Zukunft gewesen wäre, wenn er die richtigen Worte gefunden hätte, um an sie heranzukommen.

Diese Geschichte zeigt, wie sehr die Trauer die Persönlichkeit eines Menschen verändern kann und welche Auswirkungen dies auf eine Beziehung haben kann. Ist eine Person depressiv, so fängt sie an, sich zurückzuziehen und ihre Gefühle von der Außenwelt abzuschotten. Oft ist es die wachsende emotionale Distanz zwischen den Partnern, die schließlich zu Trennung führt.

Doch das ist nicht bei allen psychischen Erkrankungen so. Personen, die sich in einer manischen Phase befinden, schotten sich nicht von ihrer Außenwelt ab. Doch ihre Persönlichkeit verändert sich innerhalb kurzer Zeit. Zurückhaltende, eher schüchterne Personen, die häufig an sozialen Ängsten leiden, werden zu Menschen, die das Rampenlicht lieben, mitteilungsfreudig sind und sich auffällig verhalten. Für Außenstehende mag dies in der ersten Zeit eine positive Entwicklung sein. Sie denken, die erkrankte Person habe endlich Mut gefasst und würde nun aufblühen, da sie ihre Schüchternheit und ihre sozialen Ängste hinter sich gelassen hätte. Nur sehr nahestehende Freunde und Verwandte erkennen, dass dieses Verhalten dem Wesen der betroffenen Person vollkommen widerspricht. Ein manischer Mensch ist überaus aktiv. Er benötigt nur sehr wenig Schlaf, fühlt sich jedoch trotzdem bereit zu großen Taten. Viele betroffene Personen zeigen einen sehr großen Grad an Kreativität, der jedoch in der Gesellschaft schnell auffällig wird. Hinzu kommt eine stark ausgeprägte Libido, die das Verhalten der erkrankten Person beeinflusst. Viele manisch erkrankte Menschen verlieren die Kontrolle über ihre Finanzen. Sie beginnen, Autos zu sammeln, Reisen zu buchen oder Häuser zu kaufen. Dabei fühlen sie sich jedoch nicht krank, wie es beispielsweise eine depressive Person tut. Sie möchten keine Hilfe annehmen, denn sie haben das Gefühl, endlich losgelöst und frei zu sein. Ihre Entscheidungen und ihr Verhalten haben jedoch Konsequenzen, die noch lange nachhallen. Befinden sie sich in einer Beziehung, so geht diese in vielen Fällen in die Brüche. Ersparnisse, die eigentlich für die Sicherung der Zukunft gedacht waren, werden unbedacht verprasst. Die Erkrankten möchten ihr Umfeld an ihren eigenen Emotionen teilhaben lassen. Sie feiern große Feste, beschenken all ihre Freunde und fühlen sich unübertrefflich gut. Viele von ihnen neigen außerdem dazu, sich unbesiegbar zu fühlen. Sie können es nun mit der ganzen Welt aufnehmen, beginnen Konflikte und Prügeleien, denn sie sind gänzlich befreit von sozialen Konventionen. Die Selbstmordrate liegt bei etwa 30 Prozent. In vielen Fällen kommt es in einer depressiven Phase zu einem geplanten Suizid. Doch viele Erkrankte sterben in der manischen Phase, ohne dies vorher zu planen. Dann springen sie beispielsweise von einer Autobahnbrücke, weil sie davon überzeugt sind, dass sie fliegen können.

Psychische Erkrankungen spitzen sich im Laufe des Lebens zu. Im Kindesalter sind sie häufig schwer zu diagnostizieren, denn ihre Symptome sind hoch komplex und können deshalb nicht eindeutig zugeordnet werden. Viele Kinder haben bereits Phasen, in denen sie besonders kreativ sind. Bis zu einem gewissen Maß ist dies selbstverständlich toll, doch sie geraten in einen Zustand des Exzesses. Dabei können sie sich nicht konzentrieren, ihre Gedanken flattern von einem Thema zum anderen und sie finden nachts nicht in den Schlaf. Dies wird jedoch als ADS betrachtet, weshalb keine weiteren Beobachtungen folgen. Oft ist es in dem Alter auch noch gar nicht möglich, eindeutige Untersuchungen durchzuführen. Die Krankheit hat sich dann noch nicht voll entwickelt, ihre Ansätze sind jedoch bereits im Gehirn des Kindes verankert. Mit den Jahren zeigen sich die Probleme immer stärker und die Eltern sind zunehmend besorgt. Meist können sie die unterschiedlichen Symptome ihrer Kinder nicht richtig deuten, denn sie kennen die Krankheitsbilder nicht im Detail. Darüber hinaus besteht die Angst vor der Diagnose. Denn ein Leben mit einer psychischen Krankheit ist alles andere als leicht.

Hinzu kommen die Vorurteile. Diese zeigen sich bereits in Schulen. Jugendliche werden häufig als potenziell gefährlich eingestuft, obwohl ihre Erkrankung nicht mit einer Gefährdung anderer einhergeht. Aus Sicht der Schule wird ein Sicherheitsprogramm notwendig, welches jedoch den Schüler in seiner Entwicklung maßgeblich stört. Viele Menschen mit einer psychischen Erkrankung schließen die Schule nicht erfolgreich ab, obwohl sich in ihnen ein großes Erfolgspotenzial birgt. Andere möchten studieren, beginnen ein Studium und brechen dieses später ab.

Der Umgang mit psychischen Krankheiten ist nicht einfach, denn das Gehirn ist so komplex, dass eine eindeutige Einschätzung oft nicht möglich ist. Besonders Außenstehende, die sich nicht mit der Krankheit und ihren Einzelheiten beschäftigen, nehmen Abstand. Dies geschieht aus Angst und Unwissenheit. Der Umgang mit einer psychischen Erkrankung ist keineswegs einfach, doch er ist notwendig, um mit Vorurteilen aufzuräumen und einen tieferen Einblick in die Funktionsweise des Gehirns zu erhalten.

Auch wenn die Menschheit in den letzten Jahrzehnten große Fortschritte im Bereich der Medizin gemacht hat, so können wir weiterhin nur einen kleinen Bruchteil der Vorgänge erklären, die sich im Gehirn abspielen. Dieses relativ kleine Wissen sollten wir jedoch so gut wie uns möglich ist ausnutzen, um unsere Gesellschaft im Gleichgewicht zu halten. Über psychische Erkrankungen wird nur selten gesprochen. Das Verhalten der erkrankten Person entspricht meist nicht den gesellschaftlichen

Normen. Das verunsichert und macht Angst. Doch rund 27 Prozent der Bevölkerung leidet oder litt zu einem Zeitpunkt ihres Lebens an einer psychischen Erkrankung. Es handelt sich um einen Anteil, der so groß ist, dass er keinesfalls unter den Teppich gekehrt werden kann. Denn 27 Prozent mögen als Zahl wenig Aussagekraft haben, doch sie bedeuten, dass statistisch gesehen in jeder vierköpfigen Familie ein Familienmitglied im Laufe seines Lebens erkrankt. Umso detaillierter sich die Angehörigen informieren, desto besser können sie die betroffene Person einbetten und integrieren. Aus diesem Grund ist es von großem Vorteil, sein Wissen über psychische Erkrankungen auszuweiten und sich auch mit einem solchen Thema auseinanderzusetzen, das auf den ersten Blick verunsichernd erscheinen mag.

Psychologie im Alltag

Eine gesunde Psyche ist wichtig

Der Mensch setzt sich aus verschiedenen Bereichen zusammen. Je nachdem, welche Bedeutung man welchem dieser Bereiche zuspricht, ändern sich auch ihre Rollen und ihre Wichtigkeit. Unseren Körper können wir jedoch keineswegs auf unsere physische Beschaffenheit beschränken, denn unsere Psyche nimmt einen ebenso wichtigen Platz ein.

Trotzdem lässt sich nach wie vor beobachten, dass sich die Menschen weit mehr auf ihr körperliches Wohl konzentrieren, als auf ihre psychische Gesundheit. Leiden wir einige Tage an Halsschmerzen, so besuchen wir unseren Hausarzt. Schmerzt ein Zahn, so ist der Besuch beim Zahnarzt unausweichlich. Bei Schmerzen im Unterleib zögert eine Frau nicht, einen Termin beim Gynäkologen zu machen. Für beinahe jede körperliche Beschwerde gibt es einen Spezialisten.

Doch wenn es uns psychisch nicht gut geht, dann meinen wir, mit unseren Problemen selbst fertig werden zu müssen. Warum geht keiner zum Arzt, wenn er seinen Liebeskummer nicht überwinden kann? Weshalb dauert es oft Jahre, bis sich eine Person mit der Therapie ihrer Angstzustände und Panikattacken befasst?

Dies ist unter anderem auf kulturelle Ursachen zurückzuführen. In den USA ist es mehr als normal, einen Psychologen zu haben und diesen regelmäßig aufzusuchen. Es handelt sich hierbei beinahe schon um eine Modeerscheinung. Doch in Deutschland werden psychische Erkrankungen weiterhin als ein Zeichen von Schwäche und Unzurechnungsfähigkeit angesehen. Aus Angst vor dem sozialen Ausschluss und vor Problemen bei der Jobsuche verschweigen die meisten Personen ihre psychischen Probleme. Es ist unkompliziert, sich wegen einer Migräne oder Magenbeschwerden krankschreiben zu lassen, doch wenn dort auf dem Attest steht, man könne wegen einer Panikattacke nicht bei der Arbeit erscheinen, dann könnte das weitreichende Folgen haben. Der Arbeitgeber könnte daraus entnehmen, dass die betroffene Person nicht dazu in der Lage ist, ihre Ängste zu kontrollieren, die optimale Ausführung der Arbeitsaufträge ist damit gefährdet. In der Arbeitswelt sind verlässliche Menschen gefragt, die beinahe wie Maschinen arbeiten. Doch insgesamt leiden beinahe 30 Prozent der Menschen in Deutschland zu irgendeinem Zeitpunkt in ihrem Leben an einer psychischen Erkrankung. Es handelt sich damit um einen Anteil, den kein Arbeitgeber unter den Teppich kehren kann.

Dies scheint endlich auch in den Unternehmen angekommen zu sein. Anstatt Menschen zu verurteilen, die an einer psychischen Krankheit leiden, wird zunehmend versucht, die psychischen Beschwerden bereits vor einer Eskalation zu therapieren, damit es zu keinem Totalausfall der betroffenen Person kommt. Dieser Ansatz ist richtig, wenn auch die Motive hierfür im wirtschaftlichen Sektor stärker auf dem Gewinn des Unternehmens basieren. Doch das Resultat ist überaus gut, denn es wird deutlich, dass psychische Erkrankungen immer öfter zur Sprache gebracht werden können.

Die psychische Gesundheit eines Menschen ist jedoch nicht nur für seinen Arbeitgeber von Vorteil. Wer hauptsächlich davon profitiert ist die betroffene Person selbst. Darüber hinaus sollte bedacht werden, dass die meisten psychischen Erkrankungen nicht von einem Tag auf den anderen auftreten. Sie entwickeln sich über Jahre hinweg und wenn jeder von uns auch in seinem Alltag auf seine psychische Gesundheit gibt, dann eskalieren viele Krankheiten nicht, sondern können bereits behandelt werden, bevor sie den weiteren Verlauf des Lebens vollkommen aus der Bahn werfen.

Es folgen sieben Gründe, warum Sie in Ihrem Alltag auf eine gesunde Psyche achten sollten:

- **Gesteigertes Urteilsvermögen:** Wer sich mit seiner psychischen Gesundheit befasst und dabei gewissenhaft selbst reflektiert, der kann nach einiger Zeit sehr gut einschätzen, was ihm gut tut und was ihm schadet. Wer auch im Alltag auf sein inneres Gleichgewicht achtet, der kann erkennen, wenn ein Arbeitsplatz nicht mehr der richtige ist und hat dann keine Angst, solange zu suchen, bis er zufrieden ist. Doch das Urteilsvermögen beschränkt sich selbstverständlich nicht nur auf den Beruf. Wer sich täglich mit seinem psychischen Wohlergehen beschäftigt, der hat auch im Privatleben deutliche Vorteile. Er kann sehr viel besser einschätzen, welches Leben er führen möchte und sich dafür einsetzen, diese Vorstellungen auch tatsächlich umzusetzen.

- **Mehr Erfolg am Arbeitsplatz:** Wenn Sie sich mit Ihrer Gesundheit befassen und sich dabei nicht nur auf die Behandlung Ihrer physischen Beschwerden konzentrieren, dann merken Sie, wie Sie zunehmend ausgeglichener werden. Eine psychisch gesunde Person ist belastbarer, kann ihre Aufgaben am Arbeitsplatz optimal ausführen und ihre Produktivität steigern. Sie ist glücklich, wenn sie morgens zur Arbeit geht und freut sich auf die Arbeitsaufträge, die sie abarbeiten muss. Sie hat ein gesteigertes Selbstvertrauen, ohne sich dabei zu stark unter Druck zu setzen. Der Umgang mit den Arbeitskollegen, Vorgesetzten und Kunden fällt zwar nicht immer leicht, doch sie kann Probleme überwinden, denn sie befindet sich innerlich in einem stabilen Gleichgewicht.

Herausforderungen stellt sie sich mit innerer Kraft und Stärke, auch wenn diese nicht immer leicht zu überwinden sind. Auf Kritik kann sie eingehen, denn sie weiß, wo ihre Schwächen liegen und arbeitet täglich an sich. Sie kennt ihren Wert am Arbeitsplatz, füllt ihre Rolle vollkommen aus und hat großes Vertrauen in eine positive Zukunft.

- **Hochwertige soziale Kontakte:** Jemand, der psychisch ausgeglichen ist, ist auch für sein soziales Umfeld eine Bereicherung. Dabei ist es selbstverständlich nicht möglich, stets sein eigenes Optimum zu erreichen. Es gibt gute und weniger gute Zeiten, doch wenn man sich aktiv für seine psychische Gesundheit einsetzt, dann können auch große Hindernisse überwunden werden. Wer darauf achtet, seine Psyche im Gleichgewicht zu halten, der umgibt sich weniger häufig mit toxischen Personen. Sollte dies doch einmal der Fall sein, so ist er in der Lage, diese Personen zu identifizieren und sie wieder aus seinem Leben zu entfernen. Auf diese Weise sind Sie nicht nur selbst ein Mensch, der für sein Umfeld einen erheblichen Mehrwert darstellt. Sie achten gleichzeitig darauf, dass Sie niemanden an sich heranlassen, der Sie aus Ihrem psychischen Gleichgewicht reißen könnte. Mit der Zeit entwickeln Sie ein starkes Netz sozialer Kontakte, welches Ihnen in schwierigen Situationen Halt gibt. Gleichzeitig sind Sie selbst in der Lage, Ihre Freunde zu unterstützen, wenn diese Hilfe benötigen.

- **Bessere Partnerschaften:** Niemand ist jemals perfekt, doch wer selber eine stabile Psyche hat, der ist meist ein besserer Partner. Wenn eine Person kontinuierlich an sich arbeitet, dann versucht sie stets, ein besserer Mensch zu werden. Jemand, der ausgeglichen ist, in sich selbst ruht, sowie seine Stärken und Schwächen kennt. Eine solche Person versucht aktiv, ein besserer Mensch und Partner zu sein. Das ist bereits viel wert. Wenn Sie sich mit Ihrem eigenen psychischen Gleichgewicht auseinandersetzen, Traumata und schlechte Angewohnheiten ablegen, dann können Sie sich viel zufriedener auf die Bedürfnisse Ihres Partners einlassen. Darüber hinaus kennen Sie sich selbst dann sehr genau. Sie wissen, welche Situationen Ihnen Stress bereiten, was Ihnen besonders wichtig ist und in welchen Bereichen Sie keinen Kompromiss eingehen werden. So ist es Ihnen möglich, Ihre Bedürfnisse zu verbalisieren, damit Ihr Gegenüber Sie besser verstehen und auf Sie eingehen kann. Dadurch erkennen Sie schneller, ob Sie mit Ihrem Partner gut zusammenpassen oder ob die Beziehung längerfristig nicht optimal ist. Sie sind in der Lage, kritische Bereiche der Beziehung zu analysieren und Lösungen auszuarbeiten. Menschen, die auch im Alltag großen Wert auf ihr psychisches Wohlergehen legen, sind insgesamt ausgeglichener und zufriedener. Dies zeigt sich auch in einer Partnerschaft.

- **Bessere Eltern sein:** Wenn Sie bereits Kinder haben oder in Zukunft welche bekommen möchten, dann ist Ihre psychische Gesundheit für die Entwicklung Ihrer Kinder überaus wichtig. Gemeint ist damit nicht, dass Sie niemals an einer psychischen Krankheit leiden werden, denn rund 30 Prozent der Bevölkerung machen zu einem Zeitpunkt in ihrem Leben eigene Erfahrungen mit psychischen Erkrankungen. Ziel Ihrer Bemühungen ist nicht, dass Ihre Kinder nicht in Kontakt mit psychischen Krankheiten kommen, denn dies muss schließlich nicht im familiären Kreis passieren. Es kann durchaus vorkommen, dass Kinder über Freundschaften von psychischen Erkrankungen erfahren und so ihre ersten Erfahrungen sammeln.

Wenn Sie sich täglich mit Ihrer psychischen Gesundheit befassen, dann lernen Sie dabei, auf Ihre eigenen Bedürfnisse einzugehen. Sie können nach einiger Zeit erkennen, welche Dinge Ihnen gut tun und welche Ihnen schaden. Dadurch fällt es Ihnen sehr viel leichter, wichtige Entscheidungen zu treffen. Sie achten darauf, trotz Kinder, Arbeit und Alltag nicht in einen Zustand anhaltenden Stresses zu verfallen. Sie sind durch diese Maßnahmen sehr viel ausgeglichener im Alltag. Sie fühlen sich ausgeruht, arbeiten produktiv an Ihren Aufgaben und können sich auf die einzelnen Bestandteile Ihres

Lebens konzentrieren, ohne dabei besorgt oder gestresst zu sein.

Gleichzeitig lehren Sie Ihre Kinder, ebenfalls auf ihre psychische Gesundheit zu achten. Sie bringen Ihnen bei, sich nicht von der Gesellschaft in eine Schublade stecken zu lassen, sondern sich für ihr eigenes Wohlergehen einzusetzen. Dabei geben Sie Ihren Kindern nicht nur hilfreiche Ratschläge, sondern leben diese auch selbst. Selbstverständlich kann es sein, dass Sie straucheln und hinfallen. Doch selbst in einem solch schwierigen Moment zeigen Sie Ihren heranwachsenden Kindern, dass aufgeben keine Option ist und das Rückschläge etwas sehr normales sind. Auf diese Weise ziehen Sie Kinder auf, die in sich hineinhören und dabei erkennen können, welche Bedürfnisse sich in ihnen regen. Sie formen Menschen, die später in ihrem Leben selber Entscheidungen für ihr eigenes Wohl treffen können, statt sich von der Gesellschaft herumspielen zu lassen. Das gibt Ihnen als Elternteil eine ganz neue Dimension, denn Sie sorgen nicht nur dafür, dass Ihre Kinder täglich genug zu essen bekommen und in der Schule zurecht kommen, Sie achten auch auf ihr seelisches Wohl und bauen dabei eine innige Beziehung auf, die Sie ein Leben lang verbinden wird.

- **Bessere familiäre Beziehungen:** Jeder von uns ist Mitglied einer Familie. Manchmal umfasst diese viele Menschen, in anderen Fällen ist sie sehr klein. Jede Familie ist einzigartig und besonders. Die Dynamik zwischen Eltern und Kindern, sowie zwischen Geschwistern, ist ebenso individuell wie die Familie selbst. Nicht selten passiert es, dass sich dabei bestimmte Muster einschleichen. Dann kommt es zu Kommunikationsproblemen, die sich über Jahre hinweg verfestigen. Außerdem können sich Traumata entwickeln. Wenn Sie sich im Laufe Ihres Lebens nicht mit Ihren Kindheitserinnerungen und Ihren Ängsten auseinandersetzen, dann beeinflussen diese Sie in Ihrem Alltag. Doch wenn Sie sich aktiv damit beschäftigen, in Ihrem Inneren aufzuräumen, dann können Sie vieles gerade rücken. Vielleicht kämpfen Sie mit einigen Erinnerungen, die Sie seit Ihrer Kindheit verfolgen. Sie sind die Ursache für bestimmte Verhaltensmuster, mit denen Sie täglich kämpfen. Wenn Sie diesen Problemen auf den Grund gehen, dann haben Sie die Möglichkeit, mit Ihren Eltern zu sprechen. Vielleicht decken Sie dabei die wahren Gründe für das damalige Handeln Ihrer Eltern auf und können feststellen, dass Sie die Situationen und die damit verbundenen Erinnerungen heute ganz anders bewerten würden.

Wenn Sie mit dieser Aufräumarbeit fertig sind, dann haben Sie auch im Erwachsenenalter noch die Möglichkeit, alte Verhaltensmuster aufzubrechen und durch neue Gewohnheiten zu ersetzen.

- **Ein einfacherer Alltag:** Wer seine Psyche gesund hält und täglich pflegt, der ist weitaus zufriedener im Alltag. Wichtige Entscheidungen können in ruhe getroffen werden und fallen leichter, da man seine eigenen Bedürfnisse sehr viel besser kennt. Jemand, der täglich an sich arbeitet, räumt dabei nicht nur die Vergangenheit auf. Er schafft gleichzeitig auch die besten Voraussetzungen für die Zukunft. Denn wer mit sich im Reinen ist, den erfüllt ein tiefes Gefühl innerer Ruhe. Selbstverständlich kann dieser Zustand nicht immer erreicht werden. Hindernisse und Probleme können unseren Seelenfrieden vorübergehend aus dem Gleichgewicht bringen. Wenn Sie nicht aufpassen, dann nehmen die Sorgen schnell überhand und wachsen an Bedeutung. Befassen Sie sich regelmäßig damit, Ihre eigene seelische Gesundheit zu überprüfen, dann kommen Sie trotz akuter Probleme nicht von dem rechten Weg ab. Sie lernen, Krisensituationen erfolgreich zu meistern, ohne dabei Ihren eigenen Rhythmus vollkommen zu verlieren. Mit dieser Einstellung werden Sie dazu in der Lage sein, Pläne für die Zukunft zu schmieden und diese Schritt für Schritt Wirklichkeit werden zu lassen.

Häufige Ursachen für psychische Krankheiten

Nach den Ursachen für eine psychische Krankheit wird meist erst gesucht, wenn es bereits zu spät ist. Die Erkrankung hat sich dann entwickelt und die Situation ist zugespitzt. Rückwirkend soll dann herausgefunden werden, welche Faktoren zu der Erkrankung geführt haben, um einen Rückfall in der Zukunft vermeiden zu können. Meist dient die Suche nach den eigentlichen Ursachen auch der Therapie selbst. Dann begeben sich Menschen auf die Reise in ihr Inneres, um dabei herauszufinden, welche Faktoren dazu beigetragen haben, dass sich die psychische Krankheit in einem solchen Maß ausbreiten konnte.

Bei einer traditionellen Therapie versuchen die Ärzte vor allem, bestehende Symptome der Krankheit zu behandeln. Ein Patient wendet sich mit Panikattacken an einen Psychologen. Dieser findet heraus, dass die Person an einer Angststörung leidet, die durch Gedankenspiralen, Schweißausbrüche und Panikattacken zum Ausdruck gebracht wird. Zu erst werden die Symptome behandelt, dem Patienten werden Werkzeuge und Tipps mit auf den Weg gegeben, damit er eine aufkommende Panikattacke in Zukunft schneller erkennen und vielleicht sogar abwenden kann.

Erst später wird versucht, die Ursache dieser Beschwerden zu finden. Nach einer ausführlichen Analyse kann es gelingen, den Ursprung der psychischen Erkrankung festzustellen. Dabei fällt auf, dass niemals nur ein einzelner Faktor in die Entwicklung einer psychischen Krankheit hineinspielt. Es ist meist ein Netzwerk aus verschiedenen Ursachen, die in einer bestimmten Verwicklung eintreten und schließlich in einer psychischen Erkrankung münden.

Es handelt sich besonders um soziale, psychologische und biologische Faktoren, die bei der Entwicklung einer psychischen Krankheit eine wichtige Rolle spielen.

- **Schwerwiegende Erlebnisse:** Viele Menschen entwickeln später in ihrem Leben schneller eine Krankheit psychischer Natur, weil sie bereits in jungen Jahren mit schweren Problemen und Belastungen konfrontiert wurden. Diese Hindernisse haben die Psyche der betroffenen Person vielleicht bereits im Kindesalter geprägt. In vielen Fällen handelt es sich um körperliche oder psychische Misshandlungen. Kinder leiden außerdem darunter, den Drogenmissbrauch ihrer Eltern mitzubekommen. Sie können viele Zusammenhänge noch nicht richtig erklären und deuten. Gleichzeitig scheinen Kinder eine Art unsichtbaren Panzer zu haben, der sie durch besonders schwere Situationen trägt. Den empfundenen Schmerz können sie jedoch nicht kanalisieren und verarbeiten. Stattdessen wird er in eine Kapsel gesperrt und bricht zu einem späteren Zeitpunkt wieder hervor. Die betroffene Person merkt oft nicht sofort, dass bestimmte Gedankengänge und Verhaltensmuster ihren Ursprung in Traumata haben, die aus der Kindheit stammen.

Eine große Belastung im Jugendalter zeigt ihre Auswirkungen oft Jahre später. Dann fällt es der betroffenen Person beispielsweise besonders schwer, sich in die Gesellschaft einzugliedern. Die Trennung von einem Liebespartner, der Verlust des Arbeitsplatzes oder andere Probleme können dann zu akuten Krankheitsschüben führen.

- **Erbliche Veranlagungen:** Psychische Krankheiten sind als solche nicht vererbbar. Was jedoch durchaus von den Eltern an die Kinder weitergegeben werden kann ist die Art und Weise, wie das Gehirn Informationen verarbeitet. Einige Menschen sind deshalb verletzlicher als andere. Wenn ein Elternteil an einer psychischen Erkrankung leidet, dann steigt auch die Wahrscheinlichkeit, dass eines der Kinder zu irgendeinem Zeitpunkt seines Lebens an derselben Krankheit leiden wird. Ob die Krankheit tatsächlich ausbrechen wird, das hängt von der Kombination der anderen Faktoren ab. Viele Personen tragen die Veranlagung zu einer psychischen Erkrankung zwar in sich, diese bricht jedoch niemals aus, weil die anderen Einflüsse nicht eintreffen. Es kann beispielsweise verhindert werden, dass die Person in Situationen mit einem hohen Stressniveau gerät. Auch die biologischen Einflüsse, die zur Verschlechterung des Gesundheitszustandes führen, können regelmäßig geprüft werden. Dadurch wird der Ausbruch der psychischen Krankheit verzögert und tritt in vielen Fällen gar nicht ein.

Kommen jedoch mehrere der Faktoren zusammen, so ist eine Erkrankung beinahe unausweichlich. Aus diesem Grund müssen Menschen, die über die erblichen Veranlagungen einer psychischen Krankheit verfügen, besonders gut auf ihre Gesundheit achten und sicherstellen, dass die Voraussetzungen für eine gesunde Zukunft geschaffen werden.

- **Biologische Einflüsse:** Wenn ein Mensch Eindrücke über seine Sinne erfährt, so werden die Informationen im Gehirn durch die Synapsen weitergeleitet. Dabei müssen Kanäle überbrückt werden, die zwischen den einzelnen Synapsen liegen. Hört eine Person ein Geräusch, so wird die Information vom Gehör in das Gehirn geleitet. Zur Überwindung der Kanäle werden Botenstoffe verwendet. Diese transportieren die wahrgenommenen Geräusche vom Sinnesorgan bis in die zentralen Nervensysteme des

Gehirns. Sind die Botenstoffe in zu geringer oder zu großer Anzahl vorhanden, so wird der Transport entweder verlangsamt oder beschleunigt. Dies kann zu einer verzerrten Wahrnehmung führen, die wiederum den Ausbruch einer psychischen Erkrankung begünstigt.

Dieses Ungleichgewicht der Botenstoffe kann durch Psychopharmaka ausgeglichen werden. Hierzu sind eingehende Untersuchungen notwendig, denn das Vorkommen der Botenstoffe lässt sich beispielsweise bei einer detaillierten Analyse des Blutbilds bestimmen. Die Einnahme der Psychopharmaka erfolgt in direkter Absprache mit einem Psychiater. Dieser kann die Blutwerte des Patienten deuten und feststellen, welche Stoffe in zu geringer oder zu großer Menge vorhanden sind.

- **Resilienz:** Die Resilienz beschreibt die Widerstandskraft einer Person. Menschen mit einer großen Widerstandsfähigkeit kommen mit Druck und Belastungen besser zurecht als andere. Es kann deshalb passieren, dass eine Person im Jugendalter sehr verstörende Ereignisse miterlebt und trotzdem im Verlauf seines Lebens nicht krank wird. Selbst bei schlimmen Erlebnissen und Hindernissen bewahren diese Personen die Ruhe. Sie lassen sich nicht in einen schweren Zustand von Stress versetzen, was sie vor dem

Ausbruch einer psychischen Krankheit bewahrt. Personen mit einer geringen Widerstandsfähigkeit sind hingegen besonders angreifbar. Bereits kleine Herausforderungen und Probleme lassen sie zögern und schwanken, viele straucheln schon bei dem geringsten Widerstand und geraten auf diese Art und Weise in Panikzustände. Sie entwickeln Ängste und sind angreifbarer für psychische Krankheiten. Die Widerstandsfähigkeit lässt sich trainieren. Aus diesem Grund ist es wichtig, seine Schwächen und Problemzonen zu kennen und an diesen täglich zu arbeiten.

- **Vulnerabilität:** Die Vulnerabilität beschreibt die Verletzlichkeit einer Person. Im Volksmund wird oft gesagt, der Mensch habe eine dünne Haut, wenn er besonders vulnerabel ist. Betroffene Personen sind häufig emotionaler und empfindsamer. Belastende Situationen versetzen sie schnell in Stress und sie fühlen sich allgemein von den Problemen des Lebens angegriffen. Menschen mit einer geringen Vulnerabilität sind emotional stabiler. Auch wenn sich ihnen Hindernisse in den Weg stellen, brechen sie unter der Last nicht sofort zusammen. Sie nehmen Herausforderungen an und können auch mit belastenden Situationen recht gut umgehen. Wie vulnerabel ein Mensch ist hängt unter anderem von der Arbeitsweise des Gehirns ab und ist deshalb bei vielen Personen angeboren. Wer erkennt, dass er besonders vulnerabel ist, der kann sich stabile Verhaltensmuster antrainieren. Mit diesen lässt sich die Verletzlichkeit nach und nach verringern, sodass man schließlich in der Lage ist, auch bei Herausforderungen nicht sofort in Panik zu verfallen. Stattdessen sucht man dann an einer Lösung, durch welche man einen Krankheitsschub verhindern kann.

Immer mehr Wissenschaftler gehen davon aus, dass psychische Erkrankungen nicht allein auf die Psyche zurückzuführen sind. Eine Studie in Kanada hat vor kurzer Zeit ergeben, dass Menschen, die sich in einer akuten Depression befanden, einen stark gesteigerten Entzündungsparameter im Gehirn aufwiesen. Wodurch dieser Parameter beeinflusst wird, soll in den nächsten Jahren weiter erforscht werden.

Auch Stress führt zu Depressionen. Befindet sich eine Person in einer belastenden Situation, so wird das Stresshormon Cortisol ausgeschüttet. Dies stellt eine Belastung für das Immunsystem dar, denn wenn der Stress anhält, so sinkt die Empfindlichkeit des Körpers in Bezug auf den Cortisolspiegel. Der Stoffwechsel und das Immunsystem werden geschwächt, sodass sich Entzündungsherde ausbreiten können. Stoffwechselstörungen können ebenfalls eine der Ursachen für eine psychische Erkrankung sein. Selbst wenn sie nicht der alleinige Faktor sind, so können sie doch eine bedeutende Verschlechterung des Gesundheitszustands bewirken. Aus diesem Grund überprüfen viele Ärzte heute den Stoffwechsel einer Person, ehe sie eine endgültige Diagnose der Krankheit, sowie ihrer Ursachen, stellen. Insgesamt wird heute nicht mehr angenommen, dass für die Entwicklung psychischer Krankheiten ausschließlich psychische Ursachen zuständig sind. Deshalb wird es immer wichtiger, die Krankheiten in das Gesamtbild des Gesundheitszustands der betroffenen Person einzubetten, um einen wahrheitsgemäßen Überblick erhalten zu können. Dabei werden auch die körperlichen Beschwerden der Patienten mit einbezogen.

Tipps und Tricks, um das eigene Gleichgewicht zu finden

Wer bereits an einer schwerwiegenden psychischen Krankheit leidet und starke Einschränkungen in seinem Alltag feststellen muss, der sollte sich unbedingt ärztlich betreuen lassen. Doch oft können die Vorboten eines psychischen Ungleichgewichts bereits vor dem Ausbruch der tatsächlichen Krankheit erkannt werden. Dann ist es möglich, diese Symptome rechtzeitig in Angriff zu nehmen, damit es gar nicht erst zu einer Eskalation kommt.

Viele Menschen verharren in einer Situation, obwohl sie mit dieser nicht zufrieden sind. Dabei vergessen sie jedoch, dass die Gesamtzahl unserer Tage letztendlich unser Leben ausmacht. Wer nicht täglich auf sein Wohlergehen achtet, bei dem können die negativen Momente überhand gewinnen. Später bereut diese Person, nicht vorher gehandelt zu haben. Sie hat durch ihr ausharrendes Verhalten viele Möglichkeiten verpasst und findet sich nun in einem Leben wieder, mit dem sie unzufrieden ist. Es ist selbstverständlich nie zu spät für eine Besserung, doch viele Tage des eigenen Lebens wurden dann bereits mit Erlebnissen gefüllt, die einen bitteren Nachgeschmack hinterließen. Jeder Tag in unserem Leben zählt, jede Sekunde füllen wir mit Aktionen, die später zu positiven oder negativen Erinnerungen werden. Wenn wir auf unsere Psyche achten, dann beginnen wir damit, auch unseren Alltag wertzuschätzen. Füllen wir jeden Tag mit positiven Erlebnissen und Erfahrungen, dann können wir später auf ein erfülltes Leben zurückblicken. Bei den Erinnerungen an vergangene Momente fühlen wir uns gut, wir freuen uns darüber, was wir bereits alles erlebt haben und sind gespannt, was die Zukunft noch mit sich bringen mag.

Oft können sich Personen dabei ertappen, wie sie sich mit einer bestimmten Lebenssituation abfinden. Ihre Begründung ist in vielen Fällen, dass es sich ja nur um einen Lebensabschnitt handele. Vergessen wird jedoch, dass unser Leben aus der Aneinanderreihung verschiedener Lebensabschnitte besteht. Als Beispiel kann an dieser Stelle eine Person genannt werden, die davon ausgeht, dass sie in ihrer jetzigen Wohnung nur vorübergehend wohnen wird. Sie vergeudet keinen Gedanken daran, die Wände frisch zu streichen und die Wohnung mit schönen Möbeln einzurichten, denn sie möchte ja bereits nach kurzer Zeit wieder ausziehen. Doch das Leben kommt wie so oft anders und letztendlich dauert es ganze fünf Jahre, bis die Person in eine andere Wohnung umzieht. Zu erst denkt sie, dies sei nicht weiter schlimm. Der Lebensabschnitt kann endlich abgeschlossen werden und die nächste Phase beginnt in einer neuen Wohnung. Doch rückblickend fällt der Person auf, dass sie ganze fünf Jahre in einer Wohnung verbracht hat, in der sie sich nicht zu Hause fühlte. Die Erinnerungen an diese Zeit wären sehr viel positiver, wenn sich die betroffene Person nicht für eine vorübergehende Lebensweise entschieden hätte, sondern sich stattdessen schön eingerichtet hätte.

Dieses Beispiel kann ebenso für einen Arbeitsplatz gelten, an welchem man sich bereits ab dem ersten Tag nicht wohlfühlt und dennoch einige Jahre vergehen müssen, ehe man endlich abschließen und einen neuen Lebensabschnitt beginnen kann.

Der seelische Zustand einer Person leidet, wenn sie in einem oder mehreren Bereichen ihres Lebens eine Baustelle offen lässt. Kann diese nach kurzer Zeit behoben werden, so hat sie womöglich keine weitreichenden Auswirkungen auf die psychische Gesundheit. Bleibt sie jedoch über mehrere Monate oder gar Jahre bestehen, so weitet sie sich aus, bis die Person einen wachsenden Druck in der Brust spürt. Werden die Anzeichen des Unwohlseins weiter ignoriert, dann spitzt sich die Situation zu, bis die betroffene Person eines Tages nicht mehr in dem Zustand leben kann und aus diesem ausbricht. Dieses Szenario nimmt häufig eine Größenordnung an, die es unter normalen Umständen nicht gehabt hätte. Im Nachhinein steht die

Person vor einem Scherbenhaufen, denn um aus der einen Baustelle auszubrechen, mussten an anderer Stelle mehrere neue aufgerissen werden.

Wer auch im Alltag kontinuierlich an seinem psychischen Gleichgewicht arbeitet, der kann solche Ausnahmesituationen frühzeitig erkennen und Maßnahmen ergreifen, um eine Eskalation der Zustände zu verhindern. Es gibt einige Tricks, die sich problemlos in den Alltag integrieren lassen. Manche von ihnen mögen banal erscheinen, zeigen jedoch eine überaus große Wirkung.

- **Gesunde Schlafgewohnheiten etablieren:** Wer nicht richtig schläft, der leidet vermehrt an Kopfschmerzen, Verspannungen und Konzentrationsschwäche. Schlafentzug, der über mehrere Tage oder gar Wochen anhält, kann zu Depressionen und anderen psychischen Erkrankungen führen. Ein ungleichmäßiger Schlafrhythmus stört den Stoffwechsel, was Krankheitsschübe verursachen kann. Aus diesem Grund sollten Sie stets darauf achten, ausreichend Schlaf zu bekommen. Selbstverständlich kann es sein, dass Sie auf Grund einer Ausnahme in einer Nacht weniger schlafen als gewöhnlich. Dies führt meist keine weitreichenden Folgen mit sich. Regelmäßiger Schlafentzug kann hingegen verheerend sein.

Wichtig ist nicht nur die Dauer des Schlafes, sondern auch seine Qualität. Wenn Sie ab etwa 30 Minuten vor dem Einschlafen keine elektronischen Geräte mehr verwenden, dann geben Sie Ihrem Gehirn die Möglichkeit, sich langsam auf die Nachtruhe einzustellen. Der Schlaf wird dadurch sehr viel erholsamer. Sie werden bemerken, dass Sie weniger Schwierigkeiten mit dem Einschlafen haben und sich am Morgen deutlich erholter fühlen. Nehmen Sie sich ausreichend Zeit, um Ihren Schlaf zu analysieren und herauszufinden, wie viele Stunden Sie nachts benötigen, damit Ihr Körper optimal funktionieren kann. Jeder Mensch ist unterschiedlich und während einige etwa acht Stunden in der Nacht schlafen müssen, reichen sechs Stunden bei anderen bereits aus.

Sie werden bemerken, dass Sie sich mit einer gesunden Schlafhygiene sehr viel ausgeruhter fühlen und dies unter anderem positive Auswirkungen auf Ihre Produktivität und Ihre Konzentrationsfähigkeiten hat.

- **Einführung einer ausgewogenen Ernährung:** Wenn Sie Lebensmittel zu sich nehmen, dann sollte dies nicht allein der Grundversorgung Ihres Körpers dienen. Mit der Zeit werden Sie ein ausgezeichnetes Feingefühl für die Bedürfnisse Ihres Körpers entwickeln und lernen, diese zu befriedigen. Ein Vitamin- oder Mineralstoffmangel hat oft schwerwiegende

Auswirkungen auf den Stoffwechsel und den Kreislauf. Dies wiederum kann die Entwicklung psychischer Krankheiten begünstigen. Nehmen Sie sich die Zeit, mehrere Ernährungsformen auszuprobieren, bis Sie schließlich diejenige finden, die am besten zu Ihrem Körper und Ihrem Lebensstil passt. Dies kann durchaus mehrere Monate bis Jahre in Anspruch nehmen, denn Sie müssen bei Ihrer Suche nach der optimalen Ernährungsweise möglicherweise mehrere Ernährungsformen und Diäten ausprobieren.

Verzehren Sie zu viel raffinierten Zucker, dann kann dies den Stoffwechsel durcheinander bringen, Entzündungen fördern und eine Erkrankung an Diabetes Typ 2 einleiten. Diese Begebenheiten können durchaus Auswirkungen auf die psychische Gesundheit haben. Oft kann bereits der Verzicht auf Zucker, sowie die verstärkte Einbindung von frischem Gemüse und Eiweißquellen dazu führen, dass sich sowohl die physische als auch die psychische Gesundheit deutlich verbessert. Dies führt dazu, dass Sie aktiver an Ihrem Alltag teilhaben können, konzentrierter arbeiten und ihre Produktivität dadurch steigern können, ohne in einen Zustand von akutem Stress zu geraten.

- **Entspannungstechniken anwenden:** Besonders in der asiatischen Kultur lassen sich unterschiedliche

Entspannungstechniken finden. Sie können sich über verschiedene Techniken informieren und diese ausprobieren, ehe Sie eine Entscheidung treffen. Selbstverständlich lassen sich verschiedene Techniken auch problemlos kombinieren. Im Mittelpunkt stehen Sie selbst und die Übungen sollen Ihnen dabei helfen, in gezielten Momenten besser zu sich zu finden. Dadurch können Sie sich etwas entspannen, wenn es im Haushalt oder am Arbeitsplatz gerade besonders anstrengend ist. Sie können bestimmte Übungen jedoch auch einsetzen, um beispielsweise eine aufkommende Panikattacke zu lindern und abzuwehren. Atemübungen können durchaus dabei helfen, in Momenten der Panik und Angst wieder in den Zustand des „hier und jetzt" zurückzufinden.

Eine sehr leichte Übung, die sich problemlos durchführen lässt, besteht aus folgenden Schritten: Im ersten Teil der Übung schließen Sie die Augen und atmen konzentriert in Ihren Bauch hinein. Dies tun Sie fünf Atemzüge lang, wobei Sie versuchen, an nichts anderes zu denken. Anschließend konzentrieren Sie sich auf Ihre Füße, die fest auf dem Boden stehen. Sie denken an die Temperatur des Fußbodens, an seine Haptik und daran, wie sich Ihre Füße auf dem Boden anfühlen. Im dritten und letzten Schritt beginnen Sie damit, langsam auf und ab zu gehen. Dabei konzentrieren Sie sich darauf, wie sich ihre Füße und Beine beim Gehen anfühlen und welche Dinge Sie währenddessen wahrnehmen. Wenn Sie drei Minuten umher gegangen sind, dann können Sie die Übung beenden. Fühlen Sie einmal in sich hinein, wie es Ihnen nach dieser Entspannungsübung geht. Möglicherweise schaffen Sie es mit dieser Technik bereits nach einigen Versuchen, aufkeimende Panikattacken rechtzeitig abzufangen und von sich fort zu schicken.

- **Regelmäßig Sport treiben:** Wer sich sportlich betätigt, der hält seinen Körper und seinen Geist fit. Es gibt unzählige verschiedene Sportarten. Wichtig ist lediglich, dass Sie der Bewegung Ihrer Muskeln ausreichend Beachtung schenken und verschiedene Sportarten ausprobieren, bis Sie die gefunden haben, die Ihnen am meisten Spaß macht. Achten Sie stets darauf, die Übungen und Bewegungsabläufe korrekt auszuführen, damit Sie das Verletzungsrisiko so weit wie möglich senken können. Beim Sport schüttet der Körper Endorphine aus. Diese allein heben die Stimmung bereits deutlich. Die Bewegung sorgt für einen körperlichen Ausgleich. Dies ist besonders dann wichtig, wenn Sie einen Großteil des Tages an einem Schreibtisch verbringen. Sport gibt Ihnen die Möglichkeit, das Gehirn und die Gedankenspiralen auszuschalten und sich einzig und allein auf die korrekte Ausübung der Bewegungen zu konzentrieren. Sie werden feststellen, dass Ihnen das Einschlafen nach einem guten

Workout sehr viel einfacher fällt und Sie in einen tieferen Schlaf fallen.

Sport regt den Stoffwechsel und den Kreislauf an, wodurch Kreislaufbeschwerden und Stoffwechselstörungen verhindert werden können. Außerdem haben Sie die Möglichkeit, einen Mannschaftssport auszuüben, bei welchem es Ihnen nicht allein um die körperliche Bewegung geht, sondern auch um die Teambildung und die sozialen Kontakte.

- **Vertrauensvolle Bezugspersonen:** Soziale Kontakte sind sehr wichtig. Wenn Sie sich allein fühlen und keinen Austausch mit anderen Menschen stattfindet, dann wächst das Risiko, in Gedankenspiralen einzusteigen. Aus diesem Grund sollten Sie unbedingt Mitmenschen finden, denen Sie vertrauen können. Wenn Sie sich in einer schwierigen Situation befinden, dann können Sie diese mit Ihren Bezugspersonen besprechen. Dabei verbalisieren Sie Ihre eigenen Gedanken, haben jedoch gleichzeitig auch die Möglichkeit, von Ihrer anfänglichen Einschätzung abzukommen und ganz neue Erkenntnisse zu haben. Es sollte sich um Menschen handeln, deren Urteilsvermögen Sie nicht bezweifeln. Ein solch starkes Netz aus liebevollen und respektvollen Menschen kann Ihnen in schwierigen Situationen den entscheidenden

Rückhalt geben, der Sie möglicherweise vor dem Ausbruch einer psychischen Erkrankung bewahrt.

- **Eine aufrichtige Kommunikation mit den Mitmenschen führen:** Lassen Sie sich nicht in Intrigen verwickeln. Viele Probleme kommen dann auf, wenn die Kommunikation zwischen mehreren Menschen nicht funktioniert. Missverständnisse und Diskussionen können selbstverständlich nicht immer verhindert werden. Doch wenn Sie sich darum bemühen, solche Kommunikationsprobleme aufzudecken und offen zu besprechen, dann können Sie Auseinandersetzungen und Streitgespräche häufig umgehen. Dies trifft nicht nur auf fremde Menschen oder Freunde zu, sondern ebenso auf ein Liebespaar. Wenn Meinungsverschiedenheiten und andere Probleme im Raum stehen, dann kann dies ein seelisches Ungleichgewicht zur Folge haben. Wenn Sie ungeklärte Themen klar und deutlich aussprechen, ohne dabei die Teamarbeit als Liebespaar zu stören, dann können Sie die meisten Probleme recht einfach klären und Ihren Seelenfrieden dadurch wieder herstellen.

Sie können nicht direkt beeinflussen, wie Ihr Gegenüber reagieren wird. Aus diesem Grund ist es wichtig, dass Sie sich von den Worten und unvorhersehbaren Reaktionen Ihrer Mitmenschen freimachen, damit Sie sich von diesen nicht emotional abhängig machen. Dies ist nicht immer einfach, Sie können es jedoch aktiv üben und werden dabei bereits recht schnell deutliche Fortschritte erkennen können.

- **Streichen Sie toxische Menschen aus Ihrem Leben:** Grundsätzlich ist es hilfreich, wenn Sie fremden Mitmenschen gegenüber aufgeschlossen und unvoreingenommen sind. Wenn Sie eine Person näher kennenlernen und dabei feststellen müssen, dass dieser Mensch nicht in Ihr Leben passt, dass er nicht aufrichtig mit Ihnen umgeht, Sie belügt, ausnutzt oder anderweitig manipuliert, dann müssen Sie diesen Menschen leider aus Ihrem Leben streichen. Selbstverständlich ist es von Vorteil, wenn Sie hierbei diplomatisch bleiben. Wenn eine Person dazu neigt, stets Konflikte heraufzubeschwören und dabei deutlich wird, dass besagte Person keine guten Absichten mit Ihnen hat, so sollten Sie sich an diesen Menschen nicht emotional binden. Das fällt nicht immer leicht, denn wir neigen dazu, den anderen noch eine zweite und dritte Chance geben zu wollen. Doch Sie sollten dabei niemals riskieren, Ihren eigenen Seelenfrieden zu für jemanden aufzugeben, der Ihre Zuneigung und Ihre Bemühungen nicht zu schätzen weiß.

Wann und von wem braucht man Hilfe?

Grundsätzlich lässt sich beobachten, dass Frauen weitaus schneller zum Arzt gehen als Männer. Dies mag daran liegen, dass sich Männer aus biologischen Gründen als die harten Kerle sehen, die Schmerzen weniger gerne zugeben und sie vielleicht auch erst später als erkennen.

Bei Depressionen und Angststörungen fällt es leichter, einen Arzt aufzusuchen. Man bemerkt, dass die psychische Gesundheit leidet und es scheint der nächste, vollkommen normale Schritt zu sein, professionelle Hilfe zu suchen. Bei anderen Krankheiten tritt diese Erkenntnis beim Patienten jedoch nicht so schnell ein. Es dauert dann oft Jahre, bis professionelle Hilfe gesucht wird. In vielen Fällen hat sich die Krankheit bis zu diesem Zeitpunkt stark zugespitzt und die Situation ist bereits eskaliert. Das ist für alle betroffenen Personen, sowohl die erkrankte Person als auch die Angehörigen, mehr als schmerzhaft und kann durchaus langfristige Konsequenzen mit sich führen.

Wenn man bereits eine diagnostizierte Krankheit hat, so sollte man die Behandlung durch einen Spezialisten keineswegs schleifen lassen. Es kommt durchaus vor, dass ein Patient nach einem akuten Krankheitsschub aus dem Krankenhaus entlassen wird und daraufhin eine Therapie bei einem Psychologen beginnt, die durch eine medikamentöse Behandlung in Betreuung eines Psychiaters vervollständigt wird. Ist der akute Krankheitsschub überwunden, so spielt der Patient mit dem

Gedanken, die Medikamente wegzulassen. Er geht davon aus, dass er auch ohne sie zurechtkommt und möchte nicht mit der Vorstellung leben, von Medikamenten abhängig zu sein. Dies hat jedoch verheerende Folgen, denn der Psychiater verschreibt die Medikamente nach eingehender Untersuchung des Blutspiegels. Wie in einem anderen Kapitel dieses Buches bereits angesprochen wurde, haben die biologischen Faktoren einen großen Einfluss auf die Entwicklung einer psychischen Krankheit. Wenn die Medikamente optimal auf den Patienten eingestellt werden, dann halten sie die Blutwerte in einem Normalbereich, was den weiteren Verlauf der Krankheit maßgeblich positiv beeinflusst. In der Gesellschaft sind die Vorurteile gegenüber Antidepressiva und anderen Psychopharmaka jedoch weiterhin vorhanden. Nimmt ein Mensch Tabletten, weil er eine Schilddrüsenstörung hat, so löst das jedoch keine Verwunderung und kein Entsetzen bei den Mitmenschen aus. Ebenso verhält es sich mit Insulinspritzen, die sich ein Diabetes Patient verabreichen muss. In diesem Bereich ist in der Gesellschaft noch einiges zu ändern und dies wird nicht über Nacht geschehen. Wenn jeder von uns seinen Teil dazu beiträgt, sich informiert und Vorurteile aus der Welt schafft, dann können wir gemeinsam jedoch durchaus erreichen, dass psychische Krankheiten in Zukunft weniger Aufsehen erregen und kein Tabu Thema mehr sind.

Wenn eine psychische Erkrankung bereits diagnostiziert wurde, dann ist die Behandlung und Betreuung durch einen Arzt meist der nächste logische Schritt. Doch wie ist es bei Menschen, die bisher noch keinen direkten Kontakt zu einer psychischen Krankheit hatten und deshalb nicht wissen, ob sie bereits Hilfe von einem Fachmann brauchen?

Eigentlich verhält es sich wie bei physischen Erkrankungen auch. Wenn Sie an einem Morgen aufwachen und starke Kopfschmerzen verspüren, so machen Sie sich vorerst keine weiteren Gedanken. Es kann sein, dass Sie in der Nacht falsch gelegen haben und deshalb verspannt sind. Vielleicht ist auch der Wetterumschwung schuld oder Sie haben am Vortag nicht genug Flüssigkeit zu sich genommen. Wenn die Schmerzen sehr stark sind, nehmen Sie womöglich eine Schmerztablette, ansonsten warten Sie erst einmal ab, wie sich die Kopfschmerzen im Laufe des Tages entwickeln. Wenn die Schmerzen nach einigen Tagen immer noch vorhanden sind und Sie keine eindeutige Ursache dafür erkennen können, dann werden Sie sicherlich einen Termin bei Ihrem Hausarzt machen, um den Beschwerden auf den Grund zu gehen und schnellstmöglich eine wirkungsvolle Behandlung zu finden. Es kann auch durchaus sein, dass Sie die Ursache selbst finden. Viele Frauen leiden einige Tage vor dem Einsetzen ihrer Menstruation unter starken Kopfschmerzen. Oder aber die Luftfeuchtigkeit und die Wärme des Sommers machen Ihnen zu schaffen. Es handelt sich hierbei um akute Probleme, die bei Ihnen Beschwerden auslösen, nach einigen Tagen jedoch wieder verschwinden.

Ähnlich verhält es sich auch mit psychischen Gebrechen. Wenn Sie feststellen, dass Ihre Gedanken immer öfter eine unerwünschte Richtung einschlagen, dann sollten Sie diese Entwicklung unbedingt beobachten. Finden Sie die Ursache für Ihren Stress und Ihre Sorgen oder negativen Gedanken, dann müssen Sie sich mit diesen näher auseinandersetzen. Handelt es sich um akute Probleme, deren Lösung bereits in Sicht ist, so können Sie auch davon ausgehen, dass sich Ihr psychisches Gleichgewicht wieder einpendeln wird. Leiden Sie jedoch vermehrt unter Gedanken, die Sie in Ihrem Alltag und Ihren Aktivitäten einschränken, dann benötigen Sie womöglich Hilfe von einem Spezialisten.

Zu welchem Zeitpunkt Sie einen Arzt aufsuchen sollten, dass lässt sich nicht pauschal sagen. Einige Menschen sind resilient. Sie können auch mit akuten Problemen umgehen, ohne sich von diesen aus der Bahn werfen zu lassen. Andere Personen sind hingegen besonders verletzlich. Bereits kleine Zwischenfälle bringen sie aus dem Gleichgewicht.

Auch das soziale Sicherheitsnetz ist von großer Bedeutung. Sie müssen gute Ratschläge nicht immer bei einem Arzt suchen. Wenn Sie sich mit Ihrem sozialen Umfeld austauschen und dabei auch über Ihre Gefühle ehrlich sprechen können, so werden Sie womöglich erkennen können, dass Ihnen auch die Beobachtungen und Ratschläge Ihrer Familie oder Freunde in vielen Situationen weiterhelfen können. Dann werden akute Ängste abgefangen, bevor sie eskalieren können.

Nichtsdestotrotz ist es eigentlich immer gut, auch ohne ein akutes Problem oder einen Krankheitsschub bereits nach einem Psychologen zu suchen. Es handelt sich hierbei um ein sehr spezielles Thema, die Behandlung benötigt eine gute Chemie zwischen Arzt und Patient. Dies ist vergleichbar mit einem Besuch beim Gynäkologen oder Urologen. Sie gehen regelmäßig zu einem Kontrolltermin, selbst wenn keine akuten Beschwerden bestehen. Dabei stellen Sie sicher, dass Sie gesund sind und Sie stellen sicher, dass Sie sich bei dem Arzt oder der Ärztin gut aufgehoben fühlen. Kommt es dann zu einem Problem und Sie benötigen ärztliche Hilfe, so haben Sie bereits einen Arzt, dem Sie vertrauen.

Psychologen und auch Psychiater haben meist einen sehr engen Terminkalender. Dennoch sollten Sie sich auf die Suche nach einem Arzt machen, dem Sie vertrauen können, wenn Sie merken, dass Sie häufiger aus dem Gleichgewicht geraten und dann ärztlichen Rat benötigen. Eskaliert eine Situation oder Sie werden Opfer eines Krankheitsschubs, so haben Sie bereits einen Arzt, dem Sie vertrauen können. Dieser kennt Ihre Vorgeschichte und Ihre Probleme und kann weitaus schneller eine treffende Diagnose stellen als jemand, den Sie gerade erst kennenlernen.

Spitzt sich ein Problem besonders zu, so ist der Besuch einer Klinik manchmal unausweichlich. Auch in diesem Fall ist es von

Vorteil, wenn Sie bereits in ärztlicher Betreuung sind und der Arzt Ihres Vertrauens Informationen an das zuständige Personal im Krankenhaus weitergeben kann.

Im Mittelpunkt steht Ihre Gesundheit, die möglichst schnell wieder hergestellt werden soll. Dies gelingt, wenn Sie sich den Ärzten öffnen und Ihre gesundheitlichen Probleme nicht verschweigen.

In der Gesellschaft werden Menschen, die einen Psychologen aufsuchen, häufig als „schwach" eingestuft. Die Wahrheit ist jedoch, dass Sie sich eingehend mit sich selbst und Ihrer körperlichen wie seelischen Gesundheit befassen. Wenn Sie dabei ein Problem feststellen können, dann machen Sie sich daran, dieses bewusst anzugehen und zu beheben. Es ist vollkommen normal, hierzu einen Fachmann zu Rate zu ziehen. Ungesund ist es hingegen, Sorgen in sich hinein zu fressen, Ängste unter den Teppich zu kehren und ein psychisches Ungleichgewicht verstecken zu wollen. Wer sich ärztliche Hilfe sucht, der kümmert sich um seinen Körper und seine Psyche, geht Problemen auf den Grund und setzt sich aktiv für seine eigene Gesundheit ein. Dies ist keineswegs verwerflich und sollte auch von niemandem als lächerlich abgestempelt werden.

Zu welchem Zeitpunkt ein Arzt unabdingbar wird, das kann nicht pauschalisiert werden. Schließlich ist jeder Mensch anders. Selbst wenn Sie ein starkes soziales Netzwerk haben und sich auf Ihre Freunde und Ihre Familie verlassen können, so werden diese stets nur einen Bruchteil Ihrer Gedankenwelt verstehen können. Wenn Sie feststellen, dass Sie zunehmend eine Last auf Ihrem Herzen spüren, sich nicht konzentrieren können, weniger Freude am Leben haben und von Ängsten geplagt werden, dann ist ein Besuch bei einem Psychologen durchaus zu empfehlen. Sie müssen bei diesem auch nicht unbedingt eine tiefgründige Analyse durchführen lassen. Es kann durchaus sein, dass es für Sie eine große Hilfe ist, wenn Sie lernen, wie Sie mit bestimmten Situationen besser umgehen können. Ein Arzt kann Ihnen verschiedene Techniken beibringen, mit deren Hilfe Sie Stress bewältigen können. Auch eine aufkommende Panikattacke lässt sich mit bestimmten Mitteln abwehren. Wenn Sie sich genau unter die Lupe nehmen und Ihre Ängste und die Auslöser für Stress kennen, dann können Sie diese im Alltag erfolgreich umgehen. Bei der Entwicklung einer solchen Strategie kann Ihnen ein Arzt tatkräftig zur Seite stehen.

Zwischenmenschliche Psychologie

Kommunikation

Nicht nur Menschen haben die Möglichkeit zu kommunizieren. Auch Tiere tun dies mit Hilfe unterschiedlicher Laute und Bewegungen. Da ihre sprachlichen Mittel nicht so weit ausgebildet sind die wie der Menschen, konzentrieren sich Tiere bei ihrer Kommunikation vor allem auf die Körpersprache. Hierzu gehört das Anspannen der Muskeln, der persönliche Abstand zu anderen und die Position der Gliedmaßen und des Kopfes.

Auch der Mensch kommuniziert mit Hilfe von Körpersprache, hat darüber hinaus jedoch noch andere Mittel entwickelt, die als Werkzeuge der Kommunikation bekannt sind. Hierbei kann zum Beispiel zwischen natürlichen und technischen Mitteln unterschieden werden. Unter den Begriff der Technik fallen in diesem Zusammenhang elektronische Geräte wie das Telefon oder der Computer, auch das Texten von Nachrichten mit Hilfe eines Smartphones hat heute einen großen Einfluss auf unsere Kommunikation. Es ist jedoch gar nicht notwendig, so weit in den Bereich komplexer Gerätschaften hineinzugehen. Bereits der Vorgang, einen Stift in die Hand zu nehmen, um damit Buchstaben auf ein Papier zu schreiben, fällt unter den Vorgang der Kommunikation mit Hilfe von technischen Mitteln. Wir können Bücher und Zeitschriften schreiben, in großen Mengen drucken lassen und auf diese Weise Ideen und Gedanken an ein großes Publikum weitergeben. Viele von uns nutzen heute Emails oder soziale Netzwerke, um mit Mitmenschen oder Geschäftspartnern zu kommunizieren. Je nach Kanal passen wir ganz automatisch auch unsere Wortwahl, unseren Tonfall und die Länge der Nachrichten an.

Die natürlichen Kommunikationsmittel kommen ohne durch Menschenhand geschaffene Hilfsmittel aus. Zu ihnen gehören unter anderem unsere Sprache, die sich je nach Kultur oder Region unterscheidet, sowie verschiedene Laute, Gesichtsausdrücke, unsere Körpersprache und andere Kommunikationsmittel. Sich mit Hilfe eines bestimmten Kleidungsstils auszudrücken, fällt beispielsweise ebenfalls unter den Oberbegriff der Kommunikation. Die nonverbalen Kommunikationsmittel überwiegen, denn auch wenn die verbale Kommunikation auf Grund ihrer Lautstärke auffällig ist, senden wir die meisten Signale über nonverbale Kanäle an unsere Mitmenschen aus.

Einige wenige Mittel sind angeboren, die meisten werden hingegen im Laufe des Leben erlernt. Hierzu gehören bestimmte Gesten und Gesichtsausdrücke, sowie Laute. Zu der verbalen Kommunikation gehören all die Botschaften, die wir als Menschen mit unserem Mund formen und mit den Ohren aufnehmen. Hierbei gibt es mindestens zwei Personen, die sich in einem Kommunikationsprozess, beispielsweise einem Gespräch, befinden. Es kann jedoch auch sein, dass Sie sich in einem Gespräch mit weitaus mehr Menschen befinden. Dann greifen verschiedene Regeln, damit eine solche Versammlung nicht in einem Chaos aus Gedanken und Aussagen untergeht. Sie nehmen während des Kommunikationsprozesses unterschiedliche Rollen ein. Die zwei Hauptrollen beschreiben den Absender und den Empfänger der Aussagen. Je nach Form des Gesprächs befinden Sie sich entweder auf der einen oder auf der anderen Seite. Bei Alltagsgesprächen wechseln Ihre Rollen ständig.

Alle drei Szenarien können durch folgende Beispiele verdeutlicht werden. Wenn eine Person eine Rede halten muss, so befindet sie sich in der Position des Absenders, während sich das Publikum in der Rolle des Empfängers wiederfindet. Der Redner bestimmt den Verlauf des Gesprächs weitestgehend und breitet seine Gedanken und Ideen vor dem Publikum aus. Dieses soll im ersten Moment erst einmal nur zuhören, reagiert jedoch dennoch in Form von Ausrufen oder Klatschen. Hierdurch kann der Redner bereits einen ersten Eindruck davon erhalten, welche Emotionen und Reaktionen er durch seine Worte beim Publikum auslöst. Die Personen, die sich im Publikum befinden, können zwar einige spontane Reaktionen zum Ausdruck bringen, die zum Großteil nonverbaler Natur sind, entscheiden dabei aber nicht über die Richtung des Gesprächs. Es findet kein ausgewogener Austausch von Gedanken statt.

Im Alltag kommen diese Szenarien auch vor, dann etwa, wenn die Mutter ihrem Kind eine Standpauke hält, wenn der Lehrer seinen Schülern einen Vortrag hält oder wenn der Arbeitgeber seinem Angestellten einen Arbeitsauftrag zuteilt. Die Gedanken des Absenders können klar und deutlich formuliert werden, denn sie werden nicht durch neue Ideen und Einschübe in eine andere Bahn gelenkt.

Häufig sind Gespräche im Alltag jedoch ausgewogener. Dann etwa, wenn sich zwei Freunde unterhalten, wenn ein Liebespaar seinen nächsten Urlaub plant oder Geschwister darüber entscheiden, was sie spielen wollen. Der Sprung von der Rolle des Absenders hin zu Rolle des Empfängers geschieht oft unbewusst, sodass sich eine Dynamik entwickelt. Wie gut diese Dynamik funktioniert entscheidet maßgeblich über den weiteren Verlauf eines Gesprächs. Möchte ein Elternteil einen regen Gedankenaustausch mit einem seiner Kinder erreichen, so ist dies nur möglich, wenn beide Gesprächsteilnehmer ihre Rollen annehmen. Wenn der Elternteil zu dominant ist und dadurch das Kind weniger häufig zu Wort kommen lässt, so wird der natürliche Verlauf des Gesprächs hierdurch gestört. Das Resultat ist nicht das, welches sich der Elternteil versprochen hatte.

Die zwischenmenschliche Kommunikation ist ein natürlicher Bestandteil unseres Lebens. Aus diesem Grund wird uns meist gar nicht bewusst, wie komplex dieses System ist und wie viele

Regeln bewusst oder unbewusst beachtet werden müssen, damit die Kommunikation optimal verlaufen kann.

Verbale Kommunikation

Die verbale Kommunikation konzentriert sich auf die Übertragung von Gedankengut mit Hilfe von Lauten. Diese werden mit dem Mund geformt, wobei es sich um Wörter einer Sprache oder aber auch um prägnante Einzellaute handeln kann.

Weltweit gibt es nach heutigen Schätzungen rund 6000 verschiedene Sprachen. Manche werden von einem Millionenpublikum gesprochen, andere lediglich von einem einzigen Stamm. Sie unterscheiden sich nicht nur durch die Anzahl der Menschen, die eine Sprache sprechen, sondern auch durch ihren Aufbaue, ihre Komplexität und ihre Verwendungsmöglichkeiten. Es gibt Sprachen, die bereits mit einer relativ kleinen Menge an Wörtern auskommen, um wichtige Botschaften und Gedanken an andere weiterzugeben. Doch es gibt auch Sprachen, die über eine große Anzahl verschiedener Laute verfügen, die zu den unterschiedlichsten Wörtern geformt werden. Die Sprache eines Volkes zu lernen bedeutet auch, seine Art zu denken, seine Überzeugungen und sein Weltbild ein Stück weiter kennen zu lernen und zu verstehen. Außerdem lernt man durch das Verstehen einer neuen Sprache auch sehr viel über die eigene. Man kann nun vergleichen, wie die Menschen in unterschiedlichen Regionen der Welt denken, wie sie Dinge beschreiben und was ihnen besonders wichtig ist.

Es gibt eine große Anzahl an Studiengängen, die sich auf die Erforschung verschiedener Sprachen spezialisieren. Dabei wird deutlich, dass einige Sprachen erst vor kurzer Zeit entstanden sind, während andere auf eine über tausendjährige Geschichte zurückblicken können. Bei diesen Betrachtungen fällt ebenfalls auf, dass sich einige Sprachen in den letzten Jahrhunderten kaum verändert haben, während andere einen starken Wandel durchliefen. Wörter können als eine Abfolge von Zeichen auf Papier festgehalten werden. Die Schrift einer Sprache lässt sich durch den kulturellen Hintergrund der Region erklären, in welcher diese Sprache gesprochen wird. Hierbei haben sich einige Regionen und Kulturen zusammengetan, um einen universellen Schriftstil einzusetzen. Andere bestehen auf ihre ganz eigenen Zeichen, die sich schon seit langer Zeit durchgesetzt haben.

Die Sprache und ihre stilistischen Mittel scheinen für die zwischenmenschliche Kommunikation überaus wichtig zu sein. Einige Philosophen und Kulturwissenschaftler gehen sogar noch einen Schritt weiter. Sie sagen, dass das Kulturgut eines Volkes, seine Vorstellungen, seine Musik und Weltanschauung stets nur den gleichen Umfang haben kann, wie seine Sprache. Wenn eine Person in schillernden Farben träumt und dabei eine ganz neue Welt schafft, so kann sie diese Vorstellung nur an ihre

Mitmenschen weitergeben, wenn sie sie auch in Worte fassen kann. Sonst bleiben diese Ideen im Kopf der ersten Person bestehen, verblassen dort und sterben schließlich.

Menschen geben Worten eine unterschiedliche Wichtigkeit. Einige achten sehr genau darauf, wie sie ihre Gedanken beschreiben. Andere äußern ihre Absichten nur grob, denn für sie sind die tatsächlichen Handlungen sehr viel wichtiger als die Gedanken, auf denen sie aufbauen. So entstehen beispielsweise unterschiedliche Sprichwörter: „Taten wiegen mehr als Worte" und „Worte können tödliche Waffen sein" sind zwei von ihnen, welche die gegensätzliche Bedeutung der Wörter sehr gut beschreiben.

Es werden so zahlreiche Studien im Zusammenhang mit Sprachen durchgeführt, dass man meinen könnte, es handele sich um das wichtigste Kommunikationsmittel der Menschheit. Doch bei einer eingehenden Betrachtung aus einem anderen Blickwinkel fällt auf, dass die Wichtigkeit der Sprache sehr stark von dem Kommunikationskanal abhängt. Befinden sich zwei Menschen, die mit einander kommunizieren wollen, an unterschiedlichen Standorten der Welt und führen über das Telefon ein Gespräch miteinander, so sind Wortwahl, Tonfall und Geschwindigkeit des Gesprochenen sehr wichtig. Sie entscheiden maßgeblich über den Verlauf eines Gesprächs und ebenso darüber, wie gut die Kommunikation funktioniert. Befinden sich die beiden Personen gar in unterschiedlichen Zeiten, so können

Gedanken und Ideen in Schriftform weitergegeben werden. Hierbei ist die Wortwahl noch viel bedeutender, denn andere Teile der Kommunikation, wie beispielsweise die Tonlage oder die Lautstärke, fallen komplett weg.

Doch desto näher sich die beiden Personen sind, umso mehr verliert die Sprache an Bedeutung. Findet das Gespräch mit Video statt, so werden auch die Mimik und bis zu einem gewissen Punkt die Gestik der anderen Person miteinbezogen. Die Worte entscheiden dann nur noch zur Hälfte darüber, wie ein Gespräch verläuft und wie die Gedanken von einer Person zur anderen weitergegeben werden können.

Befinden sich die beiden Personen in einem Raum und kommunizieren auf direktem Weg miteinander, so nimmt die Bedeutung der Sprache weiter ab. Sie macht dann lediglich 20 Prozent des Gesprächsverlaufs aus. Viel wichtiger sind die nonverbalen Kommunikationsmittel, zu denen die Mimik, die Gestik, sowie die Körperhaltung und Körpersprache gehören.

Bei dieser Analyse fällt außerdem auf, wie vielschichtig die Kommunikation zwischen Menschen ist. Dies birgt eine große Anzahl an Möglichkeiten, gleichzeitig jedoch auch einige Risiken. Es ist wunderbar und wirklich erstaunlich, wie präzise Menschen ihre Gedanken weitergeben können. Schließlich handelt es sich hierbei um Ideen, die sich in ihrem Kopf entwickeln. Diese können dann mit Hilfe von Zeichen und Lauten so beschrieben werden, dass eine andere Person die Informationen aufnehmen und verarbeiten kann. Hat die Kommunikation gut funktioniert, so konnte wertvolles Gedankengut ausgetauscht werden. Sehr häufig kommt es jedoch vor, dass die Gedanken nicht präzise genug in Worte gefasst werden können. Dann kommt ein verzerrtes Bild bei dem Empfänger an. Das wird in den meisten Fällen nie festgestellt, denn der Empfänger geht davon aus, die Nachricht des Senders verstanden zu haben. Besonders häufig kommt es zu Missverständnissen, wenn die nonverbale Kommunikation des Senders nicht mit seiner verbal kommunizierten Nachricht übereinstimmt. Dann werden missverständliche Signale ausgesandt, die mitunter schwere Folgen mit sich führen können. Aus diesem Grund ist es wichtig, mit offenen Ohren und offenem Geist in ein Gespräch zu gehen. Nicht selten hören wir anderen nur zu, um anschließend unsere eigene Meinung kundzutun. Den meisten von uns geht dabei das aktive Zuhören vollkommen verloren. Es birgt jedoch große Chancen für die Weiterentwicklung eigener Ideen, wenn man sich das Gedankengut anderer Menschen zu eigen macht und sich mit diesem ausführlich auseinandersetzt.

Auch wenn die Sprache bei direkten Konversationen nur zu 20 Prozent über den Verlauf des Gesprächs entscheidet, so ist dies trotzdem ein Gebiet, welches es zu perfektionieren gilt. Wer aktiv an sich arbeiten möchte, um in Zukunft noch besser mit seinen Mitmenschen kommunizieren zu können, der kommt auch an der Verfeinerung der eigenen Sprache nicht vorbei.

Rhetorik

Die Rhetorik umfasst die sprachlichen Mittel, die verwendet werden können, um einer anderen Person oder einem Publikum die eigenen Ansichten nahezulegen und diese eindrucksvoll auszuarbeiten. Das Wort kommt aus dem Altgriechischen und heißt übersetzt so viel wie „die Redekunst". Die verschiedenen Methoden wurden bereits in der Antike angewandt und ihnen kam dort eine große Bedeutung zu. Rhetorik kann in den unterschiedlichsten Arten eingesetzt werden, verfolgt jedoch immer die Absicht eines Redners, sein Gegenüber oder sein Publikum von einer gewissen Ansicht zu überzeugen und damit zu einer bestimmten Handlung aufzufordern. Über die Jahrhunderte hinweg durchlief die Rhetorik einen großen Wandel. Während es sich in der Antike um eine wertvolle Kunst handelte, schwand ihr Ansehen im Laufe der Jahrhunderte. Die Zeit der Aufklärung versuchte, die Menschheit durch das Streben nach der Wahrheit zu beeinflussen. Hier fand die Rhetorik keinen Platz mehr und auch in der Romantik war sie nicht gerne gesehen, da sie stets beinhaltete, den Empfänger durch eine große Redegewandtheit in eine bestimmte Richtung zu lenken. Unter dem nationalsozialistischem Regime wurde die Rhetorik in zahlreichen Reden verwendet, um die deutsche Bevölkerung zu manipulieren und ein bestimmtes Menschen- sowie Weltbild zu verbreiten.

Aus wissenschaftlicher Sicht lässt sich die Rhetorik in einen allgemeinen und einen angewandten Teil zerlegen. Die angewandte Rhetorik findet besonders in der Politik und bei Gericht Verwendung. Aber auch bei therapeutischen Programmen kann sie durchaus eingesetzt werden.

Eine Anapher liegt dann vor, wenn die Wörter in den Sätzen so platziert wurden, dass der Leser automatisch einen bestimmten Rhythmus beim Lesen anschlägt. Es handelt sich hierbei um ein rhetorisches Mittel, welches sehr oft in religiösen Texten, sowie in poetischen Werken Verwendung findet.

Zu den wichtigen Stilmitteln der Rhetorik gehört unter anderem auch die Epipher. Sie findet sehr häufig bei religiösen Texten eine Verwendung und wird auch in der Poesie eingesetzt. Sie lässt sich sehr leicht identifizieren, denn wenn bei einem Text die Reihenfolge der Wörter so verändert wurde, dass stets das gleiche Wort am Anfang oder Ende eines Satzes steht, dann liegt eine Epipher vor. Sie ist somit das Gegenstück zur ebenfalls sehr bekannten Anapher.

Sehr leicht lässt sich auch eine Personifizierung erkennen. Sie liegt dann vor, wenn einem Gegenstand, einem Tier oder einem abstrakten Sachverhalt menschliche Züge verliehen werden. So wird in einer politischen Rede beispielsweise der Ausdruck einer starken Nation verwendet. Der Löwe ist mutig oder aber der Rabe hinterlistig. Durch die Einbringung einer Personifizierung wird die Beschreibung noch prägnanter, der Zuhörer kann sich mit ihr identifizieren und die Rede oder der Text machen einen stärkeren Eindruck.

Die Rede gilt als eine der wichtigsten Momente der Kommunikation, bei welcher rhetorische Mittel verwendet werden. Dieser Vortrag soll seine Zuhörer nicht nur informieren, er soll sie auch von einem bestimmten Standpunkt überzeugen. Darüber hinaus soll sie das Publikum zum Handeln aufrufen, wobei auch die Handlung nicht willkürlich ausgeübt wird. Die Rede soll das Meinungsbild des Zuhörers prägen, sodass dieser später leichter zu manipulieren ist.

Die Einleitung einer Rede ist sehr wichtig, denn sie soll die Aufmerksamkeit des Publikums auf den Sprecher ziehen. Das ist nicht immer einfach, denn manchmal muss man gegen andere Redner antreten und dann ist es besonders wichtig, Aufsehen zu erregen und aus der Menge herauszustechen. Anschließend wird der Sachverhalt dargelegt. Dies erfolgt in der Erzählung, die unterschiedliche Ausmaße annehmen kann, je nach Anlass und Länge der Rede, sowie Komplexität des Sachverhalts. Damit der Zuhörer nicht den Überblick verliert sondern weiß, was auf ihn zukommt, erfolgt im nächsten Abschnitt eine Gliederung. Nun geht es an den Inhalt der Rede, welcher in der Beweisführung ausführlich vor dem Zuhörer ausgebreitet wird. Dies ist auch der Abschnitt, in welchem die Argumente aufgeführt werden, die den eigenen Standpunkt verteidigen und die Meinung anderer in den Hintergrund stellen. Der Schluss einer Rede rundet diese ab und bindet dabei emotionale Elemente ein, um die Gefühle der Zuhörer anzusprechen und deren Empathie für sich zu gewinnen.

Rhetorische Mittel werden nicht nur zu punktuellen Ereignissen eingesetzt, wie es bei einem Schriftstück oder einer politischen Rede der Fall ist. Viele Menschen schaffen es, ihre Gespräche durch rhetorische Mittel lebendiger zu machen und dadurch ihren Gesprächspartner nicht nur mit Hilfe objektiver Argumente über einen Sachverhalt aufzuklären. Sie möchten einen bestimmten Standpunkt vertreten und schaffen dies, indem sie ihren Zuhörer auf emotionale Art und Weise ansprechen. Dadurch holen sie den Empfänger ihrer Worte in das Geschehen hinein und beziehen ihn mit ein. Sonst kann es passieren, dass das Gegenüber zwar die Argumentation nachvollziehen kann, sich mit ihr aber dennoch nicht identifizieren kann.

Die Verwendung rhetorischer Mittel fällt uns im Alltag besonders im Zusammenhang mit Werbung auf. Marketingspezialisten wissen, dass die potenziellen Kunden den objektiven Nutzen eines Produktes bereits kennen. Sie versuchen deshalb mit Hilfe sprachlicher und bildlicher Mittel, bei dem Zielpublikum ein Kaufbedürfnis aufzubauen, welches dieses vorher noch nicht verspürt hat. Darüber hinaus versuchen die einzelnen Marken, sich durch ihren Wiedererkennungswert von ihrer Konkurrenz abzuheben und den Kunden durch die Schaffung eines Mehrwerts an sich zu binden. Dies geschieht oft über rhetorische Mittel, durch welche sich der Kunde mit einem Produkt oder einer Marke identifiziert.

Nonverbale Kommunikation

Die nonverbale Kommunikation hat bei einem Gespräch, bei welchem sich zwei oder mehr Gesprächspartner in einem Raum befinden und somit keine Standortbarrieren in den Weg kommen, einen Einfluss auf den Gesprächsverlauf von etwa 80 Prozent. Das bedeutet, dass man seine Worte zwar sehr genau und präzise wählen kann, jedoch trotzdem nicht verstanden oder ernst genommen wird, wenn diese nicht mit den nonverbalen Signalen übereinstimmen. Es kann während eines Kommunikationsprozesses an sehr vielen Stellen zu einer Abweichung kommen, die später zu Missverständnissen führen kann. Problematisch ist nicht unbedingt das Auftreten von Missverständnissen, denn diese sind vorprogrammiert, wenn zwei Gehirne ihre Ideen und Gedanken austauschen möchten. Schwer wird es jedoch dann, wenn ein Missverständnis nicht als solches identifiziert wird. Dann geht der Sender davon aus, dass seine Nachricht korrekt verstanden wurde und der Empfänger geht davon aus, die Meinung des Senders richtig aufgefasst zu haben. Dies kann zu Problemen führen, wenn das weiterführende Gespräch auf einem Ausgangspunkt aufgebaut wird, der nicht übereinstimmt.

Ein Großteil der nonverbalen Kommunikation wird unbewusst ausgeübt. Es handelt sich dann beispielsweise um

Gesten, die wir ganz selbstverständlich einsetzen. Diese sind uns nicht angeboren, wir haben sie im Laufe unseres Lebens erlernt und in unseren gewöhnlichen Gebrauch aufgenommen. Es gibt einige wenige Zeichen und Bewegungen, die von Menschen auf der ganzen Welt verwendet werden. Dazu gehört beispielsweise ein Lächeln, welches überall positiv aufgefasst wird. Weinen wird von jedem menschlichen Wesen auf der Erde als Zeichen von Trauer oder Ergriffenheit erkannt.

Doch es gibt viele Zeichen, Gesten und Ausdrücke, die sich stark unterscheiden, je nachdem, in welcher Region man sich aufhält. Dies birgt zunächst einmal viele Chancen, denn es bedeutet, dass man eine große Anzahl an Gesten und Zeichen erlernen kann, um ein Feingefühl für die Ausdrucksweise einer bestimmten Region zu gewinnen. Auf der anderen Seite bedeutet es jedoch auch, dass zahlreiche Probleme eintreten können, wenn dieses Feingefühl nicht eingesetzt wird. Dann kann es zu Missverständnissen kommen, die auf regionalen Unterschieden nonverbaler Kommunikationsmittel beruhen. Wenn Sie an einem bestimmten Ort aufwachsen, dann kennen Sie die Gesten und Merkmale der nonverbalen Kommunikation, die für diesen Ort typisch sind. Doch auch wenn Sie mit den ortstypischen Merkmalen der nonverbalen Kommunikationsmittel eines Ortes nicht vertraut sind, so können Sie diese erlernen, um die Möglichkeiten einer problemfreien Kommunikation mit Menschen aus dieser Region zu erweitern.

Der Einsatz bestimmter averbaler Mittel unterscheidet sich nicht nur geografisch, sondern ist auch stark mit der Situation verbunden, in welcher er Verwendung findet. So kommunizieren Sie mit Ihren Freunden beispielsweise anders als mit Ihrem Vorgesetzten oder mit Ihren Angestellten. Im Schulwesen drücken Sie sich anders aus als wenn Sie später eine Universität besuchen oder sich an Ihrem Ausbildungsplatz befinden. Dies kann zu Problemen führen, wenn Sie mit den situationstypischen Kommunikationsmitteln nicht vertraut sind. Es kann Ihnen jedoch auch die Türen öffnen. Dann nämlich, wenn Sie sich auf die kommunikativen Mittel spezialisieren und diese so einsetzen, dass Sie Ihre Gedanken und Ihre Erwartungen sehr viel spezifischer und prägnanter an Ihr Gegenüber weitergeben können. Dies kann Ihnen bei Einstellungsgesprächen, aber auch bei schwierigen Unterhaltungen mit Ihren Eltern oder Kindern, sowie bei Auseinandersetzungen mit Ihrem Lebenspartner helfen.

Mimik, Gestik, Körpersprache und Körperhaltung

Die Erklärung einzelner Zusammenhänge wird in diesem Buch vom Detail bis hin zum Gesamtbild durchgeführt.

Mimik

Die Mimik beschreibt die Bewegungen, die wir, erlernt oder intuitiv, mit unserem Gesicht machen. Dies kann mit verbalen

Kommunikationsmitteln einhergehen, es kann aber auch unabhängig von Sprache und Lauten ablaufen. Mund, Augen und Stirn lassen am meisten über die inneren Vorgänge einer Person erkennen. Es handelt sich hierbei um die Gesichtspartien, die am beweglichsten sind. Ob Sie einen breiten Mund mit vollen Lippen und weißen Zähnen besitzen, oder Ihre Lippen eher schmal sind, darüber können Sie, wenn Sie nicht auf chirurgische Hilfe ausweichen wollen, nicht entscheiden. Wie Sie Ihren Mund einsetzen, um Ihren Aussagen und Reaktionen in Gesprächen mehr Ausdruck zu verleihen, darauf haben Sie sehr wohl einen Einfluss. Lächeln Sie breit und zeigen dabei auch etwas Zähne, so wirken Sie aufgeschlossen auf Ihr Gegenüber. Sie zeigen Empathie und regen Ihren Gesprächspartner dazu an, seine Gedanken noch ausführlicher in Worte zu fassen. Ist Ihr Gegenüber aufgeregt oder nervös, so können Sie es mit einem Lächeln aufmuntern. Ein Lächeln mit einem zusammengekniffenen Mund wirkt hingegen aufgesetzt. Doch Vorsicht, auch ein zu übertriebenes Lächeln, welches Sie während des Gesprächs nicht oft genug durch andere Gesichtsausdrücke austauschen, wirkt nicht echt. Versuchen Sie, Ihr Verhalten stets dem Inhalt des Gesprächs anzupassen. Seien Sie dabei schnell in Ihren Reaktionen, damit Ihr Gesprächspartner merkt, dass Sie aufmerksam zuhören und nicht etwa mit anderen Gedanken beschäftigt sind. Ein zaghaftes Lächeln kann ein Zeichen von Schüchternheit sein. Das Zusammenspiel zwischen dem Mund und anderen Regionen des Gesichts ist überaus wichtig.

Die Augen öffnen einen direkten Weg in die Seele eines Menschen. Wenn Sie Ihre Augen zusammenkneifen, so können Sie damit signalisieren, dass Sie angestrengt nachdenken. Es kann jedoch auch bedeuten, dass Sie nicht die selbe Meinung vertreten wie Ihr Gegenüber. Weit aufgerissene Augen sind ein Zeichen für Überraschung. Dies bedeutet, dass Sie auf eine Aussage Ihres Gesprächspartners nicht vorbereitet waren. Sie müssen jedoch darauf achten, dass Sie diese Bewegung nicht übertreiben. Ansonsten wirkt sie schnell aufgesetzt und nicht authentisch. Im richtigen Moment verwendet signalisieren Sie Ihrem Gegenüber hingegen, dass Sie eine große Anteilnahme an den Geschehnissen empfinden und sich mit Ihrem Kommunikationspartner identifizieren können, mit diesem mitfiebern und vollkommen in seine Gedankenwelt eintauchen.

Schauen Sie jemandem direkt in die Augen, während Sie mit ihm sprechen oder ihm zuhören, so zeigen Sie damit Aufrichtigkeit und machen außerdem deutlich, dass Sie dem Gespräch Ihre volle Aufmerksamkeit schenken. Das Gegenteil ist der Fall, wenn Sie Ihrem Gegenüber nicht in die Augen schauen. Blicken Sie umher, so zeigt das, dass auch Ihre Gedanken nicht bei Ihrem Gesprächspartner und dem Inhalt seiner Worte verweilen.

Wenn Sie Ihre Augen aufreißen und dabei die Stirn hoch ziehen, so ist dies ein deutliches Zeichen Ihrer Überraschung. Sie machen Ihrem Gesprächspartner deutlich, dass Sie mit einem solchen Wandel des Inhaltes nicht gerechnet hatten. Kneifen Sie Ihre Augen leicht zusammen, während Sie eine Augenbraue hochziehen und die Stirn in Falten legen, dann drücken Sie damit Zweifel aus. Sie sind vielleicht nicht einer Meinung mit Ihrem Gegenüber und machen deutlich, dass Sie von seinem Standpunkt nicht vollkommen überzeugt sind. Bilden Sie Falten auf der Stirn, indem Sie diese nach unten ziehen, so machen Sie deutlich, dass Sie wütend sind. Sie zeigen Ihr Unverständnis für die Meinung der anderen Person.

Gestik und Körpersprache

Zoomen wir aus dem Gesicht heraus und betrachten den gesamten Körper einer Person, so fällt uns auf, dass Sie Ihre Extremitäten, sowie ihren Kopf, im Laufe einer Unterhaltung sehr viel bewegt. Diese Bewegungen, die unbewusst oder bewusst ausgeführt werden, sagen sehr viel über den Gemütszustand einer Person aus.

Es wird geschätzt, dass der Mensch insgesamt rund 5000 verschiedene Gesten ausführen kann. Bestimmte Gesten erfolgen intuitiv, so auch das Heben der Arme, wenn Gefahr droht. Andere werden hingegen im Laufe des Lebens erlernt, weshalb sie bei kleinen Kindern noch nicht zu beobachten sind. Hierzu gehören beispielsweise das Kopfnicken und Kopfschütteln, so wie Daumen hoch oder das Zeigen mit dem Finger. Einige dieser Gesten werden auf der ganzen Welt verstanden, mit anderen muss man vorsichtiger umgehen, denn sie bedeuten in einer anderen Region vielleicht etwas ganz anderes.

Sie können Gesten ganz gezielt einsetzen, um bei Ihrem Gesprächspartner einen bestimmten Eindruck zu hinterlassen. Dies kann durchaus positiv auf ein Gespräch wirken. Sie müssen jedoch ebenso aufpassen, nicht unabsichtlich Gesten zu machen, die eine negative Wirkung auf den weiteren Verlauf des Kommunikationsprozesses haben. Ist einer Frau kalt oder sie ist unsicher, so neigt sie dazu, die Arme vor der Brust zu verschränken. Dies kann eingesetzt werden, um bei einem Mann den Beschützerinstinkt zu wecken und damit ein bestimmtes Verhalten hervorzurufen. Möchten Sie als Frau einen selbstbewussten, souveränen Eindruck machen, so ist diese Geste jedoch nicht die richtige. Lassen Sie Ihre Arme dann lieber locker an sich herunterbaumeln, wobei Sie auch die Hände entspannen.

Wenn Sie die Fäuste ballen, so kann dies ausdrücken, dass Sie versuchen, Aggressionen in den Griff zu bekommen und mit der Meinung Ihres Gegenübers nicht übereinstimmen. Halten Sie die Hände zu gerade und lassen sie nicht in einem natürlichen Bewegungsablauf mitschwingen, so deutet das darauf hin, dass Sie nervös sind. Versuchen Sie stattdessen, ruhige Bewegungen mit Ihren Händen zu machen, welche die Bedeutung Ihrer gesprochenen Wörter betonen. Schütteln Sie bei der Begrüßung Ihres Gesprächspartners dessen Hand, so sollte Ihr Händedruck ausgeglichen und selbstsicher wirken. Dies erreichen Sie, wenn Ihre Handfläche trocken und warm ist, Sie einen gewissen Druck auf die Hand Ihres Gegenüber auswirken, dabei jedoch nicht verkrampfen. Begleiten Sie diese Geste mit einem aufmerksamen Blick und einem Lächeln, so machen Sie damit bereits deutlich, dass Sie mit einer positiven Einstellung in das Gespräch gehen.

Wenn Sie Ihre Hände bei einer Präsentation vor Ihnen falten, so wirken Sie, als würden Sie Ihren Genitalbereich schützen wollen. Versuchen Sie stattdessen, Ihre Aussagen durch stimmige Gesten zu unterstützen. Eine ausgewogene Gestik wird vom Gesprächspartner als souverän und selbstsicher gedeutet. Dies ist genau der Eindruck, den Sie machen möchten.

Verschränken Sie Ihre Arme hinter dem Kopf und legen dabei einen Fuß auf Ihr anderes Knie, so wirken Sie sehr selbstbewusst, können jedoch auch als selbstverliebt und arrogant angesehen werden. Passen Sie deshalb auf, in welchem Ausmaß Sie diese Geste zeigen und bei wem. Auf Ihren Arbeitgeber macht dies womöglich keinen guten Eindruck, denn Sie müssen ihm zwar souverän, gleichzeitig jedoch auch mit Respekt entgegentreten.

Vermeiden Sie, Ihre Hände zu verstecken. Das bedeutet, dass Sie diese beim Stehen nicht unter Ihren verschränkten Armen platzieren sollten. Auch beim Sitzen gibt es durchaus die Möglichkeit, die Hände zwischen den Beinen einzuklemmen oder sich auf die Hände zu setzen. Das zeugt jedoch von Unsicherheit und Unwohlsein. Es sollte deshalb möglichst vermieden werden, wenn Sie bei Ihrem Gegenüber mit Selbstbewusstsein und Sicherheit punkten möchten. Wenn Sie Ihren Arm in die Taille stemmen, dann zeugt dies von Trotz und sagt außerdem aus, dass Sie mit der Meinung Ihres Gesprächspartners nicht übereinstimmen.

Wenn Sie stehen, so sollten Sie Ihre Hände nicht zu stark bewegen. Das kann aufgesetzt wirken, wenn die Bewegungen zu hektisch sind. Es wird jedoch insgesamt als empathisch und positiv gewertet, wenn Sie Ihre Hände oberhalb Ihrer Taille platzieren und im Rhythmus Ihrer sprachlichen Kommunikationsmittel bewegen.

Körperhaltung und weitere Kommunikationsmittel

Welche Körperhaltung eine Person während eines Gesprächs einnimmt, entscheidet nicht unbedingt darüber, wie gut einzelne Aussagen beim Gesprächspartner ankommen. Es trägt jedoch einen großen Beitrag dazu bei, welchen Gesamteindruck eine Person auf ihr Gegenüber macht.

Wenn Sie in einem Vorstellungsgespräch selbstbewusst wirken möchten, so sollten Sie niemals Ihre Beine eng aneinander stellen und dabei womöglich noch die Hände zwischen die Beine stecken. Eine solche Körperhaltung, bei der Ihre Schultern nach vorne fallen und Ihr Rücken nicht gerade ist, zeugt von Unsicherheit und Schüchternheit. Das ist nicht der Eindruck, den Sie auf Ihren potentiellen Vorgesetzten machen möchten. Stattdessen möchten Sie selbstbewusst rüberkommen. Dabei müssen Sie gleichzeitig aufpassen, dass Sie nicht übertreiben, denn auch Arroganz und Überlegenheit machen keinen guten Eindruck auf den zukünftigen Chef. Versuchen Sie, Ihre Aussagen möglichst authentisch zu unterstreichen, dabei jedoch keine extremen Positionen einzunehmen. Zur Körperhaltung gehört auch die Position Ihres Körpers. Bewegen Sie sich zu weit von einer Person entfernt, so machen Sie dabei deutlich, dass Sie Angst haben oder unsicher sind. Gehen Sie zu nah heran, so stören Sie den persönlichen Raum um die betroffene Person. Finden Sie ein gesundes Mittelmaß. Auf diese Weise stellen Sie einen direkten Kontakt zwischen sich und Ihrem Gesprächspartner her, den Sie weder durch Abstand noch durch übertriebene Nähe reißen lassen.

Wenn Sie sich mit beiden Beinen auf den Boden stellen, dabei nicht zu oft das Standbein wechseln und Ihre Aussagen durch Gesten und Mimik unterstreichen, dann machen Sie Ihrem Gegenüber deutlich, dass Sie eine feste Meinung vertreten und diese charmant und empathisch zur Sprache bringen. Halten Sie Ihre Arme leicht geöffnet, so sind Sie einladend und offen für neue Ideen. Dies hat positive Auswirkungen auf ein Gespräch, denn Sie zeigen, dass Sie sich nicht nur selbst reden hören möchten, sondern auch offen sind für die Ideen und Gedanken Ihres Gesprächspartners.

Wir denken häufig, dass wir unsere Kleidung nach unserem persönlichen Geschmack auswählen. Dabei richten wir uns beispielsweise nach Farben, die zu unserem Haut-, Haar- oder Augenfarbton passen. Wir suchen Kleidungsstücke aus, die unserem Körper schmeicheln. Das ist jedoch auch schon das höchste der Gefühle. Wir machen uns aber in den meisten Fällen keine weiteren Gedanken darüber, wie unser Kleidungsstil auf unsere Mitmenschen wirkt. Es handelt sich hierbei um etwas, was nicht direkt mit unserer Gestik, unserer Mimik oder unseren sprachlichen Kommunikationsmitteln zusammenhängt, trotzdem ist es ein überaus wichtiger Kommunikationskanal. Wenn wir einen Anzug oder einen Bleistiftrock tragen, so erzielen wir damit bei unserem Gegenüber nicht das gleiche, wie wenn wir in einer Jogginghose auftauchen. Die Kleidung verrät viel über unsere Persönlichkeit, unseren Gemütszustand und unsere Absichten. Häufig wählen wir die Kleidungsstücke intuitiv. Eine Yogalehrerin würde sicherlich nicht das selbe anziehen wie eine Bankangestellte. Ein Tischler benötigt nicht dieselbe Kleidung wie der Vorsitzende eines Konzerns. Dabei geht es nicht nur um Funktionalität, sondern auch um den Status, den wir unseren Mitmenschen durch die Verwendung bestimmter Kleidungsstücke signalisieren. Jemand, der als Student täglich in einem lockeren T-Shirt zu den Vorlesungen erscheint, Turnschuhe trägt und bequeme Hosen bevorzugt, wird bei der Präsentation seiner Abschlussarbeit zu einer Anzughose und einem schönen Hemd greifen. Weshalb? Weil er den Prüfern signalisieren will, dass er diesen Anlass sehr ernst nimmt. Er möchte zeigen, dass er eine professionelle Person ist, die hart auf diesen Abschluss hingearbeitet hat und den Prüfenden an diesem wichtigen Tag den nötigen Respekt zukommen lässt.

Oft ist uns nicht bewusst, welche Wirkung wir bei unseren Mitmenschen erzielen. Frauen lassen sich die Haare lang wachsen, weil sie ihre Locken mögen, die im Wind um ihren Kopf spielen. Doch auf Männer hat diese Frisur vielleicht noch eine ganz andere Wirkung. Sie nehmen Frauen mit langen Haaren oft als besonders feminin und weich wahr. Wenn diese ihre Haare zu einem Bob schneiden, so denken sie, dass sie damit ihren Augen eine ganz andere Wirkung geben und dass sie an Ausdruck gewinnen. Auf einen Mann wirkt ein solcher Haarschnitt womöglich einschüchternd. Eine Frau mit einem Bob, das signalisiert Stärke, Durchsetzungsvermögen, Selbstbewusstsein und Disziplin.

Viele Frauen greifen zu einem roten Lippenstift, um Männer auf sich aufmerksam zu machen. Sie gehen davon aus, dass Sie mit einem kunstvoll aufgelegten Make-up alle Blicke auf sich ziehen werden. Bei einer Studie fiel jedoch auf, dass viele Männer einen roten Mund einschüchternd finden und es bevorzugen, wenn sich Frauen natürlicher schminken. Ebenso finden sich viele Männer besonders attraktiv, wenn sie ihre Haare zurückgelen. Das ist für einen Geschäftsmann auch durchaus angebracht, Frauen bevorzugen jedoch einen etwas lockereren Look, mit einem Dreitagebart und leicht verstrubbelten Haaren.

Bereits die Verwendung einer bestimmten Sonnenbrille oder Handtasche kann bei den Mitmenschen eine große Wirkung erzielen. Die meisten von uns sind sich einer solchen Wirksamkeit zwar bewusst, verwenden sie im Alltag jedoch trotzdem nicht regelmäßig. Umso interessanter ist es, das eigene Umfeld einmal eingehend zu betrachten und dabei festzustellen, welche Gegenstände und Accessoires welche Wirkung erzielen. Auf diese Weise können Sie sich besonders vielversprechende Artikel merken und diese in wichtigen Situationen gekonnt einsetzen.

Kommunikation in bestimmten Beziehungskonstellationen

Die zwischenmenschliche Kommunikation ist ein äußerst komplexes System. Dabei lässt sich keinesfalls verallgemeinern, dass die Kommunikation besonders leicht fällt, wenn sich zwei Menschen nahe stehen und schwieriger wird, desto weiter die beiden Personen emotional voneinander entfernt sind. Es kann durchaus passieren, dass die Kommunikation mit einer wildfremden Person leichter erscheint als die mit einem engen Freund oder dem Lebenspartner. Dies kann unter anderem daran liegen, dass ein solches Gespräch vollkommen frei von einer Vorgeschichte ist. Es gab bisher keinen Austausch von Meinungen, das Bild von der anderen Person ist noch nicht festgefahren und definiert. Es kann jedoch auch sein, dass ein solches Gespräch sehr holprig verläuft, dann nämlich, wenn sich Vorurteile in den Weg stellen. Aus diesem Grund ist es wichtig, der Kommunikation mit einem anderen Menschen offen entgegenzutreten. Wenn Sie versuchen, Ihren Kopf frei zu machen und stattdessen auf die Worte und die nonverbalen Zeichen des Gegenübers zu achten, so werden Sie womöglich feststellen, dass sich Ihnen ein ganz neuer Horizont eröffnet. Sie können dann einen Einblick in das Gedankengut einer anderen Person erhalten, der Ihre eigenen Gedanken beeinflusst und vorantreibt. Durch den regen Austausch formen sich mit der Zeit

Ihre persönlichen Einstellungen zu unterschiedlichen Themen, Ihr Weltbild und Ihre Gedanken an die Zukunft.

Grundsätzlich ist jede Form der Kommunikation mit anderen Menschen bereits ein wichtiges Ereignis, das weitreichende Folgen haben kann. Es gibt jedoch bestimmte Szenarien, auf die Sie sich gezielt vorbereiten können, wenn Sie bei Ihrem Gesprächspartner einen bestimmten Eindruck hinterlassen möchten. In diesem Kapitel können Sie einen Einblick in diese Szenarien erlangen und sich dabei Ihre ganz persönlichen Strategien zurechtlegen, wie Sie das nächste mal mit einer solchen Kommunikationssituation umgehen möchten.

Meinungsverschiedenheiten mit dem Lebenspartner oder der Lebenspartnerin

Die zwischenmenschliche Kommunikation ist nie einfach. Sie wird jedoch zusätzlich erschwert, wenn sich bestimmte Muster bei Gesprächen zwischen zwei Kommunikationspartnern festfahren und deshalb wiederholt auftreten. Dann treten Vorurteile auf, man geht davon aus, dass die andere Person schließlich immer mit der selben Antwort auf einen bestimmten Sachverhalt reagiert. Aus diesem Grund nimmt meine eigenen Aussagen bereits vorweg und zieht auch seine eigene Reaktion vor. Das hat zur Folge, dass sich Konflikte zuspitzen, die immer und immer wieder um dieselben Themen kreisen. Es kann schwer sein, einen solchen Teufelskreis zu durchbrechen und dies ist mitunter nur möglich, wenn beide Partner gemeinsam an einem Strang ziehen, um ihre Kommunikation zu verbessern.

Wenn zwei Personen eine Liebesbeziehung führen, dann haben sie Ansprüche aneinander. Diese Erwartungen werden aber nur selten in vollem Maße erfüllt. Dies liegt schon allein daran, dass sie viel zu selten verständlich kommuniziert werden.

Wenn Sie sich vornehmen, aktiv an Ihren Kommunikationsskills zu arbeiten, dann können folgende Ansätze hilfreich sein. Diese sollten Sie sich stets vor Augen führen, damit Sie nicht nur als Regeln über Ihnen schweben, sondern auch in Fleisch und Blut übergehen. Oft haben wir zwar gute Vorsätze, werfen diese aber im Eifer des Gefechts über Bord.

- **Keine überlegene Haltung einnehmen:** Sie befinden sich in einer Liebesbeziehung auf einer Ebene. Es handelt sich hierbei nicht um eine hierarchische Beziehung zwischen zwei Menschen, bei welcher der eine übergeordnet ist. Sie befinden sich beide gemeinsam in einem Boot. Dabei bringen Sie beide Ihre Meinungen und Vorschläge mit ein und Sie suchen auch beide nach Lösungen, die Ihre gemeinsamen Probleme aus der Welt schaffen könnten. Wenn Sie oder Ihr Partner die Regeln brechen und sich über den anderen stellen, so wird das Verhältnis zwischen Ihnen beiden gestört und eine Kommunikation auf gleicher Ebene ist nicht mehr möglich. Dasselbe gilt übrigens auch, wenn Sie sich unterordnen. Das bedeutet nicht, dass keiner recht haben und keiner nachgeben darf. Es heiß lediglich, dass Sie als zwei erwachsene Menschen in einer engen Beziehung zueinander stehen, bei der Sie gleichwertig sind. In einigen Fällen finden Sie eine Lösung, die von beiden gleichermaßen stammt, in anderen Fällen hatte die eine Person vielleicht den entscheidenden Einfall. Darauf kommt es jedoch nicht an, denn diese Verteilung gleicht sich aus. Auf diese Weise zeigen Sie Ihrem Partner, dass Sie ihn und seine Ansichten respektieren und die geliebte Person wird Ihnen mit demselben Respekt und der gleichen Wertschätzung begegnen.

- **Vorurteile aus der Welt schaffen.** Wenn wir bereits einige Zeit mit einer Person zusammenleben, dann formt sich in unserem Kopf ein festes Bild von diesem Menschen. Wir meinen dann bereits im Voraus zu wissen, wie die Person auf eine bestimmte Situation reagieren wird. Wir können in unserem Kopf einen Dialog ausarbeiten, ohne ein einziges Wort mit dem anderen gewechselt zu haben. Gehen wir bereits mit diesem Bild, was wir in unserem Kopf angefertigt haben, in ein Gespräch, so machen wir unsere Aussagen auf der Basis unserer vorausgehenden Gedanken. Doch nur selten können wir die wahre Reaktion unseres Gegenübers vorher bereits richtig einschätzen. Die Person vertritt vielleicht eine ganz andere Meinung als wir dachten und das Gespräch wäre in eine ganz neue, sehr interessante Richtung verlaufen. Dadurch, dass wir mit Vorurteilen in den Kommunikationsprozess gingen, wird dieser aber verfälscht und nimmt ein Ende, das wir so nicht wollten. Wenn wir unseren Kopf frei machen und uns ganz ohne Vorurteile in ein Gespräch begeben, dann können wir dabei sehr viel lernen. Wir bekommen die Möglichkeit, den tatsächlichen Erklärungen des anderen zu lauschen, die von unseren vorherigen Vorstellungen vielleicht stark abweichen. Und nur wenn wir ganz ohne Vorurteile zuhören, dann können wir auf das tatsächlich gesagte reagieren, anstatt unser Verhalten auf unsere vorigen Überlegungen zu stützen.

- **Sie befinden sich im selben Boot.** Wir vergessen während eines Streitgesprächs häufig, dass wir mit unserem Lebenspartner ein Team bilden. Es geht nicht darum, wer nach seinen eigenen Vorstellungen und Prinzipien vielleicht recht hat. Viel wichtiger ist, eine Lösung zu finden, mit der beide Parteien leben können. Diese Problematik lässt sich häufig bei der Kindererziehung erkennen. Partner A beaufsichtigt das Kind dabei, wie es sich die Kleidung anzieht. Dies fällt dem Kleinkind noch schwer, sodass es anfängt zu quengeln, was die Aufmerksamkeit von Partner B auf sich zieht, der sich bisher in einem anderen Raum befand. Partner B beobachtet nun, wie sich Partner A mit dem kleinen Kind abmüht und findet, dass die Vorgehensweise eindeutig nicht die richtige sein kann. Nun hat Partner B mehrere Möglichkeiten und eine davon ist, dazwischen zu gehen, das Kleinkind an sich zu nehmen und ihm auf die „richtige" Art und Weise dabei zu helfen, sich die Kleidung anzuziehen. Diese Vorgehensweise bringt jedoch einen Konflikt mit sich, denn Partner B hat die Glaubwürdigkeit und Methodik von Partner A vor den Augen des Kindes in Frage gestellt.

Eine andere Möglichkeit wäre beispielsweise, das Geschehen unvoreingenommen zu beobachten. Vielleicht stellt Partner B dabei sogar fest, dass Partner A einige sehr intelligente und interessante Anziehmethoden an den Tag legt. Ist Partner B auch nach einer detaillierten Beobachtung der Meinung, eine bessere Strategie zu haben, so kann er diese in einem ruhigen Moment unter vier Augen mit seinem Lebenspartner besprechen. Dabei findet man womöglich eine Lösung, die von nun an beide Seiten gleichermaßen übernehmen. Sie haben einen Kompromiss gefunden, mit welchem Sie beide leben können. Auf diese Weise zeigen Sie Ihrem Kind, dass Sie eine Front sind und als Partner zusammenarbeiten, ohne sich vor anderen gegenseitig in Frage zu stellen.

- **Versuchen Sie, Ruhe zu bewahren.** Ein Gespräch kann durchaus innerhalb sehr kurzer Zeit zu einer Diskussion und anschließend zu einem Streitgespräch werden. Doch wenn Sie unvoreingenommen auf Ihr Gegenüber eingehen und dies auch mit einer offenen, gelassenen Körpersprache signalisieren, dann können Sie die Situation entschärfen. Wenn Sie die Arme vor der Brust verschränken oder schnelle Bewegungen auf Ihren Partner zu machen, dann wird das Gespräch eskalieren. Sie nehmen damit nämlich eine deutliche Abwehrhaltung ein oder versuchen, Ihren Gesprächspartner aktiv einzuschüchtern. Halten Sie die Hände in einer entspannten Position, so wirken Sie automatisch freundlicher und entgegenkommender auf Ihr Gegenüber.

- **Versuchen Sie, selbst zu reflektieren.** Dies ist in dem Moment eines Streitgesprächs äußerst schwierig. Nutzen Sie deshalb ruhigere Augenblicke des Tages, um sich selbst mit Ihren Stärken und Ihren Schwächen auseinanderzusetzen. Wenn Sie aufrichtig mit sich selbst sind, dann können Sie auf diese Weise sehr viel über sich selbst herausfinden. Versuchen Sie dies anschließend einmal mit Ihrem Partner. Überlegen Sie konzentriert und sagen Sie sich anschließend, was Sie an Ihrem Gegenüber besonders schätzen und welche Verhaltensmuster Sie während eines Streits stören. Versuchen Sie hierbei, sachlich zu bleiben. Nur so kann es

Ihnen möglich werden, auf die Gedanken Ihres Partners einzugehen, ohne dass dabei ein neuer Streit aufkommt.

Befinden Sie sich das nächste Mal in einer Diskussion, so können Sie sich selbst fragen, welche unerwünschten Verhaltensweisen Sie gerade wieder aufgreifen. Außerdem ist es Ihnen dann auch möglich, Ihren Partner auf seine guten und weniger guten Seiten aufmerksam zu machen, ohne dabei unsensibel und verletzend zu werden. Diese Vorgangsweise bedarf einiger Disziplin, denn man muss sich selbst gut im Griff haben, um die Kritik eines geliebten Menschen annehmen zu können. Doch wenn Sie dies beherrschen, so werden Sie Diskussionen sehr viel sachlicher führen können. Das gibt Ihnen beiden anschließend das Gefühl, dass Sie ein Streitgespräch gemeinsam unter Kontrolle kriegen können und dass Sie dabei inhaltlich einen großen Fortschritt machen.

Kommunikation am Arbeitsplatz

Ein weiterer, überaus wichtiger Teil unseres Lebens, an dem wir oft viele Stunden des Alltags verbringen, ist unser Arbeitsplatz. Viele gehen mit der Einstellung in das Arbeitsleben, dass sie dort lediglich ihr Geld verdienen, dabei aber keinerlei Vergnügen verspüren müssen. Erst mit voranschreitendem Alter wird ihnen bewusst, dass sie einen Großteil des Tages an diesem Ort verbringen und dies eigentlich nur zu ertragen ist, wenn auch das Arbeitsklima stimmt. Allein durch das Gehalt kann der Gesamteindruck meist nicht zum positiven verändert werden.

Doch worauf muss man achten, wenn man am Arbeitsplatz gut ankommen möchte? Wie schafft man es, bei den Kollegen einen guten Eindruck zu hinterlassen, vom Vorgesetzten als produktiv und professionell wahrgenommen zu werden und gleichzeitig von den Teammitgliedern auf Grund Ihrer Arbeitsweise und Ihres Verhaltens als sympathische Führungskraft akzeptiert zu werden. Dieser Balanceakt ist keineswegs einfach, seien Sie aus diesem Grund nicht allzu besorgt, wenn Ihnen nicht auf Anhieb alle drei Bereiche gelingen wollen. Mit einiger Übung und überlegtem Verhalten wird es Ihnen möglich werden, an Ihrem Arbeitsplatz selbstbewusst zu wirken, ohne gleichzeitig unnahbar zu wirken.

- **Kompetentes Auftreten mit Hilfe der korrekten Körpersprache:** Als Angestellter oder potentieller Angestellter eines Unternehmens möchten Sie kompetent und selbstbewusst wirken, wollen gleichzeitig aber keinen überheblichen, selbstverliebten Eindruck bei Ihren Vorgesetzten und Arbeitskollegen hinterlassen. Wenn Sie sich bei einem Gespräch weit zurück lehnen und dabei die Hände hinter Ihrem Kopf verschränken, dann gehen Sie mit dem Selbstbewusstsein bereits einen Schritt zu weit. Halten Sie den Kopf gesenkt, weichen den Blicken anderer aus und antworten zaghaft auf die

Fragen Ihres Vorgesetzten, so sind Sie zu schüchtern. Ihr Charakter zählt, denn wenn Sie professionell sein möchten, dann müssen Sie deutlich machen, dass Sie innerhalb kurzer Zeit überlegte Entscheidungen treffen können und hinter Ihren Entschlüssen stehen. Es ist meist nicht schlimm, einen Fehler zu machen, denn dieser macht Sie nur menschlich. Doch wichtig ist hierbei, wie Sie mit diesem Fehler umgehen. Stellen Sie sich Ihrer Verantwortung und suchen aktiv nach einer Lösung oder versuchen Sie, die Schuld einem anderen in die Schuhe zu schieben und Ausreden für das Malheur zu finden? Ihr Verhalten wird darüber entscheiden, wie Sie von Ihren Kollegen und Ihren Vorgesetzten wahrgenommen werden.

- **Halten Sie die Regeln des Abstands ein:** Sie befinden sich in einem Arbeitsumfeld. Selbst Menschen, die Sie im privaten Umfeld mit viel Zärtlichkeit und Nähe behandeln, müssen am Arbeitsplatz auf einen angemessenen Abstand gebracht werden. Das hat keineswegs persönliche Hintergründe, es sorgt jedoch dafür, dass Sie bei der Arbeit von allen anderen Personen ernstgenommen werden. Ihre privaten Beziehungen haben an Ihrem Arbeitsplatz nichts zu suchen. Halten Sie deshalb unbedingt einen angemessenen Abstand zu den anderen Menschen ein. Auf diese Weise stellen Sie sicher, dass Sie sich von niemandem abwenden, indem Sie sich zu weit von ihm entfernen. Gleichzeitig wirken Sie professionell und kompetent, weil Sie keinen direkten Körperkontakt mit Ihren Arbeitskollegen suchen.

- **Aufrichtiges Lächeln und lebendige Mimik:** Wenn Sie Ihren Gesichtsausdruck während eines Gesprächs mit Ihrem Vorgesetzten versteinern, dann wirken Sie nicht authentisch. Es scheint so, als würden Sie sich nicht wohl fühlen, Ihr Lächeln und der Ausdruck in Ihren Augen ist dann nicht aufrichtig, sondern zeugt von Nervosität und Unsicherheit. Wenn Sie Ihre Gesprächspartner offen betrachten, mit Ihren Blicken aufmuntern und sich dabei allein auf das Gespräch konzentrieren, dann wirken Sie entspannt und kompetent. Als Führungsperson helfen Ihnen diese Mittel der nonverbalen Kommunikation dabei, Ihren Angestellten näher zu kommen. Diese empfinden Sie nicht als unnahbar, sondern erkennen, dass Sie ihren Ideen und Vorschlägen ihre volle Aufmerksamkeit widmen.

Wenn Sie das Gefühl haben, dass Sie insgesamt noch etwas unerfahren sind und aus diesem Grund Unsicherheit an Ihrem Arbeitsplatz entwickeln, dann können Sie sich wie viele andere vor Ihnen von dem Leitsatz „fake it until you make it" führen lassen. Immer wieder fällt Ihnen vielleicht selber auf, dass Sie das Verhalten einer anderen Person als selbstverständlich ansehen und diesem Glauben schenken. Es vergehen oft mehrere Monate, ehe Sie dessen Vorgehensweise hinterfragen und dabei feststellen, dass besagte Person gar nicht so kompetent und sicher ist, wie sie zu Anfang scheint. Dasselbe trifft auf Sie selbst ebenso zu. Wenn Sie mit Hilfe überlegter sprachlicher Mittel und einer eindeutigen nonverbalen Kommunikation zeigen, dass Sie selbstsicher sind und ihre Arbeit gut machen, so vergehen womöglich Monate, ehe dieses Verhalten von Ihren Arbeitskollegen hinterfragt wird. Wichtig ist jedoch, dass Sie diesen zeitlichen Vorsprung nutzen, um an Ihren tatsächlichen Fähigkeiten zu arbeiten und Ihr Wissen auszubauen. Denn auf lange Sicht können Sie eine bestimmte Körpersprache und das damit verbundene Bild nur aufrecht erhalten, wenn Sie dieses mit wahren Taten und guten Entscheidungen füllen. Ist dies nicht der Fall, so handelt es sich lediglich um eine leere Blase, die nach einiger Zeit platzt.

Nutzen Sie Ihre Zeit deshalb dafür, täglich neue Dinge dazuzulernen und sich mit den Inhalten an Ihrem Arbeitsplatz bis ins kleinste Detail vertraut zu machen. Denn nur, wenn Sie keine leere Hülle sind, dann wirken Ihre Sprache und Ihre nonverbalen Kommunikationsmittel authentisch und echt.

Kommunikation im familiären Umfeld

Die Kommunikation zwischen einem Kind und seinen Eltern verläuft oft alles andere als reibungslos. Manchmal treten bereits im Kleinkindalter bestimmte Verhaltensmuster auf, die sich später im Leben fortsetzen und es bedarf einiger, sehr tiefgründiger Überlegungen, um diese angemessen zu analysieren und zukünftig zu umgehen. Ähnlich wie bei einer Liebesbeziehung ist auch das Verhältnis zwischen den Eltern und ihren Kindern von Wünschen, Anforderungen und konkreten Vorstellungen geprägt. Die Beziehung unterscheidet sich jedoch in der Hinsicht von einer Liebesbeziehung, als dass sich Eltern und Kinder am Anfang noch nicht auf einer Ebene befinden. Dies spiegelt sich auch in der Kommunikation wider. Eltern und Kinder stehen in einem hierarchischen Verhältnis zueinander. Die Eltern haben die Verantwortung, das Verhalten und auch die Meinungsbildung ihrer Kinder zu lenken. Diese Last ist mitunter schwer zu tragen. Vor allem dann, wenn die Kinder durch ihr Verhalten eine negative Situation heraufbeschwören, deren Ausgang die Eltern auf Grund ihrer Lebenserfahrung bereits vorhersagen konnten. Dies kann von jüngeren Menschen oft nicht nachvollzogen werden und endet in Trotzreaktionen und Streit. Die Kinder versuchen dann nicht selten, von dem Verhalten und den Glaubenssätzen ihrer Eltern Abstand zu nehmen, um ihren eigenen Weg zu finden.

Folgende Tipps können Ihnen dabei helfen, als Familie besser durch den Alltag zu kommen. Diskussionen und Meinungsverschiedenheiten können zwar nicht ausgeschlossen werden, lassen sich aber sehr viel leichter lenken und eindämmen.

- **Respektvoller Umgang miteinander:** Hiermit ist nicht nur gemeint, dass die Kinder ihren Eltern respektvoll begegnen müssen. Andersherum gilt die Regel ebenso. Als Eltern können Sie Ihren Kindern am besten ein respektvolles Verhalten beibringen, wenn diese Regeln für alle gelten. Auf diese Weise lernen die Kinder, dieses Verhalten zu schätzen, denn sie müssen nicht nur geben, sondern bekommen gleichzeitig etwas zurück.

- **Erklärungen statt starren Regeln:** Verbote und Gebote werden meist von oben auferlegt. Dadurch können sich die Kinder nicht in sie hineinversetzen. Wenn Sie Ihrem Kind jedoch erklären, warum Sie ein gewisses Verhalten nicht in Ihrem Haushalt dulden und welche Vorgaben eingehalten werden müssen, dann kann dieses die Vorgänge durchaus sehr gut nachvollziehen. Selbstverständlich müssen Sie die Komplexität Ihrer Erklärungen an das Alter und die Lebenserfahrung Ihres Kindes anpassen, damit dieses die Informationen sinnvoll verarbeiten kann.

Grundsätzlich hinterlässt es bei Ihrem Kind eine größere Wirkung, wenn Sie von einem bestimmten Verhalten abraten und daraufhin erklären, dass Sie sich in jüngeren Jahren bereits in einer ähnlichen Situation befunden haben, welche Konsequenzen Ihr Handeln damals mit sich gebracht hat und wie Sie die Situation heute bewerten. Sie geben Ihrem Kind damit die Möglichkeit, einen Einblick in Ihre persönlichen Erfahrungen zu erhaschen. Nichtsdestotrotz kann es durchaus sein, dass Ihr Kind Ihren Ratschlag nicht befolgt, weil es diese Lebenserfahrungen selbst machen muss.

Selbstverständlich gibt es Ausnahmesituationen, in denen die Gefahr des Moments eine klare Ansage Ihrerseits erfordert. Dann kommen Sie um ein Verbot nicht drum herum. Wenn Sie beispielsweise mit einem kleinen Kind unterwegs sind, so muss dieses beim Überqueren der Straße Ihre Hand halten. An dieser Regel führt kein Weg vorbei und es kann durchaus sein, dass Ihr Kind das in diesem Moment überhaupt nicht in Ordnung findet. Sie können sich dann in einer ruhigen Minuten die Zeit nehmen, die Wichtigkeit dieser Regel zu erklären, damit Ihr Kleines beim nächsten Mal angemessener reagieren kann.

- **Prägnante Wörter benutzen und klare Aussagen machen:** Ein Kleinkind kann aus einem langen verschachtelten Satz nicht ohne weiteres die wichtigsten Inhalte heraushören. Aus diesem Grund ist es sehr wichtig, dass Sie Ihre Gedanken klar und deutlich formulieren und dabei auf Ihre Wortwahl achten. Diese können Sie mit ausdrucksstarken Gesten unterstreichen.

Achten Sie vor allem darauf, dass sich Ihre Botschaft bei allen Kommunikationsmitteln deckt. Viele Eltern begehen den Fehler, ihr Kind mit einer Babystimme zu rügen, während Sie gleichzeitig kleine Küsse auf Ihrem Bauch oder Kopf verteilen. Das Kind wird durch die gegensätzlichen Inhalte verbaler und nonverbaler Kommunikationsmittel durcheinander gebracht. Die eigentliche Botschaft der Eltern kann dadurch nicht mehr angemessen aufgefasst werden, die Informationen sind missverständlich und das Kind weiß nicht, wie es sich verhalten soll.

Wenn die Kinder älter werden, dann verändert sich die Kommunikationsbeziehung. Eltern und Kinder stehen nach und nach auf einer Ebene. Sie können nun Konversationen aufbauen, bei denen sie gleichwertige Gedanken und Erfahrungen austauschen. Der Übergang von einer hierarchischen zu einer gleichberechtigten Beziehung verläuft nicht immer glatt. Sie ist von zahlreichen Hindernissen und Stolpersteinen geprägt. Sowohl die Eltern als auch die Kinder müssen sich hierfür von alten Verhaltensmustern lösen und ihre Beziehung ganz neu aushandeln. Wenn beide Seiten sensibel mit diesen Veränderungen umgehen und sich der Bedeutung ihres Umgangs miteinander bewusst sind, dann ist eine erfolgreiche Verwandlung der Kommunikationsbeziehung durchaus möglich.

Manipulation

Negative Manipulation

Die Manipulation meint ein bestimmtes Verhalten eines Menschen gegenüber eines anderen. Bei diesem speziellen Vorgehen versucht eine Person, die Reaktion und das Handeln eines anderen gezielt zu beeinflussen. Dies ist grundsätzlich nicht negativ behaftet. Doch im Laufe der Menschheit haben sich Transparenz und Aufrichtigkeit zu Tugenden entwickelt. Die Manipulation steht in einem Gegensatz zu diesem positiv gewerteten Verhalten, denn sie versucht, die Meinung eines anderen mit Hilfe nicht offengelegter Mittel zu beeinflussen. Im Nachhinein kann häufig festgestellt werden, dass die hervorgebrachten Argumente nicht aufrichtig eingebracht wurden, sondern unverlässlichen, sehr subjektiven Quellen entspringen. Manipulation muss grundsätzlich nicht unbedingt etwas schlechtes sein und der Mensch neigt im allgemeinen zur Anwendung bestimmter Mittel, um seinen eigenen Willen durchzusetzen. Wenn dahinter gute Absichten stehen und die manipulierte Person keinen Schaden nimmt, so kann sie ein durchaus legitimes Mittel zum Erreichen der eigenen Ziele darstellen, die gleichzeitig vielleicht sogar einen allgemeinen Nutzen erfüllen.

Die Manipulation wird vor allem durch die Tatsache zu etwas negativem, dass sich die manipulierte Person betrogen fühlt. Sie hat nicht den Eindruck, dass mit fairen Mitteln gespielt wurde und hätte ihre Entscheidungen bei einer Kenntnis über die Wahrheit sicherlich anders gefällt.

Typische Mittel von Manipulation sind:

- **Die emotionale Erpressung kann dann eingesetzt werden,** wenn es bereits im Voraus ein Vertrauensverhältnis zwischen den beiden Personen gab. Dieses wird in vielen Fällen über Jahre hinweg auf eine natürliche Art und Weise aufgebaut. In besonderen Fällen kann es aber auch sein, dass der Manipulierende absichtlich eine solche Beziehung aufbaut, um aus dieser anschließend einen persönlichen Nutzen zu ziehen. Wenn der Erpresser ein Druckmittel hat, kann er die andere Person emotional an sich oder eine bestimmte Situation binden. Die manipulierende Person versucht, den anderen Menschen in einen Winkel zu drücken, aus welchem dieser keinen Ausweg mehr sieht. Dabei werden durchaus unethische Mittel eingesetzt. Besonders kritisch werden solche Situationen, wenn beide Personen Teil einer Familie sind. Dann kann es passieren, dass sich die unterlegene Person sehr lange unterdrücken lässt, aus Angst, bei einem Ausbruch die gesamte Familienkonstellation zu sprengen. Die Opfer von emotionaler Erpressung müssen durchaus erfahren, wie sich Mitglieder aus der eigenen Familie, darunter auch wichtige Bezugspersonen, gegen sie stellen. Das

Ausmaß des Leids hängt von dem Vorgehen der manipulierenden Person ab.

- **Bei Manipulationsvorgängen,** die in einem engen Zusammenhang mit finanziellen Prozessen stehen, gehen manipulierende Personen sehr häufig wie folgt vor: Sie schaffen eine kleine Basis von Vertrauen. Hierzu benötigen sie nicht viel Zeit, oft reichen schon einige Sätze, mit denen sie Mitleid erregen oder eine Situation als besonders schlimm darstellen. Ein Beispiel wäre an dieser Stelle ein Ehepaar, welches von der Anschaffung einer neuen Versicherung überzeugt werden soll. Mit einigen wenigen Fakten über das Unternehmen, beispielsweise einem bekannten Namen und Erfolgszahlen, wird dem Empfänger suggeriert, dass das Unternehmen vertrauenswürdig und das Unterfangen erfolgversprechend ist. Im Anschluss daran zählt der Verkäufer die zahlreichen Vorteile der Versicherung auf. Er rechnet dem Ehepaar verschiedene Szenarien vor, aus denen sie dank der Versicherung stets als Gewinner hervorgehen. Dabei konzentriert er sich auf die positiven Eigenschaften und erwähnt kaum Nachteile. Durch diese ungleichgewichtige Argumentation überzeugt er die Eheleute schließlich und diese unterzeichnen die Unterlagen. Von den zahlreichen negativen Eigenschaften erfahren sie erst viel später, wenn sie das Kleingedruckte des von ihnen unterzeichneten Vertrags lesen. Sie fühlen sich hinters Licht geführt, geben sich aber die Schuld an ihrem Malheur, denn sie hätten sich eingehender informieren müssen, bevor sie ihre Unterschrift unter einen Vertrag setzen. Aus diesem können sie auch nur noch in Verbindung mit horrenden Kosten wieder aussteigen.

- **Menschen,** die im Alltag insgesamt sehr aufbrausend und dominant sind, versuchen ihre Opfer häufig mit Hilfe von Drohungen zu manipulieren. Dies lässt sich bereits früh feststellen, denn die manipulierte Person fühlt sich bereits während des Gesprächs nicht wohl. Ein Entrinnen ist trotzdem nicht einfach. Die dominante Person lenkt die Konversation von Anfang an sehr auffällig in eine bestimmte, von ihr gewünschte Richtung. Auf Gegenargumente reagiert sie aggressiv. Die Drohungen können sich auf die unterschiedlichsten Themenbereiche beziehen und sind besonders dann sehr wirkungsvoll, wenn zwischen den beiden involvierten Personen eine persönliche Beziehung besteht. Die Drohungen lassen sich nicht immer von den emotionalen Erpressungen unterscheiden, denn der Übergang verläuft fließend.

- **Eine weitere Strategie der Manipulation ist es**, das Opfer in eine Situation zu bringen, in welcher es von der manipulierenden Person abhängt. Dies tritt sehr häufig im persönlichen Umfeld auf, kann jedoch durchaus auch in beruflichen Kreisen eintreten. In den meisten Liebesbeziehungen besteht eine Abhängigkeit zwischen den beiden Liebenden. Diese ist vor allem emotionaler Natur, kann sich jedoch auch auf die finanziellen Bereiche, sowie die Wohnsituation ausweiten. Als Beispiel kann hier ein junges Paar genannt werden, dass sich bei einer Urlaubsreise kennengelernt hat. Eine emotionale Abhängigkeit ist normal, wenn sie in einem ausgeglichenen Maß stattfindet. Hat die eine Person das Gefühl, den Partner mehr zu benötigen als andersherum, so beginnt ein Ungleichgewicht, das durchaus verheerende Folgen haben kann. Das Liebespaar lernt sich im Urlaub kennen. Beide wollen sich auf eine feste Beziehung einlassen, doch das ist auf Grund der räumlichen Distanz nicht einfach. Die eine Person beschließt deshalb, zu der anderen zu ziehen. Sie lässt dabei ihre finanzielle Unabhängigkeit hinter sich, denn von nun an wohnt sie in der Wohnung der anderen Person, ist auf deren soziale Kontakte angewiesen und muss sich erst einmal neu orientieren. Wenn dieser Mensch in dieser ausschlaggebenden Zeit zu sehr an seinem Partner hängt, dann baut er sich womöglich kein eigenes soziales und finanzielles Netz auf. Dadurch entsteht ein Ungleichgewicht. Die andere Person trägt nun eine große Verantwortung, denn das Glück ihres Partners liegt allein in ihren Händen. Gleichzeitig birgt dies auch die Möglichkeit zur Manipulation, die auf Grund der einseitigen Abhängigkeit zu Stande kommt.

Viele Menschen beobachten sich selbst und ihr Leben und gehen dabei davon aus, dass sie ihre Entscheidungen losgelöst von den Meinungen anderer treffen. Bei näherem Hinsehen bemerken sie dann jedoch, dass sie sich durchaus auf andere Menschen beziehen und deren Ratschläge in ihre eigene Meinungsbildung einfließen lassen. In einem normalen Ausmaß ist dies normal und gesund, denn wir können nicht unser Leben lang nur von unseren ganz eigenen Gedanken zehren. Gefährlich wird es jedoch, wenn ein Ungleichgewicht auftritt, nicht sofort erkannt wird und sich dadurch ausbreiten kann, bis ein Mensch seine Entscheidungen nicht mehr frei treffen kann.

Manipulation erkennen und abwenden

Die meisten Menschen, die andere manipulieren, setzen darauf, von ihren Opfern nicht zur Rede gestellt zu werden. Häufig geben sie ihre Taten selbst bei einer direkten Konfrontation nicht zu, unterlassen ihr manipulierendes Verhalten jedoch in Zukunft.

Das Opfer kostet eine Anklage oft sehr viel Überwindung. Es hat schließlich eine hohe Meinung von der anderen Person und mag es selbst nicht wahrhaben, einer Manipulationsstrategie zum Opfer gefallen zu sein. Vielen ist es peinlich, denn sie fühlen sich im Nachhinein naiv und können nicht glauben, dass sie in eine Falle getappt sind. Dennoch gibt es verschiedene Möglichkeiten, Manipulation aufzudecken und sie direkt zu konfrontieren, ohne dabei schwierige Prozesse in Gang setzen zu müssen.

- **Lückenhafte und einseitige Argumentation:** Wenn Sie jemand dazu drängen möchte, eine Versicherung, einen Bausparvertrag oder den Vertrag für eine andere finanzielle Absicherung zu unterzeichnen, dann sollten Sie bereits hellhörig werden, wenn Sie diese Unterstützung nicht gesucht haben. Begeben Sie sich aktiv auf die Suche nach einer solchen Absicherung, so können Sie von einem Fachmann sachlich aufgeklärt werden. Jemand, der Sie manipulieren möchte, wird die Sachlage jedoch zu seinen eigenen Gunsten auslegen. Dabei wird er horrende Gewinne versprechen, die mit sehr einfachen Mitteln erreichbar sein sollen. Die Frist für die Entscheidung wird sehr kurz angesetzt. Es handelt sich beispielsweise um ein einmaliges Angebot, welches nicht über einen längeren Zeitraum hinweg aufrecht gehalten werden kann.

  * Oft reicht es bereits aus, wenn Sie bei einzelnen Argumenten nachhaken und dadurch signalisieren, dass Sie die einzelnen Informationen nicht einfach so

als absolute Wahrheiten hinnehmen. Sie zeigen Ihrem Gegenüber, dass Sie nichts unterzeichnen werden, ehe Sie sich gründlich informiert haben. Sie möchten nichts voreilig unterzeichnen, für das Sie vor wenigen Augenblicken noch gar kein Kaufbedürfnis hatten. Dieses Verhalten schreckt die meisten Scharlatane bereits ab. Lassen Sie sich nicht beirren, auch wenn Ihnen die manipulierende Person ein schlechtes Gewissen einreden möchte.

- **Respektlosigkeit und Drohungen sind in keinem Fall wünschenswert.** Selbst wenn Sie sich mit Ihrem Lebenspartner in einer erhitzten Diskussion befinden, sollte diese stets mit Respekt ausgetragen werden. Neigt Ihr Gegenüber dazu, stets nach ein und demselben Muster zu verfahren und Sie dabei respektlos zu behandeln, wenn ihm keine schlagenden Argumente mehr einfallen, dann versucht es wahrscheinlich, Sie mit seinem Verhalten zu manipulieren.

  * Versuchen Sie, sich mit Hilfe einer ruhigen Körpersprache aus der Situation zu befreien. Es kann durchaus notwendig werden, dass Sie der anderen Person zunächst einmal Recht geben. Beobachten Sie das Verhalten Ihres Gesprächspartners. Plustert er sich weiter auf und versucht, noch mehr an sich zu reißen, sobald Sie ein kleines Stück nachgeben?

Reflektieren Sie in einem ruhigen Moment, in welchem Zusammenhang bei Ihnen Schuldgefühle auftreten. Können Sie diese direkt mit Ihrem Fehlverhalten in Verbindung bringen oder fühlen Sie sich eigentlich gut mit Ihren Entscheidungen und Ihrem Handeln? Sobald Sie sich darüber im Klaren sind und bei Ihren Überlegungen feststellen mussten, dass Sie emotional manipuliert werden, können Sie bei vertrauenswürdigen Mitmenschen in Ihrem Umfeld Ratschläge einholen. Auf der Grundlage Ihrer eigenen Meinung, sowie den Ratschlägen der anderen Personen, können Sie abschließend eine Entscheidung treffen, wie Sie in Zukunft vorgehen wollen. Oft reicht es bereits aus, sich den Anschuldigungen des anderen zu stellen und diesen auf seine unethische Vorgehensweise hinzuweisen.

- **Ist die Person übertrieben charmant?** Viele Menschen neigen dazu, dem anderen Komplimente zu machen, um anschließend den eigenen Willen durchzusetzen und beispielsweise um einen speziellen Gefallen zu bitten. Viele Frauen fühlen sich zum Beispiel emotional dazu verpflichtet, mit einem Mann das Bett zu teilen, wenn dieser nett zu ihnen war. Viele Männer nutzen genau dies aus. Sie säuseln den Frauen besondere Komplimente ins Ohr und hören schlagartig damit auf, sobald sie ihr Ziel erreicht haben.

* Sie können dieses Verhalten aufdecken, indem Sie das allgemeine Vorgehen der Person beobachten, die Sie für einen Manipulator halten. Machen Sie sich von Vorurteilen und dem süßen Geschmack der Komplimente frei und analysieren Sie, wie sich die Person normalerweise verhält und ob ihr momentanes Verhalten davon stark abweicht. Viele Männer und Frauen, die sich durch Manipulation einen bestimmten Nutzen erhoffen, können ihren Charme nicht lange aufrecht erhalten. Ihre Fassade bröckelt, sobald sie ihr Ziel nicht sofort erreichen. Dann werden sie mitunter aggressiv und versuchen, ihre Opfer auffälliger in eine bestimmte Richtung zu lenken. Es reicht deshalb häufig schon, wenn Sie die verdächtige Person einige Augenblicke auf die Folter spannen. Dadurch können Sie bereits herausfinden, ob ihre Absichten aufrichtig sind oder an einem eigennützigen Motiv hängen.

Es ist überaus wichtig, dass Sie sich ein gesundes Selbstbewusstsein antrainieren. Dadurch werden Sie weniger anfällig für oberflächliche Komplimente. Sie können besser erkennen, wann ein Lob der wahren Meinung Ihres Gegenübers entspricht und wann nicht. Außerdem ist Ihre emotionale Stabilität dann nicht mehr abhängig von den Worten und Aufmerksamkeiten anderer, denn Sie ernähren Ihren

Seelenfrieden von Ihren eigenen Erfolgen und Ihrem gesunden Selbstvertrauen.

Kommunikation

Kommunikation gut zu beherrschen ist eine Kunst für sich, und kann im alltäglichen Leben viele Vorteile mit sich bringen. Sie kennen sicherlich Menschen, welche mühelos in Kontakt mit anderen Personen treten und diese bereits mit einer kurzen Unterhaltung für sich gewinnen, was positive Effekte im privaten wie auch im beruflichen Bereich hat. Wenn Sie allerdings zu der anderen Gruppe der Menschen gehören, welchen es sehr schwerfällt, erfolgreich zu kommunizieren und Menschen für sich zu gewinnen, dann ist dieser Ratgeber genau das richtige für Sie.

In diesem Ratgeber werden Sie die Kunst der Kommunikation kennenlernen und erfahren, wie Sie Techniken der Manipulation, Schlagfertigkeit und Rhetorik so anwenden können, dass Sie von nun an fast mühelos alle Personen für sich gewinnen können. Des Weiteren erhalten Sie Tipps, wie Sie selbstbewusst auftreten und kommunizieren können. Auch erfahren Sie, wie Körpersprache mit der Kommunikation zusammenhängt und wie sie dies bestmöglich für sich nutzen können. Als Abschluss erhalten Sie einen Einblick darin, wie Sie Ihre Mitmenschen analysieren und die Erkenntnisse, die Sie daraus ziehen, für Ihre Kommunikation nutzen können.

Kommunikation gut zu beherrschen ist eine Kunst für sich, und kann im alltäglichen Leben viele Vorteile mit sich bringen. Sie kennen sicherlich Menschen, welche mühelos in Kontakt mit anderen Personen treten und diese bereits mit einer kurzen Unterhaltung für sich gewinnen, was positive Effekte im privaten wie auch im beruflichen Bereich hat. Wenn Sie allerdings zu der anderen Gruppe der Menschen gehören, welchen es sehr schwerfällt, erfolgreich zu kommunizieren und Menschen für sich zu gewinnen, dann ist dieser Ratgeber genau das richtige für Sie.

In diesem Ratgeber werden Sie die Kunst der Kommunikation kennenlernen und erfahren, wie Sie Techniken der Manipulation, Schlagfertigkeit und Rhetorik so anwenden können, dass Sie von nun an fast mühelos alle Personen für sich gewinnen können. Des Weiteren erhalten Sie Tipps, wie Sie selbstbewusst auftreten und kommunizieren können. Auch erfahren Sie, wie Körpersprache mit der Kommunikation zusammenhängt und wie sie dies bestmöglich für sich nutzen können. Als Abschluss erhalten Sie einen Einblick darin, wie Sie Ihre Mitmenschen analysieren und die Erkenntnisse, die Sie daraus ziehen, für Ihre Kommunikation nutzen können.

Sie werden lernen:

- Was die Kunst der Kommunikation ist
- Wie Sie Menschen für sich gewinnen können, vor allem durch die gezielte Anwendung von Manipulation, Schlagfertigkeit und Rhetorik
- Wie Sie dauerhaft selbstbewusst kommunizieren können
- Wie Ihnen die richtige Körpersprache bei der Kommunikation helfen kann
- Wie Sie Menschen zu Ihrem Nutzen analysieren können

Einleitung

Die Eigenschaft, miteinander kommunizieren zu können, ist das, was den Menschen am meisten ausmacht. Dabei unterscheidet man die verbale sowie die nonverbale Kommunikation. Beide Formen finden in diesem Ratgeber Beachtung, da sie eine nahezu gleichwertige Wichtigkeit einnehmen. Betrachtet man die Art und Weise, wie Menschen miteinander kommunizieren, kann man teilweise enorme Unterschiede feststellen. Den einen fällt es spielend leicht, sich verbal gut auszudrücken, und auch ihre nonverbale Kommunikation ist stimmig mit dem, was sie mit ihren Worten sagen. Doch dann gibt es auch das komplette Gegenteil: Personen, welchen man fast nicht zuhören kann, da sie sich so umständlich oder ungeschickt ausdrücken und dazu noch nonverbal sehr unpassend kommunizieren. Diese Personen haben es in der Regel viel schwerer, das zu bekommen, was sie möchten, und können auch nicht so leicht andere Personen für sich gewinnen. Der Großteil der Menschen bewegt sich wohl irgendwo in der Mitte, sie können zwar einigermaßen gut verbal und nonverbal kommunizieren und erreichen dadurch häufig das, was sie möchten. Dennoch ist noch großer Spielraum nach oben, und auch Sie werden sich mit Sicherheit an Momente erinnern können, in denen Sie es nicht geschafft haben, optimal zu kommunizieren und dadurch das zu erreichen, was Sie sich vorgenommen hatten.

Damit dies in der Zukunft nicht mehr vorkommt und Sie von nun an spielerisch Menschen für sich gewinnen können und so das bekommen, was Sie möchten, sollten Sie sich den Inhalt dieses Ratgebers zu Herzen nehmen. Hier werden Sie die Kunst der Kommunikation kennenlernen und herausfinden, wie Sie diese Kunst am besten in Ihrem Alltag einsetzen können. Denn durch das gezielte Anwenden von Manipulation, Schlagfertigkeit und Rhetorik wird es Ihnen spielend leichtfallen, Menschen für sich zu gewinnen. Des Weiteren werden Sie lernen, wie Sie dauerhaft selbstbewusst kommunizieren und so Personen von sich überzeugen können. Zuletzt lernen Sie noch Techniken der Körpersprache und der Menschen-Analyse kennen, um Ihre Kommunikation zu perfektionieren.

Was versteht man unter der Kunst der Kommunikation?

Haben Sie sich nicht auch schon mal gefragt, wieso manche Personen viel einfacher das bekommen oder erreichen, was sie möchten, als andere Personen? Einer der Hauptgründe dafür ist vermutlich, dass sie bereits über die Kunst der Kommunikation Bescheid wissen und die Methoden gezielt zum eigenen Vorteil einsetzen. Menschen, welche die Kunst der Kommunikation beherrschen, also gekonnt kommunizieren können, sind erfolgreicher in ihrem Beruf und können andere Personen besser von sich und den eigenen Ansichten überzeugen. Sie bekommen also viel leichter das, was sie wollen, als Personen, welche diese Kunst nicht beherrschen. Im Endeffekt ist das, was man ausdrücken möchte, an sich gar nicht so wichtig, sondern vielmehr, wie wir es präsentieren, um den gewünschten Effekt beim Gegenüber zu erzielen.

Wichtig ist auch, dass Sie begreifen, dass eine erfolgreiche Kommunikation nicht nur das beinhaltet, was gesagt wird, sondern außerdem Handlungen und Einstellungen, die damit einhergehen. Ein Beispiel hierfür ist, dass Sie stets jede Person respektvoll behandeln sollten. Ganz egal ob es die Putzfrau, der unfreundliche Nachbar, der Kellner, der Chef oder eine komplett fremde Person ist, begegnen Sie jedem stets mit Respekt. Wenn Sie nämlich nur die Personen, welche Sie beeindrucken möchten beziehungsweise von denen Sie etwas zu Ihrem eigenen Nutzen haben möchten, mit Respekt behandeln, werden diese das schnell bemerken, was Ihnen einen negativen Stempel einbringt. Im Gegenteil dazu werden Sie schnell von den Personen in Ihrem Umfeld für Ihren respektvollen Umgang wertgeschätzt, was positiv auf Sie abfärbt und Sie dem Erreichen Ihrer Ziele näherbringen wird.

Menschen für sich gewinnen

Bestimmt haben Sie schon des Öfteren die Beobachtung gemacht, dass manche Menschen ganz leicht neue Kontakte knüpfen können, es scheint, als hätten sie das gewisse Etwas, womit sie andere Personen in Sekunden für sich einnehmen können und sich mit jedem sofort verstehen. Sie können ohne Probleme auf andere Personen zugehen, diese haben sehr schnell Vertrauen zu ihnen, wodurch sie sich öffnen und sich auf Geschäfte einlassen, oder, im privaten Bereich, gute Freunde werden. Im geschäftlichen Bereich ist es häufig von großem Nutzen, leicht neue Kontakte knüpfen zu können, da es oft hilfreich ist, über ein großes soziales Netzwerk zu verfügen. Außerdem gibt es das Gegenteil, Menschen, welche zwar eigentlich sehr höflich, nett und lieb sind, aber es dennoch nicht schaffen, Menschen für sich zu gewinnen. Falls Sie zu der zweiten Gruppe gehören, können Sie sich nun freuen, da Sie im Folgenden lernen können, wie Sie es von nun an auch schaffen werden, Menschen für sich zu gewinnen und so die eigenen Ziele verwirklichen zu können. Denn dieses „gewisse Etwas", über das einige Personen verfügen, sind genau genommen nur die richtigen Angewohnheiten, welche im Grunde jeder lernen und sich angewöhnen kann.

Damit Sie dies erreichen können, sollten Sie Ihrem Gesprächspartner stets das Gefühl geben, dass er durch Sie einen Mehrwert erlangen kann, Sie ihm also etwas wünschenswertes zu bieten haben, was er ohne Sie nicht oder nur schwer haben kann. Je nach Situation kann dies beispielsweise gutes Zuhören, wertvolle Ratschläge, exzellentes Verhandlungsgeschick, ein unschlagbarer Preis, super Qualität oder eine herausstechende Kommunikationsstärke sein. Machen Sie sich nicht klein, und fokussieren Sie sich auf das Merkmal, womit Sie Ihren Gegenüber am besten für sich gewinnen können.

Auch sollten Sie darauf achten, dass Sie sich nicht zu sehr auf Negatives fokussieren. Es ist nur menschlich, auch mal ein negatives Gesprächsthema hervorzubringen und darüber sprechen zu wollen, und wird von den Gesprächspartnern in der Regel, situationsbedingt, auch nicht als schlecht wahrgenommen. Wenn Sie nun aber endlos über Negatives sprechen, dann wird ihr Gegenüber schon bald dem Gespräch entfliehen wollen, da er in der Regel nur bedingt darauf eingehen kann. Selbst die beste Freundin wird irgendwann genug haben, wenn Sie wochenlang nur negativ eingestellt sind und sie dadurch auch immer mit runterziehen.

Des Weiteren sollten Sie an Ihrem Charisma arbeiten. Sicherlich kennen Sie Personen, welchen es wie von selbst gelingt, andere Menschen in ihren Bann zu ziehen. Dies gelingt ihnen aufgrund ihrer Ausstrahlung beziehungsweise ihres Charismas, da sie dadurch erreichen, dass sie andere Personen für sich einnehmen können oder sie für die eigenen Interesse oder Ziele begeistern. Man kann Charisma nicht wirklich definieren, es ist einfach das „gewisse Etwas", welches manche Personen scheinbar angeboren bekommen haben. Falls Sie nicht zu den Glücklichen gehören sollten, dann können Sie Charisma allerdings auch erlernen, es gehört nur ein wenig Übung dazu. Dazu sollten Sie versuchen, dass Sie Ihren ganz eigenen, selbstbewussten Stil langsam finden und entwickeln. Dabei ist es von großer Wichtigkeit, dass Sie zu sich selbst und zu den Zielen, die Sie sich gesteckt haben, stehen. Genauso wichtig ist es, dass Sie Ihre eigenen Fehler akzeptieren und auch vor anderen dazu stehen, genauso wie Sie die Fehler anderer Personen akzeptieren sollten. Das, was Charisma am meisten ausmacht ist, dass man selbstbewusst über den Dingen steht und Unausweichliches akzeptiert.

Gewöhnen Sie sich außerdem an, sich voll und ganz auf Ihren Gegenüber zu konzentrieren. Wenn Sie bei einem Gespräch alle paar Minuten auf die Uhr schauen oder Nachrichten in Ihrem Handy checken, dann erwecken Sie sehr schnell einen schlechten Eindruck bei Ihrem Gesprächspartner, der denkt, dass Sie meinen, Sie wären etwas Besseres, wodurch Sie Schwierigkeiten haben werden, Ihre Ziele umzusetzen. Schenken Sie Ihrem Gegenüber stattdessen Ihre volle Aufmerksamkeit und lassen Sie sich auf das Gespräch ein, indem Sie Fragen stellen und so Ihr ehrliches Interesse kundtun.

Um sich langsam an die Kunst der Kommunikation ranzutasten, sollten Sie zuerst einmal in Ihrem privaten Umfeld üben. Überlegen Sie sich dazu, mit welchen Personen Sie gerne Kontakt hätten, und versuchen Sie, diese für sich zu gewinnen. Als nächsten Schritt sollten Sie über den Tellerrand hinausblicken, und versuchen, Menschen für sich zu gewinnen, welche komplett andere Ansichten als Sie vertreten. Bleiben Sie stark und führen Sie Ihre individuellen Ideen und Gedanken überzeugend auf. Wenn Sie nun denken, dass Sie nicht wissen, wie Sie dies schaffen sollten, dann lesen Sie sich nun die folgenden Unterkapitel durch, um einen Einblick darin zu erhalten, wie Sie Ihre Mitmenschen mittels der gezielten Anwendung von Manipulation, Schlagfertigkeit und Rhetorik erfolgreich für sich gewinnen können.

a) durch Manipulation

Wenn Sie nun denken, dass Sie andere Menschen nicht manipulieren möchten, da dies Sie zu einem schlechten Menschen machen würde, da Manipulation in Ihren Augen etwas Schlechtes ist und Sie selbst sich auch nicht manipulieren lassen würden, dann hinterfragen Sie am besten nun nochmal genau Ihre Ansichten. Denn Manipulation ist an sich nichts Schlechtes, und begegnet uns ständig in unserem Alltag. Sie werden regelmäßig von den Medien, der Werbung und auch Ihren Mitmenschen manipuliert, und auch Sie selbst haben bestimmt schon des Öfteren, wenn vielleicht auch unbewusst, andere Personen manipuliert, um das, was Sie möchten, zu erreichen. Wichtig bei der Anwendung von Manipulation ist es, dass man sie richtig verwendet und niemandem dabei schaden zufügt. Denn genauso wie beispielsweise bei einem Messer, mit dem man jemanden töten kann, allerdings auch einen Apfel abschälen und in eine Parkbank ein Herz ritzen kann, kommt es auch bei Manipulation immer auf die Art und Weise an, wie sie benutzt wird.

Sie sollten es sich angewöhnen, Ihre Mitmenschen genau zu beobachten. Analysieren Sie dann genau, welche Talente er hat und über welche besonderen Fähigkeiten und Geschicke er verfügt. Wenn Sie nun denken, dass Ihnen bei manchen Personen absolut nichts einfallen wird, dann sollten Sie beim nächsten Mal genauer hinschauen, denn jeder Mensch hat eine positive Besonderheit. Wenn Sie nun etwas gefunden haben, sollten Sie dies ins Gespräch mit einbauen und lobend hervorheben. Damit machen Sie Ihrem Gegenüber eine Freude und werden von nun an von ihm positiver wahrgenommen. Achten Sie allerdings auf Authentizität – wenn Sie verkrampft nach irgendetwas Positivem suchen, was Sie lobend hervorheben können, dies in Wirklichkeit aber überhaupt nicht so meinen, dann wird Ihr Gesprächspartner dies erkennen können, wodurch das Lob nach hinten losgeht und Sie sich nur unbeliebt machen.

Geben Sie ihrem Gesprächspartner das Gefühl, dass er die Macht hat, eigenständig Entscheidungen zu treffen. Wenn Sie immer das Ruder an die Hand reißen und sich permanent durchsetzen, führt dies schnell zu Missgunst. Geben Sie ihm stattdessen das Gefühl, dass seine Meinung auch akzeptiert wird und zählt, und er selbst Entscheidungen treffen kann. Wenn Sie nun also hin und wieder ihrem Gegenüber ermöglichen, sich durchzusetzen, dann stellen Sie sicher, dass Ihre Mitmenschen in anderen Situationen Ihre Entscheidungen eher akzeptieren.

Durch Sprache kann man die Mitmenschen effektiv manipulieren. Wenn man beispielsweise die allgemein gültigen Konventionen missachtet und auf den Small Talk zur Einleitung des Gesprächs verzichtet, kann man gleich von Beginn an das Ruder in die Hand nehmen und das Gespräch dahin leiten, wo man es haben möchte.

Machen Sie sich von nun an den Halo-Effekt zu Nutze. Dieser beschreibt die Tatsache, dass Personen von den bekannten Eigenschaften eines Menschen automatisch auf nicht bekannte Eigenschaften schließen. Wenn nun also zum Beispiel der erste Charakterzug, den Ihr Gegenüber von Ihnen erfährt, Sparsamkeit ist, dann kann es passieren, dass Sie von Ihm im Laufe des Gespräches immer mehr als Geizhals wahrgenommen werden, da sich das Gehirn Ihres Gegenübers automatisch auf die Indizien fokussiert, die darauf hindeuten, dass Sie geizig sind, und alle anderen Informationen, die dies widerlegen könnten, außer Acht lässt. So werden beispielsweise auch schüchterne oder introvertierte Menschen häufig als eingebildet und egoistisch wahrgenommen, obwohl dies häufig gar nicht zutrifft. Nutzen Sie von nun an also diesen Halo-Effekt zu Ihrem Vorteil, indem Sie darauf achten, dass Ihr erster Eindruck die Eigenschaft von Ihnen vermittelt, mit derer Sie von anderen gerne wahrgenommen werden möchten. Wollen Sie zum Beispiel als sehr selbstbewusst erscheinen, dann sollten Sie darauf achten, gleich von Beginn an selbstbewusst aufzutreten (mehr dazu im Kapitel zur Körpersprache). Zudem ist bekannt, dass viele Personen Brillen mit Fenstergläsern tragen, da Sie eigentlich keine Sehhilfe benötigen, Brillenträger aber häufig als intelligenter und intellektueller eingestuft werden, als Personen ohne Brille. Nehmen Sie sich also ausreichend Zeit, um kritisch zu hinterfragen, wie Sie von anderen Personen im privaten und beruflichen Bereich wahrgenommen werden möchten und ergreifen Sie die notwendigen Maßnahmen, um dies auch zu erreichen.

Übertreiben Sie am Anfang, um am Ende Ihre Ziele durchzusetzen. Wenn Sie zum Beispiel in der Arbeit ein Projekt leiten, und dabei auch für die Kalkulation der Kosten verantwortlich sind, dann sollten Sie zu Beginn stark übertreiben und die Kosten als viel höher schätzen, als wie Sie sie in Wirklichkeit ansetzen würden. Wenn Sie nun die Präsentation für das Projekt leiten, können Sie niedrigere, realistische Zahlen präsentieren. Auch wenn diese vielleicht immer noch sehr hoch sind – die Geldgeber und Entscheider werden davon nicht mehr sonderlich beeindruckt sein, da sie die Zahlen viel höher erwartet hätten. Vermutlich werden sie den Kosten ohne große Diskussionen zustimmen. Wenn Sie allerdings im Vorfeld nicht die Manipulationstechnik eingesetzt hätten, würden nun vermutlich endlose Diskussionen über die zu hohen Kosten entstehen, und Sie würden Gefahr laufen, das Projekt nicht bewilligt beziehungsweise stark verkleinert zu bekommen.

Bei folgender Manipulationstechnik sollten Sie eine Person zuerst um einen kleinen Gefallen bitten. Dies sollte etwas sein, was Ihnen kaum abgeschlagen werden kann, wie zum Beispiel die Pflanzen in Ihrem Büro zu gießen, während Sie im Urlaub sind. Wenn Sie dann anschließend größere Bitten stellen, werden diese meist von der Person auch nicht abgelehnt. Denn durch das Erfüllen der ersten Bitte haben Sie in der Person ein positives Bild über sich selbst erweckt, nämlich dass sie eine hilfreiche Persönlichkeit hat, und von diesem Selbstbild wird sie sich in Zukunft, wenn es möglich ist, nicht mehr trennen wollen. Auch werden Sie für eine Person, die viel für Sie tut, immer wichtiger, und sie wird anfangen, Sie zu mögen. Sie sollten darauf achten, Ihr Gegenüber für ihre Gefallen auch zu loben und Wertschätzung entgegenzubringen, so hat die Person Freude daran, Ihnen zu helfen und Ihre Beziehung wird gefestigt. Dies ist natürlich keine Anregung dazu, andere Menschen schamlos auszunutzen, jedoch ist auch dies eine Möglichkeit, wie Sie eine andere Person für sich gewinnen können.

Indem Sie Ihr Gegenüber spiegeln, können Sie eine Nähe zwischen Ihnen herstellen und eine positivere Wirkung auf Ihr Gegenüber erzielen. Wichtig dabei ist, dass das Spiegeln so unauffällig ist, dass Ihr Gesprächspartner diese Art der Manipulation nicht bewusst wahrnimmt. So können Sie zum Beispiel, wenn Sie sich unterm Gehen unterhalten, Ihre Schrittgeschwindigkeit an die des Gesprächspartners anpassen und eventuell sogar im Gleichschritt gehen. Auch die Körperhaltung, Mimik und Gestik eignen sich gut zum Spiegeln. Empfohlen wird auch, die eigene Sprechgeschwindigkeit und Lautstärke an die des Gegenübers anzupassen und auch eine Ähnlichkeit bei der Wahl der Wörter herzustellen. Wenn zum Beispiel Ihr Gegenüber gestochenes Hochdeutsch spricht, ist es nicht empfehlenswert, wenn Sie im tiefsten Dialekt zu ihm sprechen. Genauso verhält es sich mit der Auswahl der Wörter, verwenden Sie nicht außerordentlich viele Fachbegriffe, wenn Ihr Gegenüber sich einer ganz einfachen Wortwahl bedient. Denn Anstatt einen sehr intellektuellen Eintrug zu machen, laufen Sie eher die Gefahr, dass Sie als wichtigtuerisch oder arrogant wahrgenommen werden.

Sie sollten trotz Anwendung von Manipulationstechniken immer darauf achten, dass Ihr Gesprächspartner das Gefühl hat, dass Sie ehrlich sind und ihn nicht übers Ohr hauen möchten. Wenn Sie beispielsweise von einem Geschäftspartner nicht möchten, dass er Sie betrügt, dann sollten Sie selbst ihn auch nicht betrügen. Haben Sie stets die Regel vor Augen: Behandeln Sie andere so, wie Sie auch selbst behandelt werden möchten, und fügen Sie ihnen nicht gezielt Schaden zu, sondern bleiben Sie in Ihren Handlungen immer fair, auch wenn Sie Ihrem Gegenüber vielleicht überlegen sind.

b) durch Schlagfertigkeit

Schlagfertigkeit ist ein gutes Mittel, um seine Mitmenschen für sich zu gewinnen. Schlagfertigen Menschen fällt eine geistreiche, spontane Erwiderung genau im richtigen Moment ein, so dass Sie passend zu der Situation Ihren Gegenüber in die Schranken weißen können, ohne ihn unter der Gürtellinie zu treffen. Auf diesem Weg können sie auf charmantem Weg schwierige, vielleicht auch ein wenig konfliktgeladene Situationen mit Charme entspannen oder auch gerade im richtigen Augenblick die richtigen Worte sagen oder mit einem passenden Argument reagieren. Sicherlich erinnern Sie sich an Situationen in Ihrer Vergangenheit, zum Beispiel während eines Meetings in Ihrer Arbeit, in dem einer Ihrer Kollegen auf sehr eloquente Weise eine Aussage eines Vorgesetzten gekontert hat. In der Regel bringen solch schlagfertige Aussagen die Zuhörer zum Staunen, und der Sprecher bekommt einiges an Bewunderung und Sympathiepunkte. Auch in Talkshows lässt sich dieses Phänomen häufig beobachten, manchen Gästen gelingt es wie von selbst, stets wortgewandt und humorvoll eine passende Antwort zu geben, so dass er mühelos das Publikum auf seine Seite zieht und von allen gemocht wird. Schlagfertigkeit ist in allen Bereichen des Lebens von großer Wichtigkeit, beispielsweise beim Halten von Reden oder Präsentationen sowie auch während der

Kommunikation im Alltag. Eine schlagfertige Erwiderung ist eine Antwort, welche bestenfalls nicht vorhersehbar ist, auf nonverbales Verhalten oder eine Aussage des Gegenübers. Nonverbales Verhalten des Gegenübers kann zum Beispiel während einer Präsentation den Kopf zu schütteln sein oder mit Zuhilfenahme von Gesten dem Sprecher zu zeigen, dass er mit dem Gesagten nicht übereinstimmt. Die Art und Weise, wie der Sprecher auf einen derartigen Einwand reagiert zeigt, inwieweit er über Rhetorik, Witz und Souveränität verfügt. Sollten Sie jetzt denken, dass Sie absolut nicht schlagfertig sind und darum nicht auf dieses Mittel zurückgreifen können, dann können Sie beruhigt sein: denn Schlagfertigkeit kann man erlernen und fortlaufend verbessern. Sie müssen nicht weiterhin sprachlos sein, wenn eine andere Person provokativ oder frech gegen Sie spricht, sondern Sie können ganz einfach lernen, von nun an rechtzeitig die passende Entgegnung zu wissen und charmant die Spannung aus der Situation zu nehmen.

Damit Sie nun lernen, schlagfertig reagieren zu können, sollten Sie sich erstmal damit auseinandersetzen, warum Sie bisher nicht über Schlagfertigkeit verfügen. Häufig ist das darauf zurückzuführen, dass Menschen in unangenehmen oder ungewohnten Situationen ein unsicheres Gefühl bekommen, wodurch ihnen dann einfach nicht die passenden Worte einfallen, da Ihr Gehirn erstmal durch den kleinen Schock, der durch das, was vom Gegenüber gesagt wurde, ausgelöst wurde, wie eingefroren ist. Denn das Problem für viele Menschen liegt darin, dass schlagfertige Antworten häufig als Reaktion auf provokante Fragen, Ironie oder unsachliche Kritik, welche völlig unerwartet geäußert wurden, eingesetzt werden sollten. Dies bedeutet, dass man in der Regel total unvorbereitet auf einmal eine der Hauptrollen übernommen hat und die ganze Aufmerksamkeit der Zuhörer auf einem selbst liegt. Als wäre dies nicht genug, kommt es häufig vor, dass man durch die Äußerung oder Gestik des Gegenübers gekränkt wurde, so dass man sich entweder gerne verstecken würde oder zu einem verbalen Gegenangriff ausholen möchte. Dabei wird die Situation noch zusätzlich erschwert, wenn andere Personen, beispielsweise Freunde, Kollegen oder Bekannte, unmittelbar dabei sind und gespannt beobachten, wie die Situation verlaufen wird. Für ungeübte Personen ist es in derartigen Situationen gar nicht leicht, richtig zu reagieren. Grundsätzlich ist aber festzustellen, dass in der Regel positiv eingesetzte Schlagfertigkeit stets das beste Mittel ist, um in solchen Situationen zu reagieren, zum einen, um den Gegenüber gekonnt in die Schranken zu verweisen und zum anderen, da man auf diese Weise leicht die Zuhörer und Beteiligten für sich gewinnen kann. Darum ist es von besonders großer Wichtigkeit, dass Sie auch in kritischen Situationen stets Ruhe bewahren und Souveränität ausstrahlen, denn dies ist der Schlüssel für eine erfolgreiche und gelungene Kommunikation. Zum einen verhindern Sie mit einer souveränen Ausstrahlung bereits häufig, überhaupt erst verbal angegriffen werden, da Sie in der Regel respektvoller behandelt werden, zum anderen, wenn es doch mal zum einem Verbalangriff kommt, bewahren Sie Ruhe und können so gelassen die Werkzeuge der Kommunikation und Schlagfertigkeit anwenden. Denn wenn Sie in unangenehmen Situationen gleich knallrot anlaufen oder zwar schlagfertig kontern, dies jedoch mit einer schüchternen Stimme machen, dann kommen auch die besten schlagfertigen Bemerkungen nur schlecht und wenig überzeugend bei den Zuhörern an. Denn zwischen dem, was Sie sagen, und dem, was Sie ausstrahlen, besteht eine große Kluft.

Um nun souveräner im Gespräch zu sein, und um infolge dessen schlagfertig reagieren zu können, sollten Sie zuerst einmal etwas an Ihrer Einstellung ändern. Denn wenn Sie selbst davon überzeugt sind, nicht schlagfertig zu sein, dann kommt diese negative Einstellung auch in Ihrem kommunikativen Verhalten zum Ausdruck. Darum ist der erste Schritt, den Sie gehen müssen, wenn Sie andere Personen mittels Ihrer Schlagfertigkeit für sich gewinnen möchten, den, dass Sie Ihre negative Einstellung ändern müssen. Darum bemühen Sie sich von nun an, stets positiv zu denken, da dies auch nach außen ausstrahlt, und sie mit einer positiven, optimistischen Ausstrahlung andere Personen mit Leichtigkeit für sich gewinnen können.

Auch mithilfe Ihrer Stimme können Sie Ihren schlagfertigen Aussagen mehr Überzeugungskraft verleihen. Dabei können Sie die Lautstärke, in der Sie sprechen, größtenteils außer Acht lassen, da sie die Wirkung der Schlagfertigkeit nicht beeinflusst.

Natürlich sollten Sie darauf achten, nicht zu leise zu sprechen, da dies einen schüchternen Eindruck macht und so Ihren schlagfertigen Antworten die Glaubwürdigkeit nimmt. Besonders wichtig für die Schlagfertigkeit sind hingegen die Stimmlage sowie das Sprechtempo. Denn wenn Sie diese beiden Faktoren optimieren, können Sie Ihrer Stimme den gewünschten Ausdruck verleihen. Wenn Sie nun nämlich versuchen, langsam und deutlich zu sprechen, verändert sich Ihre Stimmlage ins Positive. Außerdem bringt es auch Vorteile für die Wirkung Ihrer Aussage, wenn Sie zu Ende eines jeden Satzes mit Ihrer Stimme nach unten, also tiefer gehen. Bestes Mittel um dies zu trainieren und Ihre Stimmpräsenz optimal hervorzubringen ist, dass Sie Texte, sowohl bekannte als auch unbekannte, laut vorsprechen.

Des Weiteren kann es helfen, dass Sie sich einen Schutzpanzer anlegen, um emotional möglichst unempfindlich zu sein. Zwar ist es uns Menschen nicht möglich, dass wir unsere Emotionen ignorieren, jedoch können wir unsere Gefühle beherrschen. Denn nur wenn Sie über einen Schutzpanzer verfügen, können Sie, auch wenn Sie jemand auf aggressive oder verletzende Weise konfrontiert, gelassen bleiben und auf diesem Weg überzeugend schlagfertig kontern. Auch dies können Sie üben, indem Sie lernen, einen verbalen Angriff gekonnt wegzustecken indem Sie sich eine emotionale Unempfindlichkeit antrainieren. Eine gute Möglichkeit, dies zu trainieren, ist es, dass Sie von nun an, wenn Sie verbal angegriffen werden, einfach nicht darauf reagieren und dem Angreifer stattdessen eine Frage stellen. Legen Sie dann Ihren Fokus ganz auf die Frage und konzentrieren Sie sich darauf, und nicht auf das, was die Person davor zu Ihnen gesagt hat. Wichtig ist es also, dass Sie bei einem verbalen Angriff stets versuchen sollten, sich von dem Gesagten abzulenken und sich stattdessen fest auf etwas anderes zu konzentrieren, anstatt sich mit dem Angriff zu beschäftigen und möglicherweise wütend oder verletzt reagieren.

Um Schlagfertigkeit erlernen zu können, sollten Sie zuerst wissen, dass man Schlagfertigkeit allgemein in drei Teilbereiche einteilen kann:

1. **Diskussionsfertigkeit:** Die Diskussionsfertigkeit zeichnet sich dadurch aus, dass Personen strategisch kluge Fragen stellen und klare, souveräne Antworten geben können. Auf diesem Wege können Sie das Gespräch so lenken, wie es ihren Zielen und Absichten am besten zunutze ist. Ein weiterer positiver Nebeneffekt von der Diskussionsfertigkeit ist, dass Menschen, die diese Fertigkeit besitzen, von anderen Personen automatisch als schlagfertig wahrgenommen werden, wenn Sie sich zum Beispiel während einer Diskussion, eines Meetings oder einer Verhandlung auf souveräne Weise verkaufen. Besonders im Berufsleben ist es von großem Vorteil, über diesen Bereich der Schlagfertigkeit zu verfügen.

2. **Witzfertigkeit:** Die Witzfertigkeit kann man auch gut anwenden, wenn vorher kein verbaler Angriff erfolgt ist.

Sie bezeichnet die Fähigkeit, in allen möglichen Situationen ganz spontan eine witzige, treffende Bemerkung zu machen, auch eine Form der Schlagfertigkeit.

3. **Erwiderungsfertigkeit:** Bei der Erwiderungsfertigkeit erfolgte in der Regel zuerst eine verbale Attacke, auf die die schlagfertige Person mit einem versteckten Gegenangriff reagiert. Sie bezeichnet also eine Situation, in der eine Person beleidigt wird, diese aber, anstatt verletzt zu schweigen oder eine strategisch nicht sinnvolle hitzige Antwort zu geben, den Angriff mit einer geistreichen Antwort kontert, so dass sie erreicht, dass der Angreifer selbst in einem schlechten Licht dasteht.

Bei manchen Personen hat man den Eindruck, als wäre Ihnen die Schlagfertigkeit ganz einfach angeboren. Vor allem auch Personen aus dem Fernsehen, wie Stefan Raab, erwecken häufig diesen Eindruck, doch auch im privaten oder beruflichen Bereich kennt sicherlich jeder derartige Personen. Doch hören Sie doch von nun an mal genau hin, und machen Sie sich Gedanken darüber, auf welche Weise die betreffende Person schlagfertig reagiert, sicherlich wird Ihnen bei den meisten Menschen auffallen, dass die jeweilige Person immer wieder das selbe Prinzip anwendet, da sie im Laufe der Zeit bestimmte Techniken entwickelt und perfektioniert haben, welche sie in sehr vielen

Situationen anwenden können. Im Folgenden finden Sie einige dieser Techniken anhand von Beispielen gezeigt:

- Konter mithilfe eines versteckten Gegenangriffs: „Also ich brauche keinen Alkohol um lustig zu sein, nicht so wie Sie." – „Also ehrlich gesagt kann ich mich nicht daran erinnern, mal erlebt zu haben, dass Sie lustig waren."

- Einen absurden Vorteil verwenden: „Dir wurde wohl das Gehirn entfernt." – „Richtig, seitdem habe ich endlich mein Idealgewicht erreicht."

- Rückfrage („Wäre Ihnen…lieber?"): „Du verhältst dich wie eine Nonne." – „Wäre dir denn eine Prostituierte lieber?"

- Bei Vergleichen den goldenen Trick anwenden: „Ihre Intelligenz ist vergleichbar mit der meines Haustieres." – „Dann haben Sie aber ein wirklich tolles Haustier!"

Das wichtigste Merkmal von Schlagfertigkeit ist, dass schlagfertige Personen Situationen dadurch gewinnen, dass sie nach einer unpassenden Bemerkung oder Vorwurf des Gegenübers anstatt in den Angriffsmodus zu gehen, humorvolle oder kunstvolle Worte zur Entgegnung verwenden und dadurch den Überraschungsmoment voll ausnutzen. Denn meist haben klug eingesetzte Gestik und Mimik oder eine Gegenbemerkung mit Witz einen viel vorteilhafteren Effekt als eine Gegenattacke oder gemeine Kontersprüche. Es ist immer von großem Vorteil, die Zuhörer zum Lachen oder zum Schmunzeln zu bringen, oder zumindest von der eigenen Wortgewandtheit und Unerschütterlichkeit zu überzeugen, anstatt den Gegenüber mit einem Gegenangriff verletzen zu wollen, und sich damit auf dessen niedriges Niveau zu begeben. Ganz egal wie die Zuhörer anfangs zu Ihnen standen, wenn Sie souverän kontern, dann werden Ihnen nach und nach die Sympathien zufliegen und Sie werden die anwesenden Personen kinderleicht für sich gewinnen. Wenn Sie es ganz geschickt anstellen, gewinnen Sie sogar Ihren Gegenüber für sich. Denn wenn Sie so geschickt schlagfertig reagieren, dass Sie Ihren Gegenüber stets respektvoll und mit Witz kontern, dann wird er Sie mit Respekt und Bewunderung belohnen und aufhören, Sie anzugreifen. Somit haben Sie die Situation vollends für sich gewonnen und können vermutlich noch Vorteile aus den Angriffen des Gegenübers ziehen. Denn letztendlich ist es das, worauf es in jeden Situationen des Lebens ankommt: nonverbale sowie verbale Angriffe auf kompetente Weise zu parieren und auf diesem Wege das Gespräch wieder in die gewünschte Richtung lenken.

Wenn Sie nun beispielsweise einen Vortrag oder eine Präsentation halten und jemand auf unverschämte Weise dazwischen ruft, dann können Sie mit folgender Aussage die Diskussion ersticken und unverschämten Bemerkungen des Zwischenrufers neutralisieren: „Da ich so erzogen worden bin, stets höflich zu sein, kann ich leider nicht auf Ihre Bemerkung eingehen. Aber wissen Sie eigentlich, worauf mein Erfolg beruht?

Dass ich derartige Zwischenrufe noch nie ernst genommen und befolgt habe." Es ist von enormer Wichtigkeit, dass Sie hierbei mit fester, ruhiger Stimme sprechen und sich nicht von dem Zwischenruf aus dem Konzept bringen lassen beziehungsweise die Zuhörer Ihre Aufregung bemerken lassen. Es ist sehr wichtig, dass Sie nicht barsch oder unfreundlich reagieren und nicht versuchen, die Person mit einer unangebrachten Bemerkung oder einem beleidigenden Spruch in die Schranken zu weisen. Stattdessen sollten Sie spontan reagieren und dem Angreifer zum Beispiel mit „offenbar herrscht noch gewisser Diskussionsbedarf im Publikum" kurzfristig eine Bühne bieten. Hierbei sollten Sie darauf achten, dass Ihre Aussage freundlich klingt und dies mit einer entschiedenen und positiven Körpersprache kombinieren. Wichtig ist auch, dass Sie bei dem Vortrag mit Ihrer Professionalität überzeugen konnten, denn dann wird auch der große Teil des Publikums hinter Ihnen stehen.

Falls Sie zu den stark harmoniebedürftigen Personen gehören, dann kostet es Sie vermutlich etwas mehr Überwindung, schlagfertige Sprüche einzusetzen. Sie sollten sich bewusst machen, dass Sie Ihren Gegenüber mit einem schlagfertigen Konter nicht direkt angreifen, sondern sich mithilfe des taktischen Konters einfach selbst verteidigen. Fallen Sie von nun an nicht mehr in das Muster, dass Sie, wenn Sie von einer Person verbal angegriffen werden, dies negieren, weil Sie Angst vor einer Auseinandersetzung haben oder sich als schwach und unterlegen fühlen. Denn wenn Sie übertrieben harmoniebedürftig sind und darum voreilig einfach den Aussagen des Gegenübers zustimmen, oder zumindest nicht widersprechen, dann können Sie auch nicht schlagfertig agieren und demzufolge auch keine Personen für sich gewinnen. Um dennoch Schlagfertigkeit erlenen zu können und sich dann auch trauen, sie anzuwenden, sollten Sie sich stets vor Augen führen, dass Schlagfertigkeit, wenn sie richtig eingesetzt wird, eine positive Eigenschaft ist, da man dadurch Unterstellungen oder Beleidigungen gegen die eigene Person geschickt kontern und die eigene Argumentation stark aufwerten kann. Auch können Sie auf diesem Wege Ihr Selbstwertgefühl stärken und eigenen seelischen Verletzungen vorbeugen. Denn zum einen gewinnen Sie durch erfolgreiche, schlagfertige Antworten an Selbstbewusstsein, und zum anderen erzwingen Sie ein respektvolles Verhalten von Ihrem Gegenüber, wodurch Sie langfristig nicht mehr so häufig verbal verletzt werden und auch Aussagen Ihres Gegenübers nicht mehr so nah an sich rankommen lassen und aufhören, im Nachhinein darüber nachzugrübeln. So vermeiden Sie die Entstehung von negativem Stress.

Ein gutes Praxisbeispiel ist, dass Sie eine Bekannte auf der Straße oder aber eine Kollegin im Büro treffen, und diese die Worte „Du siehst heute aber schlecht aus!" zur Begrüßung verwendet. Wenn Sie wissen, dass diese Person gerne Streits provoziert und diese Aussage sich nicht als ehrliche Besorgnis gemeint war, dann denken Sie gar nicht daran, sich eine

Rechtfertigung wie zum Beispiel schlechten Schlaf auszudenken. Auch von einem Gegenangriff, welcher schnell in eine Beleidigung ausarten wird, sollten Sie tunlichst absehen. Das Beste was Sie tun können, insbesondere dann, wenn andere Personen dabei sind und mithören, ist es, eine Form der situativen Schlagfertigkeit zu verwenden und zu entgegnen: „Da haben wir heute ja mal beide was gemeinsam!". Sie sehen also, dass es nicht notwendig ist, bei einem Vorwurf oder Angriff immer jedes kleinste Detail aufzugreifen und zu kommentieren, stattdessen kann man mit einer gut gewählten schlagfertigen Antwort dafür sorgen, als Gewinner aus der Situation zu gehen und die Bewunderung der Umstehenden einzuheimsen. Auch wenn Ihnen die notwendige Übung fehlt oder Ihnen gerade nicht die passenden Argumente einfallen, kann es von großem Nutzen sein, so zu reagieren, vor allem auch, um die Situation nicht eskalieren zu lassen.

Bei der Verwendung von Schlagfertigkeit ist es außerdem empfehlenswert, dass Sie sich die Körpersprache zunutze machen. Denn Sie können mit Ihrer schlagfertigen Aussage nur dann den gewünschten Effekt erzielen, wenn das, was Sie sagen, auch mit Ihrer Körpersprache harmonisiert. Wenn Sie auf eine klare und offene Mimik und Gestik setzen, dann erkennen die Anwesenden, dass Sie vollends Herr der Lage sind und Sie keine Angst vor verbalen Auseinandersetzungen haben. Wenn Sie aber vielleicht noch nicht so selbstsicher sind, oder zum Beispiel eine Rede halten und Sie nicht wissen, ob eine schlagfertige

Entgegnung bei den vielen Zuhörern wirklich so gut ankommt, dann empfiehlt es sich, dass Sie den schlagfertigen Konter mit einem offenen Lächeln kombinieren, denn so können Sie der Situation sehr leicht die Schärfe nehmen und das Publikum von sich überzeugen und auf Ihre Seite ziehen.

Mithilfe Ihres schlagfertigen Konters können Sie Ihrem Gegenüber demonstrieren, dass Sie grundlegend besser kommunizieren können als er, da Sie auf deutliche Weise kommunizieren, dass Ihrer Meinung nach Beleidigungen egal von welcher Art niemals eine Option in Ihrer Kommunikation sind. Auf diese Weise können Sie es geschickt schaffen, den Gegenüber wieder auf die Lösungs- und Sachebene zurückzulenken. Auch wenn der Angriff Ihres Gegenübers so unpassend oder verletzend war, dass Ihnen spontan keine schlagfertige Erwiderung einfällt, da Sie nur schwer Ihren Ärger verbergen können, dann können Sie ganz einfach auf „über dieses Thema würde ich gerne mal persönlich, unter vier Augen, mit Ihnen sprechen" zurückgreifen. Es ist besser, Ihren Gegenüber zu einem persönlichen Gespräch aufzufordern, als Ihm zornig Konter zu geben. Mit dieser Zurückhaltung und professioneller Lösung des Konflikts werden Sie nicht nur von den Zuhörern Respekt einheimsen, sondern auch von Ihrem Angreifer. Denn Sie zeigen nicht nur deutlich, dass Sie ausschließlich an der Lösungsebene des Konflikts interessiert sind, sondern außerdem, dass Sie es nicht nötig haben, sich auf ein solch niedriges Niveau zu begeben. Dennoch zeigen Sie den Zuhörern mit der Aufforderung zu einem persönlichen Gespräch, dass der Angreifer Sie verletzt hat, und beweisen Stärke, weil Sie dies lieber nicht öffentlich klären wollen. Wenn Sie nun in dem vier Augen Gespräch darauf achten, dass es zielstrebig, klar und faktenorientiert ist, dann bietet sich Ihnen die wertvolle Möglichkeit, etwaige Missverständnisse zwischen ihnen beiden aus dem Weg zu räumen und gleichzeitig Ihrem Angreifer auf sachliche Weise klarzumachen, dass er Sie mit seiner Wortwahl, oder der Art und Weise, wie die Situation abgelaufen ist, verletzt hat. Damit zeigen Sie ihm, dass Sie über eine ausgeprägte Selbstachtung verfügen, den Mut haben, das persönliche Gespräch zu suchen um Probleme zu klären und dass es für Sie von großer Bedeutung ist, dass die Würde eines jeden Menschen geachtet werden muss und somit ein jeder stets respektvoll handeln und behandelt werden sollte – mit einem derartigen lösungsorientierten Verhalten werden Sie auch Ihren größten Kritiker für sich gewinnen können.

Wenn es Ihnen nun schwerfällt, in stressigen Situationen schlagfertig zu reagieren, sollten Sie mithilfe von Übungsformen Ihre schnelle Reaktion auf Situationen, welche nicht vorhersehbar sind, sowie Ihre Schlagfertigkeit gezielt trainieren und ausbauen. Die wichtigsten Tipps hierfür sind:

- Setzen Sie Charme, Witz und Humor ein
- Reagieren Sie spezifisch auf jede Situation
- Überzeugen Sie mit Spontanität und Schnelligkeit

- Nutzen Sie Missverständnisse geschickt zu Ihrem Vorteil aus
- Stellen Sie Gegenfragen
- Unterstreichen Sie Ihre schlagfertigen Aussagen mit der Verwendung von Metaphern
- Arbeiten Sie bei der Argumentation Ihres Gegenübers Ungenauigkeiten gezielt heraus

Des Weiteren sollten Sie darauf achten, dass Sie sich, ganz egal, wie beleidigend der Angriff Ihres Gegenübers auch sein mag, auf keinen Fall von Ihrem persönlichen Standpunkt abbringen lassen. Verfallen Sie nicht in Rechtfertigungen, sondern führen Sie sich immer vor Augen, dass die Aussage oder der Angriff Ihres Gegenübers häufig nur eine Einzelmeinung dieser Person ist, oder zumindest nur die Sichtweise von einigen wenigen Personen vertritt. Achten Sie also darauf, auf keinen Fall gleich einzuknicken, nur weil Sie mit gegenteiligen Meinungen konfrontiert werden und lassen Sie nicht zu, dass Ihre eigene Meinung dadurch abgeschwächt wird, sondern bleiben Sie sich selbst auf jeden Fall treu.

Wenn Sie nun zum Beispiel etwas vortragen, und Sie bemerken, dass einzelne Personen Sie auslachen, dann ist eine gute Möglichkeit, dies zu regeln, indem Sie den Personen zurufen: „Sie disqualifizieren sich selbst, indem Sie das ernste Thema, worum es hier geht, lächerlich machen!" Geben Sie auf keinen Fall klein bei und lassen Sie sich nicht von einzelnen unangepassten Lachern aus dem Konzept und von Ihrem Standpunkt abbringen. Die Zuhörer werden Sie für Ihre Standhaftigkeit und Stärke bewundern.

Bei einem nicht so extremen Fall können Sie ganz ähnlich reagieren: Wenn Sie zum Beispiel auf der Arbeit in einer Besprechung eine Präsentation halten, wie sie bei einem bestimmten Vorgang in der Zukunft anders vorgehen könnten, stimmen Ihnen wohl meistens nicht gleich alle Kollegen zu, und es kann passieren, dass Sie jemand unterbricht und sagt, dass er sich das alles in der Praxis nicht vorstellen kann und der Vorschlag sicherlich nicht umgesetzt werden wird. Verfallen Sie nun auf keinen Fall in Rechtfertigungen, indem Sie die Vorteile Ihres Vorschlages herunterbeten, und fangen Sie auch nicht mit Ihrem Kollegen zu diskutieren an, sondern weisen Sie ihn verbal mittels einer schlagfertigen Antwort in die Schranken: „Danke, ich weiß Ihren Einwand sehr zu schätzen. Wie ich feststelle, verfügen Sie offensichtlich nicht über den nötigen Mut, um sich an der Umsetzung meines Vorschlages zu beteiligen. Dennoch bereitet es mir große Freude, mit Ihnen zusammenzuarbeiten, auch wenn Sie mit meinem Vorschlag nicht einverstanden sind." Auf diesem Weg behalten Sie die Oberhand in Ihrer Präsentation und stehen zu den Informationen, die Sie geliefert haben und zu Ihrem Vorschlag. Wenn Sie schnell einknicken, werden Sie niemandem von Ihrer Idee überzeugen können und vermutlich auch in der Zukunft Probleme damit haben, mal wieder einen

Vorschlag durchzubringen. Wenn Sie den Zwischenruf auf diese Weise kontern, dann brauchen Sie nicht befürchten, dass Ihre Antwort beleidigend wird, da Sie stattdessen den Konflikt souverän lösen.

Besonders wichtig bei der Verwendung von Schlagfertigkeit ist, dass Sie Charme, Witz und Humor mit in Ihre Antwort einfließen lassen. Denn wenn Sie auf diese Weise antworten, können Sie mit Leichtigkeit das Eis brechen und wirken auf Anhieb sympathisch. Der Optimalfall ist, dass Sie Ihren Angreifer mit Ihrer Antwort ebenfalls zum Schmunzeln bringen, denn dann haben Sie nicht nur perfekt gekontert, sondern auch Ihren Gegner für sich gewonnen. Denn häufig fliegen Personen, welche mit spontanem Witz schlagfertig kontern können, die Sympathiepunkte von allen Zuhörern zu. Wenn zum Beispiel von Ihrem Gegenüber ein unangebrachter oder unverschämter Einwand gekommen ist, dann können Sie von der Kompliment-Technik Gebrauch machen: „Vielen Dank für Ihre wertvolle Lebenshilfe. Diesen Ratschlag muss ich mir erstmal notieren!" Mit derartigen Reaktionen stellen Sie Ihr Selbstbewusstsein sowie Ihren Mut unter Beweis.

Begehen Sie allerdings nicht den Fehler, sich so darzustellen, als wären Sie in besonderer Weise hart, schlagfertig oder kommunikativ, nur weil Sie denken, dass das von Ihrem Gegenüber so gewünscht ist. Wenn Sie dies in Wirklichkeit nämlich nicht sind, dann tuen Sie sich damit keinen Gefallen, da

Sie von Ihren Gegenübern dann nur als aufgesetzt und unecht wahrgenommen werden, Sie also Ihre Authentizität und Glaubwürdigkeit verlieren. Des Weiteren sollten Sie darauf achten, dass Sie, nur weil Sie mit einer schlagfertigen Antwort einen Erfolg erzielt haben, jetzt nicht nach jeder zweiten Aussage Ihres Gegenübers schlagfertig retournieren möchten. Denn Schlagfertigkeit sollte ausschließlich dafür eingesetzt werden, passende Situationen auszunutzen und dann gezielt zu kontern. Achten Sie dabei vor allem darauf, stets authentisch zu wirken. Suchen Sie auf keinen Fall verkrampft nach jeder noch so kleinen Möglichkeit, die sich Ihnen vielleicht bietet, um einen schlagfertigen Spruch einzuwerfen. Nicht nur, dass dies schnell lächerlich wirken kann, sondern es kann auch leicht passieren, dass Sie von den Zuhörern als arrogant eingestuft werden und Sie zudem von ihnen nicht mehr ernst genommen werden, was Ihnen in entscheidenden Situationen einen erheblichen Nachteil bringen kann. Setzen Sie Schlagfertigkeit also ausschließlich zielführend, situativ und wohlüberlegt ein, um auch wirklich den Vorteil davon zu haben, andere Menschen für sich zu gewinnen, und sie nicht gegen sich zu bringen.

c) durch gezieltes Anwenden von Rhetorik

Bei der Rhetorik handelt es sich um einen wichtigen Bestandteil in der Kommunikation, da man in seinem Leben nicht umhinkommt, auch immer wieder mal Vorträge halten oder vor mehreren Menschen sprechen zu müssen. Doch auch in der privaten Kommunikation ist es von genauso großer Bedeutung, die Aufmerksamkeit des Zuhörers oder der Zuhörer zu gewinnen und dabei Argumente und Inhalte so zu vermitteln, dass man eine möglichst überzeugende und mitreißende Wirkung erzielt.

Laut Aristoteles kann man die Rhetorik in drei Säulen aufteilen:

- Logos: Es ist wichtig, wenn Sie jemanden von Ihrem Standpunkt überzeugen möchten, dass Sie Ihre Aussagen und Argumente stets mit guten Fakten belegen können. Ziehen Sie hierfür, wenn nötig und hilfreich, gerne auch Statistiken oder Dokumente hinzu. Des Weiteren sollten Sie darauf achten, dass Sie immer strukturiert und auch zielorientiert argumentieren.

- Pathos: Dieser Punkt beschäftigt sich mit dem emotionalen Zustand des Gegenübers. Wichtig ist, dass man Werte, Überzeugungen und Emotionen überzeugend an den Zuhörer vermitteln kann, was am besten funktioniert, wenn Sie bildlich und lebhaft vorgetragene Beispiele verwenden. Versetzen Sie sich zudem in Ihren Gegenüber hinein, um zu erkennen, was ihm auf dem Herzen liegt, so dass Sie genau an der Stelle beginnen können, ihn von sich zu überzeugen.

- Ethos: Bei diesem Punkt geht es darum, dass Sie nicht nur harte Fakten vermitteln sollten. Sie müssen erreichen, dass Ihr Zuhörer Sie als glaubwürdig und autoritär wahrnimmt, wodurch Sie ihn auch mit Ihrem möglichen Wissen überzeugen können. Wichtig ist also, dass Sie erreichen, als besonders vertrauenswürdig wahrgenommen zu werden, damit es Ihrem Gegenüber schon ausreicht, dass das, was Sie von sich geben, der Wahrheit entsprechen könnte, und Sie ihn damit schon überzeugen können.

Des Weiteren spielt auch die Stimme in der Rhetorik eine sehr große Rolle. Es ist wichtig, dass Sie stets verständlich und klar sprechen. Wenn Sie stattdessen nuscheln oder so schnell sprechen, dass Sie die Wörter fast verschlucken, dann werden Sie Ihren Gegenüber wohl kaum erreichen oder gar überzeugen können. Falls Sie hierbei Verbesserungsbedarf haben sollten, dann können Ihnen gewisse Übungen zu Ihrer Sprechtechnik weiterhelfen.

Auch die Körpersprache ist ein enorm wichtiger Bestandteil für überzeugende Rhetorik. Denn es ist von großer Wichtigkeit, dass Sie gleichzeitig selbstsicher auftreten und dennoch mit Ihrer Natürlichkeit und Ungezwungenheit überzeugen können. Darum wird auf die Körpersprache in einem anderen Kapitel dieses Ratgebers explizit eingegangen.

Gerade dann, wenn Sie einen Vortrag halten, sind besonders der Anfang und das Ende Ihres Vortrages von großer Bedeutung um die optimale Wirkung bei Ihren Zuhörern auszulösen. Mit den ersten Aussagen, die Sie treffen, haben Sie es in der Hand, ob die Zuhörer Ihr Anliegen interessant finden und Ihnen gespannt zuhören, oder ob sie entscheiden, dass Ihr Vortrag nicht von Interesse ist und sie somit schon nach Ihren ersten Sätzen ihren eigenen Gedanken nachhängen. Durchschnittlich haben Sie um die drei Minuten Zeit, um die Zuhörer von sich zu überzeugen, ansonsten wird es Ihnen vermutlich später auch nicht mehr gelingen. Im Idealfall sollten der Anfang und das Ende Ihres Vortrages einen guten Rahmen bilden. Dies gelingt Ihnen dadurch, dass Sie am Ende nochmal das, was Sie zu Beginn gesagt haben aufgreifen und dies dann durch die Argumente, die Sie im Mittelteil des Vortrages geliefert haben, in ein neues, überzeugendes Licht setzen. Auf diesem Weg erreichen Sie es am wahrscheinlichsten, dass die Zuhörer sich auch langfristig noch an Ihre Argumentationskette, also auf den Weg, wie Sie vom Anfang zum Schluss gekommen sind, erinnern können. Ein wenig abgewandelt können Sie dies auch für normale Diskussionen anwenden: Sie sollten stets darauf achten, einen stimmigen Anfang und Schluss zu haben.

Achten Sie des Weiteren darauf, dass Sie Ihre Sprache an Ihren Gegenüber anpassen. Stil und Niveau sollten stets Ihrem Gesprächspartner oder Zuhörer angemessen sein. Wenn Sie beispielsweise mit Ihren alten Freunden sprechen, dann sollten Sie andere Satzkonstruktionen und Wörter wählen, als wie wenn Sie mit einem Professor oder dem obersten Chef des Unternehmens, in dem Sie arbeiten, sprechen. Wenn Sie sich nicht ganz sicher sind, wie Sie Ihren Gegenüber einstufen sollten, dann verzichten Sie im Zweifelsfall auf jeden Fall auf die Verwendung von komplizierten Fremdwörtern. Greifen Sie stattdessen zu kurzen Sätzen und einfachen Wörtern. Außerdem kann es von großem Nutzen sein, wenn Sie den Inhalt Ihrer Aussagen noch mit Beispielen oder Bildern unterlegen. Hierbei sollten Sie darauf achten, dass sie möglichst der Lebensrealität Ihres Gegenübers entsprechen. Dadurch kann sich Ihr Gegenüber am wahrscheinlichsten mit dem, was Sie sagen, identifizieren und auf diesem Wege auch eine individuelle Verknüpfung herstellen, wodurch das Thema, von dem Sie sprechen, automatisch gleich viel relevanter erscheint. Wichtig ist grundsätzlich, dass Ihre Argumentation anschaulich ist und spannend vorgetragen wird, damit Ihre Zuhörer Ihnen auch wirklich zuhören. Ihre Argumentation sollte sich immer auf Fakten stützen, die Sie in ausreichender Form, aber nicht zu ausschweifend, präsentieren sollten. Argumente sollten also stets begründet und belegt werden. Falls es notwendig ist, Fachvokabular zu verwenden, aber Ihr Gegenüber vermutlich keine genaue Vorstellung davon haben wird, was es bedeutet, dann übersetzen Sie es in die Alltagssprache. Am besten ist es auch, Beispiele zu wählen, welche mit dem Erfahrungsbereich Ihres Gegenübers übereinstimmen. Fakten sollten immer so anschaulich wie möglich präsentiert werden, da sich sonst häufig niemand etwas Genaues darunter vorstellen kann. Sagen Sie beispielsweise: „In unserer Abteilung wird innerhalb nur eines Monats so viel Strom verbraucht, dass eine fünfköpfige Familie sechs Jahre lang damit auskommen könnte." Wenn Sie nur die Zahl, wie viel Strom Ihre Abteilung im Monat verbraucht, gesagt hätten, könnte sich vermutlich fast niemand etwas darunter vorstellen. Durch den Vergleich mit der Familie aber schon, es werden wohl auch einige geschockt sein von dem hohen Verbrauch. Seien Sie also kreativ bei der Wahl Ihrer Vergleiche, sie sollten die Sinne Ihrer Zuhörer ansprechen und die Vorstellungskraft reizen. Versuchen Sie, mit bildhaften Schilderungen Ihre Argumente zu unterstreichen. Denn mit guten, anschaulichen Vergleichen haben Sie viel größere Chancen, Ihren Gegenüber von Ihren Argumenten zu überzeugen. Außerdem ist es immer gut, wirkliche Beispiele zu verwenden. Lassen Sie beispielsweise wirkliche Erlebnisse mit Kunden in Ihren Vortrag oder Ihre Argumentation mit einfließen, um zu verdeutlichen, was dank Ihrer Anregungen bereits gut funktioniert, oder was noch verbesserungsbedürftig ist, aber mit Ihren Ideen eben signifikant verbessert werden könnte.

Wenn Sie nun einen Vortrag vorbereiten möchten, dann ist der erste Schritt, dass Sie sich in den Zuhörer hineinversetzen: Was erwartet er von Ihnen, was möchte er überhaupt hören beziehungsweise worüber will er informiert werden? Hat der Zuhörer bestimmte Wertvorstellungen? Wie wird vermutlich seine Stimmung sein? Was für eine Haltung hat er vermutlich Ihnen gegenüber? Wenn Sie während Ihrer Vorbereitung auf den Vortrag versuchen diese Fragen zu beantworten, dann werden Sie die Präsentation besser auf Ihre jeweiligen Zuhörer abstimmen und somit auch leichter an Ihr Ziel, den Zuhörer von Ihnen und Ihren Argumenten zu überzeugen, kommen.

Sprechen Sie möglichst kurz und knapp. Zwar sollten Sie das Gesagte natürlich ein wenig ausschmücken, um das Interesse der Anwesenden zu wecken, dennoch sollten Sie darauf achten, prägnant zu sprechen. Finden Sie also einen guten Mittelweg, denn dann finden Sie leichter Gehör als derjenige, der ewig um den heißen Brei herumredet und damit alle langweilt, weil er lange Zeit nicht zum Punkt kommt und seine Sätze endlos erscheinen.

Verwenden Sie rhetorische Fragen und Lob. Damit sprechen Sie die anwesenden Personen direkt an, und erwecken auf diese Weise mehr Aufmerksamkeit, beispielsweise mit „Finden Sie nicht auch?". Auch können Sie während Ihrer Präsentation eine anwesende Person herausgreifen und etwas ansprechen, was dieser geleistet hat. Natürlich sollte es zu Ihrer Argumentation passen, denn dann bekräftigen Sie eines Ihrer Argumente und sammeln außerdem Sympathiepunkte bei der jeweiligen Person, da es immer gut kommt, wenn Sie Bescheid über Leistungen eines Kollegen wissen. So zeichnen Sie sich durch Ihre Aufmerksamkeit und Ihr Interesse an Ihrem Umfeld aus und zeigen, dass Sie gute Leistungen Ihrer Kollegen zu schätzen wissen, anstatt neidisch zu sein und sie immer überbieten zu wollen.

Wenn Sie nun etwas präsentieren und plötzlich eine Frage hineingerufen wird, wodurch Sie kurz aus dem Konzept kommen, dann verzweifeln Sie nicht. Mit ein wenig Taktik können Sie die anwesenden Personen trotzdem noch für sich gewinnen. Versuchen Sie zunächst, ein wenig Zeit zu gewinnen, zum Beispiel indem Sie sagen: „Das ist eine wirklich interessante/gute Frage!". Auf diese Weise haben Sie etwas Zeit um sich eine Antwort zurechtzulegen und signalisieren außerdem, dass Sie konstruktive Fragen zu schätzen wissen. Außerdem ist es meistens sogar strategisch von Vorteil, sich mit der Beantwortung von Fragen ein wenig Zeit zu lassen, und nicht sofort wie aus der Pistole geschossen zu antworten. Denn auf diesem Wege können Sie sich als eine Person darstellen, welche die Sachen genau abwägt und auf souveräne Weise reagiert. Auch wenn Sie dann antworten, sollten Sie darauf achten, souverän und möglichst ruhig und gelassen zu klingen. Es kann immer vorkommen, dass man bei plötzlichen Fragen oder Einwänden ein wenig aus dem Konzept gerät, aber lassen Sie dies die Anwesenden nicht bemerken. Falls Sie bemerken sollten, dass der Einwand berechtigt ist, dann sollten Sie auf keinen Fall komplett dem Gegenüber zustimmen und die eigene Argumentation über den Haufen werfen. Beleuchten Sie stattdessen den Einwand taktisch möglichst geschickt von beiden Seiten: „Ich verstehe, und es ist auch durchaus berechtigt, dass man hierin einen Nachteil sehen kann. Bedenken Sie aber bitte auch, dass auf der anderen Seite...". Wenn Ihnen aber spontan in diese Richtung überhaupt nichts einfällt, dann können Sie sich zur Not immer noch durch ein Aufschieben oder Ausweichen retten: „Bevor ich dazu etwas sagen kann, muss ich mich erstmal genau darüber informieren und auch mit den Betroffenen sprechen". Auf diese Weise machen Sie deutlich, dass Sie Einwände wirklich ernst nehmen und sie nicht einfach als unwichtig abtun. Dennoch zeigen Sie, dass Sie sich nicht aus dem Konzept bringen lassen, und es für Sie von großer Bedeutung ist, sich zuerst ausreichend über etwas zu informieren, bevor Sie Ihre Meinung dazu kundtun. Um Ihre Mitmenschen von sich zu überzeugen ist es unerlässlich, dass Sie bei Einwänden diplomatisch reagieren. Denn wenn Sie unüberlegt oder schroff antworten wird dies immer zu Ihrem Nachteil ausgelegt. Die anwesenden Personen werden Sie nicht nur nach Ihren vorgebrachten Argumenten beurteilen, sondern auch danach, wie Sie mit Kritik umgehen und unerwartete Probleme lösen können.

Sie sollten stets ein gesundes Mittel zwischen Zuhören und Reden finden. Denn wenn jemand zu viel spricht, hört ihm der Gegenüber zwangsläufig irgendwann nicht mehr zu, wenn jemand allerdings fast gar nicht redet, dann kann er erstens den Gegenüber nicht von seiner Seite überzeugen und zweitens erweckt er beim Gegenüber den Eindruck, dass er nicht als Kontaktperson geeignet ist. Auch wenn man nicht oder nur schlecht zuhören kann, hat dies negative Folgen auf das Erreichen des eigenen Ziels. Denn wenn man den Gesprächspartner ständig unterbricht und nur immer die eigene

Seite präsentieren möchte, dann erweckt dies schnell den Eindruck, dass man seinen Gegenüber nicht für wichtig nimmt, weshalb dieser in Zukunft nur ungern nochmal mit einem kommunizieren wollen wird. Achten Sie also darum von nun an immer auf eine gute, ausgeglichene Mischung zwischen Zuhören und Reden, um beim Gesprächspartner zu punkten.

Verzichten Sie von nun an auf Small Talk. Wenn Sie mit einer Person nur oberflächlich, beispielsweise über das Wetter, kommunizieren, dann werden Sie mit Ihrem Gegenüber auch keine tiefgründigere Beziehung aufbauen können. Zeigen Sie stattdessen aufrichtiges Interesse an Ihrem Gesprächspartner und suchen Sie nach einer wirklichen Verbindung mit der anderen Person, mittels derer Sie von nun an gute Fragen stellen können. Zudem sollten Sie aufmerksam zuhören, um vom Gegenüber erzielte Dinge in Zusammenhang mit anderen Aspekten im Leben des Gesprächspartners setzen zu können. So ist es fast unvermeidlich, dass Sie Ihren Gegenüber für sich gewinnen, da er beeindruckt sein wird von dem Interesse, das Sie an seinem Leben zeigen.

Sie sollten darauf achten, stets kompetent und deutlich zu kommunizieren. Wenn Sie dies in manchen Situationen oder zu manchen Themen nicht können, dann sagen Sie lieber nichts – denn manchmal ist Schweigen wirklich Gold. Ansonsten empfiehlt es sich, dass Sie versuchen, mit Redewendungen und Wörtern zu spielen und Ihnen auch ganz bewusst andere

Bedeutungen zu geben. Schwammige Aussagen Ihres Gegenübers sollten Sie stets schnell hinterfragen. Wenn Sie dies machen, können Sie jeglichen Einwand oder Angriff im Keim ersticken und strahlen zudem Stärke aus, was von den anwesenden Personen bewundert wird.

Sprechen Sie verständlich. Dazu sollten Sie einfache, kurze Sätze wählen. Kommunizieren Sie nicht so, wie es Ihnen in der Schule beim Aufsatzschreiben beigebracht wurde: in langen, komplexen Sätzen. Denn dann wird es für Ihren Gegenüber sehr schwer Ihnen zu folgen und er wird früher oder später nicht mehr aufmerksam zuhören. Verwenden Sie möglichst viele Verben und verzichten Sie auf eine Häufung von Zahlen. Falls diese wichtig sind, geben Sie lieber ein Handout mit den Zahlen heraus, wenn Sie nur darüber sprechen, wird sich das sowieso niemand merken können. Sagen Sie auf keinen Fall Sachen, welche Sie selbst gar nicht richtig verstanden haben.

Machen Sie sich Ihre eigene, klare Haltung bewusst. Nur wenn Sie sich im Vorfeld genau Gedanken darüber machen, wie Sie eigentlich zu dem Thema stehen, können Sie während des Gesprächs auch selbstbewusst kommunizieren.

Haben Sie Respekt. Behandeln Sie Ihren Gegenüber genauso, wie Sie selbst auch behandelt werden möchten. Nehmen Sie ihn und das was er sagt ernst, und tuen Sie es nicht als unwichtig oder lächerlich ab. Sonst werden Sie sicherlich keine Sympathiepunkte sammeln oder das Erreichen, was Sie möchten.

Insbesondere dann, wenn das Gespräch um negative Themen geht, ist es von extrem großer Wichtigkeit, dass Sie wertschätzend und respektvoll kommunizieren, denn nur so haben Sie die Möglichkeit, den Gegenüber auch wirklich zu erreichen.

Achten Sie darauf, dass Kongruenz herrscht. Nicht nur das was Sie sagen ist wichtig, sondern auch wie Sie es sagen ist von immenser Bedeutung. Wenn Sie beispielsweise mit Ihrem Freund Schluss machen, dann sollten Sie dies nicht mit einem Lächeln tun. Oder wenn Sie zum Beispiel jemanden loben, dann sollten Sie dies nicht mit einem Ausdruck tun, als ob gerade jemand gestorben wäre. Achten Sie also bewusst darauf, dass Ihre Ausstrahlung, Ihre Mimik, die Körperhaltung und Ihre Stimme alle mit dem, was Sie zu sagen haben, übereinstimmen. Sonst büßen Sie schnell an Glaubwürdigkeit und Seriosität ein.

Nutzen Sie Gespräche als Bühnenpräsentation. Stellen Sie sich vor, Sie würden auf einer Bühne stehen, wo Sie sich natürlich bestmöglich präsentieren würden, um vor dem Publikum zu glänzen. Denn auch vor Ihrem Gesprächspartner wollen Sie doch sicherlich in dem bestmöglichen Licht stehen. Hinterlassen Sie darum Eindruck bei Ihm, indem Sie das grundlegende Handwerkszeug von der Rhetorik einsetzen: die Kombination aus Ihrem Körper und Ihrer Stimme.

Bedienen Sie sich ausgiebig an der Sprache: Ein weiteres wichtiges Handwerkszeug der Rhetorik ist die Sprache. Nehmen

Sie Abstand von eintönigen, immer gleich wirkenden Sätzen, und nehmen Sie von den Möglichkeiten Gebrauch, auch einfache Dinge auf eine gute Weise auszudrücken. Gewöhnen Sie sich an, bildhafte Wörter einzusetzen und Vergleiche zu erstellen. Auch ein Spiel mit Verben und Synonymen kann sehr effektiv sein. Auf diesem Wege können Sie erreichen, dass Sie mit Ihren Worten eine Art Kino im Kopf Ihres Gesprächspartners entstehen lassen, und er wird Ihnen aufmerksam zuhören und sich Ihre Worte auch besser merken können. Natürlich ist es hier wichtig, nicht zu übertreiben und in jedem Satz bildhafte Wörter zu verwenden oder Vergleiche anzustellen. Dennoch ist diese Methode sinnvoll, um ein Gespräch nicht so eintönig sein zu lassen.

Stellen Sie Fragen. Die einfachste und effektivste Möglichkeit, um in einem Gespräch selbstbewusst zu wirken, ist es, konstruktive Fragen zu stellen. Denn auf diesem Wege nehmen Sie die Steuerung des Gesprächs spielerisch in die Hand, und können so das Gespräch zu Ihrem Nutzen leiten. Auch wirken Sie auf die anderen Gesprächsteilnehmer souverän, da Sie es sich trauen, Fragen einzuwerfen, beziehungsweise durch gezielte Fragen unter Beweis stellen können, dass Sie gute Kenntnisse über das Thema haben.

Ganz allgemein betrachtet nimmt Rhetorik eine immer wichtigere Stelle im Leben ein, da es in den verschiedensten Bereichen von großem Vorteil ist, über eine gute Rhetorik zu verfügen, um andere Personen von sich überzeugen und für sich gewinnen zu können. Bereits mit einigen praktischen Tipps und Übungen können Sie Ihre Rhetorik signifikant verbessern. Auch wenn die folgende Übung Ihnen vielleicht ein wenig seltsam erscheinen mag – geben Sie sich einen Ruck und versuchen Sie es. Oder was haben Sie zu verlieren?

Stellen Sie sich vor einen großen Spiegel und betrachten Sie sich. Wirkt Ihr Gesichtsausdruck entschlossen oder doch eher müde? Sagen Sie zu Ihrem Spiegelbild: „Ich kann andere Personen begeistern, wenn ich möchte!" Schauen Sie auf Ihre Hände, was haben sie gemacht, als Sie den Satz gesagt haben? Sagen Sie den Satz nochmal, werfen Sie dann Ihre Arme jubelnd in die Luft und rufen Sie mit Überzeugung: „Ich möchte andere begeistern!". Diese Übung zielt darauf ab, dass Sie die verschiedenen Situationen während einer Rede oder eines Gesprächs aufgreifen, und den passenden Tonfall verinnerlichen können. Denn auch beim normalen Sprechen ist es manchmal nötig, mal einen etwas lauteren Ton anzuschlagen. Genauso wie die lauten, sind aber auch leise Töne wichtig, beispielsweise wenn es um „unser Umsatz muss gesteigert werden" geht. Versuchen Sie diese Übung mit einigen realistischen Sätzen, und konzentrieren Sie sich darauf, Ihre Sprache ausdrucksvoller zu machen. Achten Sie in einem weiteren Schritt auch ganz bewusst darauf, wie Ihr Körper darauf reagiert, wenn Sie die Sätze sagen. Sind Ihre Hände entspannt oder angespannt? Sind Ihre Augen geschlossen oder weit geöffnet? Stehen oder springen Sie auf? Auf diesem Weg können Sie lernen, dass Ihre Körperreaktionen, wie Mimik, Gestik und Körperhaltung mit dem, was Sie sagen, fühlen und denken übereinstimmt. Stellen Sie sich mit breiten Beinen fest auf den Boden, Sie werden bemerken, dass Sie sich durch den äußerlichen festen Stand auch innerlich stärker fühlen. Treten Sie nun energisch mit dem Fuß auf, und sagen Sie: „Ich stehe zu meiner Meinung und ich halte stets mein Wort!" Automatisch wird Ihre Sprechweise auch kraftvoller. Denn ein wichtiger Punkt beim Reden ist der, dass man auch eine entsprechende Wirkung beim anderen hinterlässt.

Dauerhafte selbstbewusste Kommunikation

Kommunikation und Selbstbewusstsein sind stark miteinander verbunden. Mithilfe der richtigen Kommunikationsweise kann man mehr Sicherheit im Umgang mit Personen entwickeln, wodurch man dann auch selbstbewusster erscheint. Denn je nachdem, wie Sie mit anderen Personen kommunizieren, vermitteln Sie ihnen auch ein ganz anderes Bild von sich. Wie überzeugt Sie von sich selbst sind hat auch Einfluss auf Ihr Selbstvertrauen und auf Ihre Kommunikation. Denn wie Sie sich fühlen oder wie Sie denken, beeinflusst direkt Ihre Ausstrahlung und wie Sie kommunizieren. Aus diesem Grund beeinflussen sich Selbstbewusstsein und Kommunikation gegenseitig. Wenn Sie beispielsweise eine Präsentation in der Arbeit halten müssen, Sie aber schon im Vorfeld große Angst davor haben, weil Sie befürchten, während des Vortrages ins Stocken zu geraten und zu vergessen, was Sie eigentlich vorhatten zu sagen, dann gehen Sie schon mit einem niedrigen Selbstbewusstsein zu dem Vortag hin. Wenn Sie nun zu sprechen anfangen, wird dies vermutlich recht leise und schüchtern sein und Sie verlieren immer wieder den Faden, wodurch der Vortrag recht holprig wird. Wenn Sie so kommunizieren, schließt das Publikum darauf, dass Sie nur ein geringes Selbstbewusstsein haben. Sie werden dies in der Art, wie die Zuhörer mit Ihnen interagieren, bemerken, und auch Sie selbst registrieren, dass Ihre Kommunikation nicht besonders gut ist, wodurch Ihr Selbstbewusstsein noch weiter sinkt. Dies zeigt, dass es sich bei der Kombination aus Selbstbewusstsein und Kommunikation um einen Teufelskreis handelt, da die Kommunikation umso schlechter ist, je geringer Ihr Selbstbewusstsein ist, und das Selbstbewusstsein umso geringer ist, je schlechter die Kommunikation ist. Daraus lässt sich schließen, dass man die eigene Kommunikation nur dann verbessern kann, wenn man nicht nur an der Kommunikation, sondern auch am eigenen Selbstbewusstsein arbeitet. Darum ist es beim Training sehr wichtig, dass beide Aspekte kombiniert gelernt werden, da man zum Beispiel bei einem Rhetorikkurs zwar beigebracht bekommt, was eine gute Kommunikation ist, jedoch ist ja nicht automatisch bei allen Teilnehmern das nötige Selbstvertrauen vorhanden, um die Tipps auch in die Praxis umzusetzen, das gleiche Problem entsteht, wenn man nur das Selbstbewusstsein trainiert.

Ihr Selbstbewusstsein ist hauptsächlich davon abhängig, wie Sie selbst Ihre Fähigkeiten und Kompetenzen einschätzen. Führen Sie sich also vor Augen, welche Fertigkeiten Sie in besonderer Weise auszeichnen, am besten, indem Sie diese auf ein Blatt Papier niederschreiben. Notieren Sie daneben die Sachen, welche in Ihrem Leben relevant wären, die Sie aber absolut nicht können. Ein Beispiel hierfür ist, dass Sie sehr organisiert sind, aber absolut keinen Erfolg haben, wenn Sie eine strukturierte PowerPoint Präsentation erstellen möchten.

Wichtig ist, dass Sie für beide Seiten nur Eigenschaften aufschreiben, welche Ihnen wirklich dauerhaft leicht oder schwer fallen, und keine Fähigkeiten oder Fehler, welche Ihnen ausnahmsweise mal gelungen beziehungsweise passiert sind. Betrachten Sie nun auf der Liste die Aufzählung Ihrer Fähigkeiten, und verinnerlichen Sie diese. Dadurch werden Sie in Situationen, in denen Sie zum Beispiel eine ähnliche Aufgabe wie die, die Sie auf Ihrer Liste stehen haben und schon häufig erfolgreich gemeistert haben, erhalten, selbstbewusst reagieren. Denn automatisch gehen Sie wie selbstverständlich davon aus, dass Sie die Aufgabe ohne Probleme meistern werden. Auch den Teil der Notizen, in dem Sie aufgelistet haben, was Sie nicht gut können, sollten Sie sich genau anschauen. Denn wenn Sie eine Aufgabe erhalten, die mit einer Ihrer Schwächen auf der Liste übereinstimmt, dann akzeptieren Sie leichter, dass Sie in diesem Bereich nicht so talentiert sind, und bitten jemanden um Unterstützung bei der Erledigung. Gerade darin liegt nämlich das Problem bei vielen Menschen: dass Sie sich einfach nicht trauen, jemanden um Hilfe zu bitten. Dies zeigt, dass Sie im Ganzen selbstsicherer werden, was sich dann auch in Ihrer Kommunikation deutlich zeigt, wenn Sie nun eine Aufgabe bekommen, und diese selbstbewusst akzeptieren, und, wenn nötig, selbstbewusst um Hilfe bitten, da Sie verstanden und akzeptiert haben, dass Sie die Aufgabe nicht oder nur sehr schlecht alleine bewältigen können. Dadurch, dass Sie nun, egal welche Aufgabe Sie bekommen, ein Gefühl der Sicherheit verspüren, da Sie wissen, dass Sie die Aufgabe sicherlich, entweder alleine oder mit Unterstützung, gut meistern werden, erlangen Sie wieder mehr Selbstbewusstsein. Dadurch fällt es Ihnen immer leichter, auch schwierige Aufgaben anzugreifen. Wenn Sie diese nun erfolgreich meistern, dann steigert dies wiederum Ihr Selbstvertrauen, was sich auch wieder in Ihrer Kommunikation spiegeln wird. Haben Sie keine Angst davor, an einer schwierigen Aufgabe zu scheitern. Denn auch ein Misserfolg wird Ihr Selbstbewusstsein nicht schmälern, wenn Sie sich bewusst machen, dass die Aufgabe eigentlich über Ihren Kompetenzen lag. Zusammenfassend lässt sich erkennen, dass es für eine selbstbewusste Kommunikation von sehr großer Wichtigkeit ist, die eigenen Kompetenzen zu kennen und richtig einzuschätzen, um über mehr Sicherheit bei der Erledigung von Aufgaben zu verfügen, das eigene Selbstbewusstsein also gesteigert zu haben.

Um nun dieses gesteigerte Selbstbewusstsein auch nach Außen hin auszustrahlen, müssen Sie es in Ihrer Kommunikation zum Ausdruck bringen. Denn wenn Sie dies nicht können, dann kann es passieren, dass andere Sie immer noch als wenig selbstbewusst wahrnehmen, einfach weil Ihre Kommunikation dies ausdrückt. Sehr wichtig bei der Kommunikation ist die Art und Weise, wie Sie sprechen, also die Rhetorik. Die einfachste Weise, wie Sie in der Kommunikation Ihr Selbstbewusstsein zum Ausdruck bringen können, ist, dass Sie eine positive Sprache verwenden. Wenn Sie nun denken, dass es sich nicht vermeiden lässt, manchmal negativ zu sprechen, dann irren Sie sich.

Beispielsweise kann man ganz einfach das Wort „Problem" aus seinem Vokabular streichen: sprechen Sie von nun an nicht mehr von einem „Problem", sondern stattdessen von einer „Herausforderung". Auch wenn Sie jemandem einen Gefallen getan haben, sollten Sie nun nichtmehr mit „kein Problem" darauf antworten, sondern besser mit „gerne" oder „gern geschehen". Schon mit solch kleinen Veränderungen können Sie erreichen, dass Ihr Gegenüber Sie als selbstsicher wahrnimmt. Ein kleiner positiver Nebeneffekt von der Verwendung von positiver Sprache ist außerdem, dass Sie sich dadurch auch insgesamt in Ihrem Inneren besser fühlen werden, wenn Sie keine negative Sprache mehr verwenden. Des Weiteren sollten Sie darauf achten, den Konjunktiv aus Ihrer Kommunikation zu streichen. Denn durch die Verwendung dieser hypothetischen Sprache nehmen Sie andere Personen automatisch weniger selbstbewusst wahr.

Es ist wichtig, dass Sie sich darüber im Klaren sind, dass, wenn jemand selbstbewusste Sprüche sagt, diese Person nicht automatisch ein hohes Selbstbewusstsein hat. Denn viele Personen verstecken ihre Unsicherheit hinter diesen Sprüchen, die sie selbstbewusst wirken lassen sollen. Besonders bei Jugendlichen lässt sich dieses Phänomen häufig beobachten, doch auch bei Erwachsenen kommt es nicht selten vor. Allerdings sollten Sie darauf verzichten, Ihre Schüchternheit hinter solchen Sprüchen zu verstecken, da Sie dies schnell unglaubwürdig wirken lässt. Darum arbeiten Sie lieber an Ihrem Selbstvertrauen, anstatt sich hinter Sprüchen zu verstecken.

Viele Personen haben in Ihrem Alltag, ganz egal ob im Beruf oder im Privatleben, häufig das Problem, nicht zu wissen, wie Sie in der jeweiligen Situation am besten kommunizieren sollten. Beispiele für derartige Situationen sind, dass es einem oft schwer fällt, Dinge anzusprechen, weil man nicht weiß wann der richtige Moment dafür ist, und wenn man es dann doch geschafft hat, das vielleicht unangenehme Thema zum Gespräch zu bringen, dann weiß man nicht, was für einen Ton man am besten anstimmen sollte, oder man wählt natürlich genau den Falschen, so dass sich der Gegenüber in die Ecke gedrängt fühlt und das Gespräch eine ganz andere Richtung nimmt als wie man gewollt hätte. So drückt man sich vielleicht, anstatt die klaren, geplanten Aussagen zu treffen, viel härter aus als nötig, oder das Gegenteil ist der Fall, und man ist viel zu eingeschüchtert, um das wirklich zur Sprache zu bringen, was einem auf dem Herzen liegt. Viele Personen sind sich unsicher darüber, welche Initiativen sie ergreifen müssen, um ein Gespräch erfolgreich steuern zu können um so gemeinsam mit dem Gegenüber wertvolle Ergebnisse zu erzielen.

Im Grunde ist es überhaupt nicht schwer, selbstbewusst zu kommunizieren, es bedarf nur ein wenig Übung. Wenn Sie die folgenden Tipps beachten, dann kann einer dauerhaften selbstbewussten Kommunikation gar nichts mehr im Wege stehen.

Machen Sie sich nicht klein. Bestimmt haben Sie dieses Phänomen schon des Öfteren beobachten können, oder haben es sogar schon selbst, vielleicht auch unbewusst, angewendet: Wenn man jemanden um Unterstützung oder Hilfe bittet, dann macht man sich kleiner. Man fragt jemanden zum Beispiel, ob dieser einem bei einem kleinen Computerproblem helfen kann, tut dies aber mit einer verkrampften Körpersprache, ein wenig in sich zusammengesunken, mit leiser Stimme und Blick von unten. Diese Taktik verwenden besonders Frauen sehr gerne, wenn sie Männer um Hilfe bitten möchten, da sie so besonders verletzlich und hilfsbedürftig erscheinen und Nähe zwischen sich und ihrem Gegenüber herstellen. Wenn Sie nun allerdings mit Ihrem Chef über eine Gehaltserhöhung sprechen möchten, dann ist diese Dackelblick-Technik wohl nicht die beste Strategie, um das gewünschte Ergebnis zu erzielen. Auch wenn Sie schwierige Gespräche mit Freunden oder Kollegen aufgrund von Konfliktsituationen führen, beispielsweise weil ein Freund Sie ständig im letzten Moment versetzt oder ein Kollege ständig seine Arbeit auf Sie abschiebt, dann sollten Sie hart durchgreifen und das Thema nicht schüchtern, mit Blick von unten, ansprechen. Überzeugen Sie stattdessen mit Ihrer Körpersprache und Ihrer Stimme, sprechen Sie also in kurzen und knappen Sätzen das aus, was Ihnen auf dem Herzen liegt, und achten Sie darauf, dass Ihre Stimme kräftig und klar klingt. Sie sollten Ihr Gesagtes mit ausladenden Gesten sowie einer aufrechten, selbstbewussten Haltung unterstreichen. Wenn Sie auf diese Weise mit Ihrem Gegenüber sprechen, dann können Sie sicher sein, dass er Ihr Gesagtes ernst nimmt und Sie so ziemlich wahrscheinlich das erreichen, was Sie sich von dem Gespräch erhofft haben.

Bleiben Sie authentisch. Es nützt Ihnen nichts, wenn Sie sich komplett anders verhalten, als wie Sie in Wirklichkeit sind, nur weil Sie denken, dass Sie dadurch Ihre Ziele eher erreichen können. Besonders Frauen begehen häufig den Fehler auf Ihrer Arbeit, dass Sie versuchen, so wie Ihre männlichen Kollegen aufzutreten, deren Verhalten also zu kopieren. Dies kann schnell lächerlich oder unauthentisch wirken, und dann erreicht man erst recht nicht mehr das, was man sich vorgenommen hatte. Achten Sie darum darauf, dass Sie sich selbst immer treu bleiben, und anstatt Ihre Energie darauf zu verschwenden, andere Personen zu kopieren, sollten Sie Ihre Energie vielmehr in eine selbstbewusste innere Haltung stecken. Denn diese wird sich nach Außen widerspiegeln.

Fühlen Sie sich wie ein König oder eine Königin. Insbesondere dann, wenn Sie vor einem Gespräch nervös sind, oder sich allgemein unsicher oder nicht wohl in Ihrer Haut fühlen, und sich vor einem Gespräch scheuen, dann kann es helfen, dass Sie dafür sorgen, dass Sie sich wie ein König oder eine Königin fühlen. Richten Sie sich dazu gerade auf, halten Sie den Kopf gerade und fühlen Sie in Ihren Körper hinein, wie stark und gerade er sich anfühlt. Wenn Sie nämlich in Ihrem Inneren eine majestätische Haltung haben, dann führt das dazu, dass auch Ihre

Stimme wie von selbst kräftiger wird. Dadurch wird das, was Sie ausdrücken, prägnanter, wodurch Sie das, was Ihnen auf dem Herzen liegt, klar auf den Punkt ansprechen können, und nicht mehr wie früher nervös drumherum reden.

Geben Sie aber immer darauf acht, nicht zu selbstbewusst zu sein. Wenn Sie ständig mit Ihren Fähigkeiten, Qualitäten oder Errungenschaften angeben, dann wirken Sie für Ihren Gesprächspartner sehr schnell arrogant und verlieren Ihre Glaubwürdigkeit. Sie erreichen damit also das Gegenteil von dem, was Sie eigentlich wollten, da ihr Gegenüber nun sicher nicht mehr von Ihnen beeindruckt sein wird. Finden Sie also immer ein gesundes Mittel zwischen Selbstbewusstsein und Bescheidenheit, um Ihren Gegenüber nicht zu verschrecken und sich dennoch selbst in das bestmögliche Licht zu rücken.

Körpersprache

Ein häufig vergessener, aber dennoch sehr wichtiger Punkt in der Kommunikation ist die Körpersprache. Denn die Verwendung einer guten sprachlichen Kommunikation sowie das Verfügen über ein großes Selbstbewusstsein sind nicht ausreichend dafür, um von anderen Personen wirklich selbstbewusst wahrgenommen zu werden. Denn wenn man dem Gegenüber zum Beispiel mit der falschen Körperhaltung begegnet, hat man schon gleich schlechtere Karten das, was man vorhatte, zu erreichen. Denn egal wie überzeugend Sie sprechen und wie gut Ihre Argumente sind, wenn Sie zusammengekauert vor Ihrem Gegenüber sitzen, werden Sie sicherlich nicht als kompetent eingestuft werden. Dennoch neigen Menschen dazu, die eigene Körperhaltung zu vernachlässigen, und lassen außer Acht, wie viel sie mit einer besseren Körpersprache erreichen könnten. Denn unser Körper ist niemals stumm, und auch wenn wir nicht mit Worten sprechen, reden wir doch stets über unseren Körper. Es ist unmöglich, nicht zu kommunizieren. Zu der nonverbalen Kommunikation zählen Gestik, Mimik, unsere Haltung und wie wir uns bewegen, unsere Kleidung, Berührungen sowie die räumliche Beziehung. Mittels der Körpersprache wird also sehr viel ausgedrückt, und meist braucht es zwischen Menschen überhaupt keine Worte, um herauszufinden, ob der Gegenüber einen sympathisch findet oder nicht. Mit Wörtern kann man leicht lügen, doch unser Körper verrät unsere wirklichen Gefühle und Befindlichkeiten, was für ein Mensch wir sind, und was wir erreichen wollen. Da dies allerdings meist unbewusst geschieht, kann uns unsere Körpersprache leicht einen Strich durch die Rechnung ziehen, wenn wir in bestimmten Situationen nicht wissen, wie wir sie am besten kontrollieren beziehungsweise zum eigenen Nutzen einsetzen können. Und ein Wissen über die Körpersprache zu haben ist enorm wichtig, werden doch beim ersten Eindruck 95 Prozent der Informationen aus dem Aussehen, Haltung, Kleidung, Mimik, Gestik, Stimmlage, Sprechgeschwindigkeit, Dialekt und Betonungen gezogen. Aus diesen Aspekten zieht der Gegenüber seine Beurteilung, dies erfolgt auch zu einem Großteil unbewusst. Die gesprochenen Worte machen beim ersten Eindruck nur um die 5 Prozent aus.

Die Mimik ist ein sehr wichtiger Bestandteil in der Körpersprache. Sie haben bestimmt selbst schon mal die Erfahrung gemacht, dass manche Menschen einem im Gespräch nicht in die Augen blicken können, und stattdessen ständig an einem vorbei oder auf den Boden blicken. Mit großer Wahrscheinlichkeit hat dies ein seltsames Gefühl bei Ihnen hervorgerufen, und Ihr Gegenüber hat einen zweifelhaften Eindruck bei Ihnen hinterlassen. Auch unruhiges Umherblicken erweckt ein komisches Gefühl beim Gesprächspartner. Blicken Sie darum, wenn Sie sich mit einer Person unterhalten, dieser immer in die Augen. Auf diesem Weg strahlen Sie Selbstsicherheit und Gelassenheit aus. Zudem wirken Sie nicht so, als hätten Sie etwas zu verbergen. Auch wird sich Ihr Gegenüber von Ihnen beachtet fühlen, wenn Sie ihm in die Augen blicken und nicht ständig woanders hinschauen, wodurch Sie den Eindruck erwecken, als würde etwas anderes viel mehr Ihre Aufmerksamkeit verdienen als Ihr Gegenüber. Sie signalisieren Gleichgültigkeit und Desinteresse, und das wollen Sie doch sicher nicht. Allerdings ist auch hier eine gesunde Mitte zu finden, denn wenn Sie Ihren Gesprächspartner ununterbrochen anstarren, wird dies leicht als aufdringlich oder sogar als aggressiv empfunden. Blicken Sie darum hin und wieder kurz weg, dann aber wieder zurück in die Augen des Gegenübers. Grundsätzlich gilt aber, dass man mithilfe des Blickkontaktes die Möglichkeit hat, Sicherheit auszustrahlen. Obwohl es sich beim Blickkontakt um ein ganz einfaches Mittel zu einer großen, positiven Einflussnahme auf die Gesprächsführung handelt, wird sein großer Nutzen doch häufig außer Acht gelassen. Wenn Sie nämlich Ihren Gegenüber bestimmt aber freundlich anschauen, dann drücken Sie damit aus, dass Sie ihn im Griff haben, also dass Sie genau wissen, was Sie wollen, und dass es keinen Grund gibt für Sie, sich zu verstecken oder etwas zu verbergen. Ohne einen angemessenen Blickkontakt gestaltet es sich fast als unmöglich, dass Sie Ihrem Gegenüber signalisieren, dass Sie sich sicher fühlen. Sie können eine Übung, den angemessenen Blickkontakt herzustellen und ihn auch zu halten, ganz einfach in Ihren Alltag einbauen: Schauen Sie dazu gezielt, wenn Sie draußen unterwegs sind, zum Beispiel im Zug, auf der Straße oder beim Einkaufen, Ihren Mitmenschen freundlich in die Augen.

Zudem sind Stirnrunzeln und das Zusammenziehen der Augenrauen möglichst zu vermeiden. Geben Sie sich Mühe, dass Ihr Gesicht möglichst frei von Mimik bleibt, welche vom Gegenüber als Kritik wahrgenommen werden könnte. Die optimale Stellung ist die, dass das Kinn ein klein wenig vorgeschoben wird und der Gesichtsausdruck stets möglichst gelassen bleibt, egal, was in Ihrem Inneren vielleicht gerade vorgeht. Hals und Kopf sollten aufrecht und gerade gehalten werden.

Der wohl einfachste, aber dennoch sehr häufig vergessene Aspekt in der Körpersprache ist das Lächeln. Auf diesem Wege erwecken Sie bei Ihrem Gegenüber sofort einen freundlichen Eindruck. Wenn Sie während des Gespräches öfters gezielt Ihren Gesprächspartner anlächeln, dann wird dieser mit einem guten Gefühl aus dem Gespräch gehen und Sie als netten Menschen in Erinnerung behalten. Des Weiteren können Sie auf diese Weise verhindern, dass Ihr Gegenüber Ihr Selbstbewusstsein als Arroganz deutet. Achten Sie aber darauf, dass Sie wirklich nur lächeln, und Ihren Gegenüber nicht ständig angrinsen. Auch ist es wichtig, dass das Lächeln zur Situation passt – bei ernsten Themen sollten Sie es vermeiden, Ihren Gesprächspartner anzulächeln.

In der Regel nimmt man in Gesprächen Gesten zu Hilfe, um das Gesagte zu unterstreichen und es zu betonen. Mithilfe unserer Hände begleiten oder verstärken wir das, was wir sagen.

Auch diese Bewegungen geschehen meist unbewusst. Diese Gesten werden in der Regel vor der Sprache eingesetzt. Achten Sie darauf, dass Sie Gesten nicht nach dem Gesprochen zum Einsatz bringen, da dies leicht einen unbeholfenen Ausdruck erweckt und es scheint, als wären Sie sich unsicher und würden Halt suchen. Beispielsweise wie ein Schiffbrüchiger, der mit den Armen in der Luft herumgreift, um irgendwie Halt vor dem Ertrinken zu finden. Setzen Sie Ihre Gestik also immer gezielt vor dem Gesagten ein.

Gerade bei Vorträgen verzweifeln viele Personen an ihren Händen, denn niemand weiß so recht, was er mit den Händen anfangen soll, weshalb die Darbietungen meist nicht sehr überzeugend sind: häufig sieht es so aus, als versuche der Redner sich irgendwo festzuhalten um nicht umzukippen, er streicht sich durchs Haar oder kratzt sich an der Nase. Auch gefaltete Hände sind nicht unbedingt zu empfehlen, da es leicht den Eindruck erweckt, als würde man beten, dass man den Vortrag bald hinter sich gebracht hat. Am schlimmsten ist es allerdings, die Hände einfach in die Hosentaschen zu stecken, was leicht als Überheblichkeit oder Desinteresse interpretiert werden kann. Um etwas sinnvolles mit Ihren Händen machen zu können, ist es am besten, einen kleinen Zettel mit Notizen mit zum Vortrag zu nehmen – zum einen gibt er Ihnen etwas Sicherheit, zum anderen ist auf diesem Weg schon mal eine Ihrer Hände beschäftigt. Die andere Hand verwenden Sie am besten für Gesten, mit denen Sie das Gesagte begleiten und so besser rüberbringen können. Es ist von enormer Wichtigkeit, stets den Kontakt mit den Zuhörern zu halten, um sie für sich gewinnen zu können. Achten Sie darauf, nicht nur einen Zuhörer ständig anzustarren, sondern wandern Sie mit Ihrem Blick durch den Raum und blicken Sie immer wieder anderen Personen in die Augen.

Sehr wichtig ist auch der erste Eindruck, den Ihr Gegenüber von Ihnen bekommt, da dies die Art und Weise bestimmt, wie Sie Ihr Gesprächspartner in der Folge wahrnehmen und Ihre Handlungen und Aussagen interpretieren wird. Zudem werden häufig andere Eigenschaften, welche nicht mit dem ersten Eindruck übereinstimmen, ganz einfach übersehen. Wenn Sie also nun zum Beispiel bei Ihrem Gegenüber einen unsympathischen ersten Eindruck machen, dann ist es sehr wahrscheinlich, dass dieser, ganz egal wie freundlich Sie im Verlauf des Gesprächs sind, Sie weiterhin als unsympathisch einstufen wird. Um nun einen guten ersten Eindruck zu erwecken, sollten Sie darauf achten, selbstsicher, aber nicht arrogant, aufzutreten. Auch der Händedruck zur Begrüßung ist von großer Bedeutung. Sie haben sicher bereits selbst die Erfahrung gemacht, dass manche Personen einen sehr schwachen, oder vielleicht auch einen sich sehr unangenehm anfühlenden, feuchten Händedruck haben. Oder das Gegenteil, dass Sie während des Händedrucks dachten, Ihnen werden alle Finger gebrochen. Achten Sie darum darauf, dass Ihr Händedruck trocken und kräftig, aber nicht zu kräftig, ist. Das Ziel ist also der gesunde Mittelweg. Zudem sollten Sie einen Raum mit erhobenem Kopf und ohne Zögern betreten, um Ihr Selbstbewusstsein zu demonstrieren. Der Kopf sollte zwar nicht gesenkt sein, es ist aber darauf zu achten, ihn auch nicht zum Himmel zu recken, um nicht als arrogant wahrgenommen zu werden.

Sie können mit einem aufrechten und selbstsicheren Auftreten andere Merkmale, welche Sie vielleicht gerne verstecken würden, überstrahlen. Wenn Sie sich angewöhnen, stets eine ansprechen aussehende aufrechte Körperhaltung zu haben, überstrahlt dieses Merkmal von Ihnen Ihr Gesamtbild, welches andere Menschen von Ihnen wahrnehmen. Eine aufrechte Körperhaltung hat zudem noch einen weiteren positiven Effekt. Denn auch wenn Sie sich in Ihrem Inneren total unruhig, nervös und klein fühlen, durch eine aufrechte Haltung werden in Ihrem Gehirn Cortisol und Testosteron ausgeschüttet. Dadurch werden Sie in der Folge nicht nur selbstbewusst aussehen, sondern sich auch wirklich so fühlen. Die richtige Haltung hat also nicht nur Auswirkungen auf Ihre Wirkung nach außen, sondern auch auf Ihr Gefühlsleben.

Konzentrieren Sie sich bei Gesprächen, welche im Stehen stattfinden, darauf, nicht unruhig mit den Füßen hin und her zu zappeln oder das Gewicht ständig von einem Bein auf das andere zu verlagern. Auch darauf, sich anzulehnen, sollten Sie verzichten. Stehen Sie stattdessen aufrecht da, mit einem geraden Rücken und mit beiden Beinen fest auf dem Boden. Auch unruhiges Rumzupfen an der Kleidung und Spielen mit den Haaren sollten sie möglichst vermeiden. Wenn Sie nur auf der Stuhlkante Platz nehmen, machen Sie einen unsicheren Eindruck. Wenn Sie sich allerdings während des Gesprächs leicht nach vorne beugen, signalisieren Sie, dass Sie Ihrem Gesprächspartner aufmerksam zuhören.

Es ist mit einer gewissen Übung verbunden, nonverbale Signale wirklich zu verinnerlichen. Bestimmte Ausdrücke kann man sich leicht aneignen, aber bei der nonverbalen Kommunikation fällt man sehr leicht wieder in alte Muster zurück, besonders dann, wenn man gestresst oder sehr nervös ist. So fällt man beispielsweise während eines Vorstellungsgesprächs sehr leicht wieder in alte Muster, welche man eigentlich vermeiden wollte, zurück. Um dies zu verhindern, lesen Sie folgende Punkte durch und versuchen Sie, sich diese zu verinnerlichen und sie sich vor einem wichtigen Gespräch nochmal ins Gedächtnis zu rufen.

- Halten Sie Abstand: Es wird im Allgemeinen als sehr unangenehm empfunden, wenn der Gesprächspartner einem sehr nahekommt. Sie sollten als Faustformel bei Bekannten immer mindestens eine Armlänge Abstand halten, bei Fremden lieber das Doppelte. Auch zu vertraute Begrüßungen sollten Sie möglichst vermeiden, wenn Sie nicht genau wissen, wie Ihre Beziehung zu der anderen Person ist.

- Spiegeln Sie Ihren Gegenüber: Mit dieser Technik können Sie eigentlich nichts falsch machen, solange Sie nicht übertreiben und Ihre Spiegelungen zu gekünstelt wirken oder am Ende sogar Ihrem Gesprächspartner auffallen. Passen Sie sich in der Sprachgeschwindigkeit Ihrem Gegenüber an, und wenn er in einem Dialekt spricht, den Sie auch beherrschen, dass sollten Sie auch in diesem Dialekt mit Ihm reden, um ein Gemeinschaftsgefühl zu schaffen.

- Überprüfen Sie Ihre Sitzhaltung. Sie sollten sich immer komplett auf den Stuhl setzen, und nicht nur an der Kante sitzen. Denn dies erweckt keinen souveränen Eindruck bei Ihrem Gegenüber, da Sie ihm dadurch das Gefühl geben, dass Sie eigentlich gar nicht hier sein möchten und bereit sind, jeden Moment zu flüchten. Achten Sie allerdings auch darauf, nicht zu bequem auf dem Stuhl zu sitzen, denn wenn Sie sich übertrieben entspannt nach hinten lehnen signalisieren Sie Desinteresse oder im schlimmsten Fall Überlegenheit.

- Achten Sie auf die richtige Haltung Ihres Kopfes. Verzichten Sie darauf, Ihren Kopf in den Nacken zu legen, und dadurch von oben herab auf Ihren Gesprächspartner zu blicken. Versuchen Sie sich stattdessen am besten an einer dezenten Schräglage Ihres Kopfes, da diese Position Vertrauen und Interesse ausstrahlt.

Das größte Hindernis an einer Perfektionierung der eigenen Körpersprache ist, dass man sich meist der kleinen Fehler, die man macht, gar nicht bewusst ist. Ein effektives Mittel dafür ist es, dass Sie sich einfach mal filmen. Stellen Sie beispielsweise Ihr Handy in Ihrer Wohnung oder Ihrem Büro auf, und machen Sie einen Film davon wie Sie gehen, sitzen, und mit anderen Personen sprechen. Auf diese Weise werden Sie feststellen können, wenn Sie beispielsweise Ihre Schultern zu sehr hängen lassen oder während eines Gesprächs unruhig herumzappeln. Und dann können Sie damit beginnen, effektiv an der Abgewöhnung dieser kleinen Fehler zu arbeiten.

Des Weiteren kann es von großem Nutzen sein, sich gesund zu ernähren und Sport zu treiben. Denn dadurch fühlen Sie sich besser und werden dies auch durch Ihre Körpersprache nach Außen hin zeigen. Vor allem Sport, beispielsweise Krafttraining, hat einen sehr positiven Effekt auf eine aufrechte Körperhaltung. Man hat aber nicht nur eine selbstbewusstere Haltung, sondern man ist auch wirklich selbstbewusster, da man zufriedener mit seinem Körper ist und nicht das Gefühl hat, sich verstecken zu müssen.

Die Kleidung ist immer dem entsprechenden Anlass zu wählen. Machen Sie sich Gedanken darüber, wie Sie auf andere wirken möchten, in Ihrem privaten wie auch in Ihrem beruflichen Bereich. Denn es heißt nicht zu Unrecht: Kleider machen Leute. Vermutlich haben Sie auch selbst schon die Beobachtung gemacht, dass Sie auf der Arbeit, wenn eine neue Person in die Abteilung kommt, die Person je nachdem wie sie gekleidet ist, ganz unterschiedlich beurteilen. Wenn jemand in einem gut sitzenden Anzug mit Krawatte und Aktentasche hereinkommt, erweckt er einen komplett anderen Eindruck als jemand mit Jeans, Polohemd und Rucksack. Natürlich macht es keinen Sinn, zu einem Termin auf der Baustelle in Anzug oder mit Kostüm zu erscheinen, und wird eher den gegenteiligen Effekt als das was eigentlich beabsichtigt war erzielen. Dennoch kann es von großer Hilfe sein, wenn Sie andere Personen genau beobachten und Ihre jeweilige Kleidung betrachten, und sich überlegen, wie Sie die Personen aufgrund ihrer Kleidung wahrnehmen. Dazu gehört genauso der Schmuck den Sie tragen, Make-up, Parfüms und welche Frisur Sie haben. So können Sie herausfinden, wie Sie sich am besten kleiden sollten, um den von Ihnen gewünschten Eindruck bei anderen Personen zu hinterlassen und Ihre Ziele zu erreichen.

Zusammenfassend lässt sich feststellen, worauf es bei der Körpersprache am meisten ankommt:

- Souveränität und Zielstrebigkeit können Sie am besten mit einer deutlichen, festen Stimme zum Ausdruck bringen.
- Dass Sie über Durchsetzungsvermögen verfügen erkennen andere Personen am besten, wenn Sie stets auf eine aufrechte Haltung achten.

- Sie können schneller auf Ihren Gegenüber reagieren, wenn Sie sich eine gute Körperspannung antrainieren.

Menschen-Analyse

Ein Großteil der Menschen denkt von sich selbst, dass sie eine gute Menschenkenntnis besitzen, es ihnen also sehr leichtfällt, andere Personen schon nach kurzer Zeit verlässlich einzuschätzen und zu beurteilen. Jedoch passieren uns bei der Analyse von Menschen häufig unbewusste Wahrnehmungsfehler. Denken Sie doch einfach mal selbst an vergangene Situationen, in denen Sie Menschen neu kennengelernt haben, und vergleichen Sie Ihre anfänglichen Überzeugungen über die Personen damit, wie Sie jetzt von Ihnen denken oder was die Personen in der Zwischenzeit getan haben – haben Sie die Absichten, den Charakter und das Verhalten der Person in der Zukunft richtig beurteilt und interpretiert? Oder sind Ihnen doch einige Fehler unterlaufen? Um dies zuverlässig beurteilen zu können, sollten Sie sich erstmal über das Phänomen des Bestätigungsfehlers bewusst werden. Denn unbewusst bestätigt unser Gehirn immer wieder das erste Urteil, das wir uns über eine Person gebildet haben. Dadurch blendet es Verhalten des Gegenübers, was unserem Urteil widerspricht, ganz einfach aus, so dass wir immer nur die Aspekte wahrnehmen, welche unser anfängliches Urteil bestätigen. Darum sollten Sie nun nochmal ganz genau das Bild, welches Sie von Personen in Ihrem Bekanntenkreis haben, kritisch hinterfragen, damit Ihnen Fehler in der Beurteilung auffallen. Auch in der Zukunft sollten Sie stets an den Bestätigungsfehler denken und das Verhalten einer Person im Ganzen im Blick behalten, und nicht nur die Sachen wahrnehmen, welche Ihr Bild von der Person bestätigen.

Die Fähigkeit, Menschen zutreffend analysieren zu können ist von großem Nutzen, im privaten wie auch im beruflichen Bereich. Denn dadurch kann man Streitigkeiten vermeiden, verhindern, von einer Person hinters Licht geführt zu werden und auch die zwischenmenschliche Beziehung zuverlässig stärken. Zudem wissen Sie besser, wie Sie mit einer Person kommunizieren sollten, um Ihre Ziele zu erreichen, wenn Sie Ihren Gegenüber zutreffend einschätzen können. Eine gute Menschenkenntnis ist allerdings nicht angeboren, sondern entwickelt sich im Laufe der Zeit, was bedeutet, dass man es lernen kann, Menschen zutreffend zu analysieren.

Um in Zukunft Menschen leichter analysieren zu können, sollten Sie zuerst einmal mit sich selbst anfangen und analysieren, wie Sie selbst eigentlich sind. Machen Sie sich also ein Selbstbild, indem Sie alle Kenntnisse, welche Sie über sich selbst besitzen, sammeln. Dazu gehören zum Beispiel die Stärken und Schwächen, die Sie haben. Auch sollten Sie sich überlegen, was Sie für eine Wirkung nach außen hin haben. Dazu können Sie auch gerne Familie, Freunde oder Bekannte um Rat fragen, um am besten verschiedene Meinung zu hören. Überlegen Sie sich dann, wie die Fremdbeurteilung Ihrer Außenwirkung davon abweicht, wie Sie selbst sie eingeschätzt haben und davon, wie es in Ihrem Inneren eigentlich in Wirklichkeit aussieht.

Um das zu bekommen, was Sie möchten, sollten Sie sich angewöhnen, sich in Ihren Gegenüber hineinzuversetzen und auf diesem Wege herauszufinden, wie er gerne von Ihnen behandelt werden würde. Gehen Sie nicht einfach davon aus, dass die anderen auch so behandelt werden wollen wie Sie selbst, denn jede Person ist einzigartig, hat andere Vorlieben und andere Vorstellungen von Gut und Böse oder richtig und falsch.

Indem Sie genau die Körpersignale, Mimik, Gesichtszüge und Stimme Ihres Gegenübers analysieren, können Sie vieles über die Gemütsbewegungen Ihres Gesprächspartners herausfinden. Da der Großteil der zwischenmenschlichen Kommunikation nonverbal abläuft, ist es sehr wichtig, dass Sie die Körpersprache Ihres Gegenübers richtig deuten können. Wenden Sie also die Tipps, welche Sie im Kapitel über die Körpersprache gelernt haben, nicht nur bei sich selbst an, sondern auch dafür, um Ihre Mitmenschen besser analysieren zu können.

Betrachten Sie Ihren Gegenüber sehr genau, denn auch seine Körperhaltung kann Ihnen viele Informationen über die Person und seine Interessen im Gespräch geben. Wenn die Füße Ihres Gesprächspartners in Ihre Richtung zeigen, dann hat die Person wirklich Interesse an dem Gespräch mit Ihnen. Ist allerdings nur der Körper in Ihre Richtung ausgerichtet, und die Füße zeigen in eine andere Richtung, dann kann es sein, dass Ihr Gegenüber sich nicht wohl fühlt in dem Gespräch mit Ihnen oder sich einfach gerade nicht mit Ihnen unterhalten möchte und eigentlich gerne verschwinden würde. Genauso wie Sie die Füße Ihres Gegenübers von nun an immer im Auge behalten sollten, können Sie ja auch mal während eines Gesprächs auf Ihre eigenen Füße blicken, und in welche Richtung sie zeigen. Sie werden feststellen, dass dieser psychologische Effekt auch bei Ihnen auftritt.

Wenn Sie beobachten, dass Ihr Gegenüber seine Hände nicht ruhig halten kann und sich ständig damit durch die Haare fährt oder mit den Haaren spielt, dann lässt dies darauf schließen, dass er nervös ist, also entweder etwas zu verbergen hat oder sich einfach davon unter Druck gesetzt fühlt, mit einer unbekannten Person zu reden. Gehen Sie also nicht gleich vom Schlimmsten aus, dass er versucht Sie hinters Licht zu führen, da es genauso gut sein kann, dass er einfach nur schüchtern ist. Nehmen Sie stattdessen derartige Hinweise als Basis, und analysieren Sie Ihren Gesprächspartner aufmerksam weiter, um an weitere Hinweise zu kommen, welche für das eine oder das andere sprechen, und so am Ende zu einem verlässlichen Gesamtbild zu gelangen.

Sie sollten es sich angewöhnen, sich immer genau mit dem Inhalt des von Ihrem Gesprächspartner Gesagten zu beschäftigen. Ein Beispiel hierfür ist, dass Sie analysieren sollten, ob Ihr Gegenüber vor allem auf der emotionalen Ebene kommuniziert oder doch sehr sachlich argumentiert. Daraus können Sie, in Kombination mit anderen Beobachtungen, die Sie bereits gemacht haben, Rückschlüsse auf die Absichten und den Charakter Ihres Gesprächspartners ziehen.

Versuchen Sie, in Zukunft nicht mehr den Attributionsfehler zu machen. Dieser besagt, dass man die äußeren Umstände nicht beachtet, wenn man eine Person beurteilt. Wenn Sie beispielsweise jemanden neu kennenlernen, Sie sich gerne verabreden würden, Ihr Gegenüber Sie aber auf einen späteren Zeitpunkt vertröstet, dann kann es leicht passieren, dass man die Person als unfreundlich, arrogant, oder als Einzelgänger beurteilt. Außer Acht gelassen wird sehr leicht, dass die Person vielleicht etwas sehr Wichtiges vorhat, was aber zu privat ist, um es als Begründung zu nennen, beispielsweise ein dringender Arztbesuch. Nehmen Sie sich also Zeit, Personen einzuschätzen, und verurteilen Sie sie nicht gleich wegen Situationen, die von Ihnen auch missverstanden worden sein könnten.

Ein gutes Mittel, um Personen nicht falsch einzuschätzen, wenn Sie sie kennenlernen, ist es, ganz genau zuzuhören, was die Person zu sagen hat, und darauf zu achten, sich nichts davon entgehen zu lassen. Machen Sie sich außerdem ein Gesamtbild Ihres Gegenübers, hören Sie also nicht nur auf das Gesagte, sondern achten Sie auch auf die Kleidung sowie die Körpersprache. Versuchen Sie es zu vermeiden, im Vorfeld bereits ein Bild von der Person in Ihrem Kopf zu haben, welches auf Informationen basiert, die Sie von anderen Personen über

Ihren Gegenüber erhalten haben. Sie sollten stets komplett unvoreingenommen neue Personen kennenlernen und sich erst dann ein Bild, basierend auf Informationen, die Sie selbst während des Gesprächs gesammelt haben, machen.

Fazit

Wie Sie nun in diesem Ratgeber erkennen konnten gibt es viele verschiedene Bestandteile, welche alle gemeinsam zu dem großen Ganzen, der Kunst der Kommunikation, zusammengefügt werden müssen. Wenn Sie sich nur einen kleinen Teil der Elemente aneignen, dann werden Sie auf lange Sicht keine großen Erfolge bei Ihrer Kommunikation verzeichnen können. Beschäftigen Sie sich darum mit den verschiedenen Möglichkeiten, wie Sie Menschen für sich gewinnen können, und beherzigen Sie die Tipps. Arbeiten Sie dann, falls nötig, an Ihrem Selbstbewusstsein, um Ihre Kommunikationsfähigkeiten von nun an auch souverän und überzeugend rüberbringen zu können. Vergessen Sie nicht die enorme Wichtigkeit von Ihrer Körpersprache, wenn Sie kommunizieren. Die besten Kommunikationstechniken haben keinen Nutzen, wenn Ihre Körpersprache nicht dazu passt. Sobald Sie Ihre Körpersprache perfektioniert haben, können Sie die Informationen, die Sie zu diesem Thema gelernt haben, auch dazu einsetzen, Ihren Gegenüber zu analysieren, da man durch die Körpersprache eines Menschen vieles über ihn erfahren kann. Die Erkenntnisse, welche Sie aus der Menschen-Analyse ziehen, können Sie verwenden, um in Ihrer Kommunikation perfekt auf den Gegenüber einzugehen und von nun an keine Probleme mehr zu haben, ihn mit Ihren Worten zu überzeugen und für sich zu gewinnen.

Rhetorik

Was sind Kommunikation und Rhetorik?

Wer es beruflich weit bringen möchte, muss sich gut ausdrücken können. Eine gute Kommunikation ist die Eintrittskarte in die höhere Gesellschaft. Doch was hat die Rhetorik damit zu tun?

Das Wort Rhetorik ist aus dem altgriechischen abgeleitet und bedeutet so viel wie Redekunst. Bereits in der Antike wurde die Rhetorik angewendet und beschrieben. Sie wurde damals als Handwerkskunst angesehen. Man war der Meinung, dass jeder sie erlernen kann und es dabei nicht auf Begabung oder Intuition ankommt. Rhetorik wurde in der Antike bereits vor Gericht angewendet. Deswegen wurden die Menschen dieser Zeit als Gerichtsredner bekannt. Auch im alten Rom war die Rhetorik von großer Bedeutung. Damals gab es sogar schon Redelehrer, die andere in der Kunst der Rhetorik unterrichteten. Viele bekannte Philosophen verdienten ihren Lebensunterhalt mit Rhetorikschulen.

Im Mittelalter musste jeder, der ein Studium an einer europäischen Universität machen wollte, die Grundlagen des rhetorischen Unterrichts erlernt haben. Ansonsten war ein Studium nicht möglich.

Bereits in früheren Zeiten schafften es gute Rhetoriker riesige Gruppen von Menschen zu bewegen und sogar in den Krieg zu stürzen.

Mit fortschreitender Zeit gab es immer wieder Gegner der Rhetorik. Goethe bezeichnete sie beispielsweise als „Schule des Verstellens". Dieses schlechte Image der Rhetorik entwickelte sich im 19. Jahrhundert. Im 20. Jahrhundert erholte es sich allerdings wieder. Inzwischen ist die Rhetorik aus unserer Welt gar nicht mehr wegzudenken.

Heutzutage steht sie für ein gesteigertes Selbstbewusstsein, sprachliche Flexibilität und einen sicheren Umgang mit Verhandlungen und Diskussionen.

Menschen, die eine gute Rhetorik haben, können andere gut von ihrer Meinung überzeugen und Reden halten. Sie haben kein Problem damit, vor großen Menschenmengen zu reden und können ihre Zuhörer mitreißen.

Die Rhetorik umfasst daher nicht nur das Reden vor Publikum, sondern zusätzlich das Schreiben einer guten Rede. Dafür wird Kreativität benötigt, um die Botschaft, die man vermitteln möchte, im Text optimal unterzubringen.

Deshalb sind Rhetorik und Kommunikation so wichtig, um beruflich voranzukommen. Im beruflichen Leben müssen wir ständig Menschen überzeugen und unsere Meinung unter die Leute bringen. Nur Personen, die das gut können, haben eine

Chance auf eine gute Karriere. Durch rhetorische Stilmittel kann man Menschen beeinflussen, überzeugen und für sich gewinnen. Gleichzeitig kann man durch gute Kommunikation das eigene Selbstbewusstsein stärken. Bei der Rhetorik geht es um das gesprochene Wort. Mit dem Geschriebenen kann man nicht so viel im Herzen der Menschen erreichen wie mit dem Gesprochenen. Emotionen werden durch die Sprache übertragen. Ein guter Rhetoriker muss zwar gute Texte schreiben können, aber er muss ebenso in der Lage sein, diese Texte emotional an die Menschen weiterzugeben. Dazu gehören die Körpersprache, die Gesten, die Pausen, die Betonungen, die Blicke und die Blickrichtungen. Die höchste Kunst ist es, Menschen, die eine gegenteilige Meinung haben, von der eigenen Ansicht zu überzeugen.

Rhetorik findet Anwendung in der Politik, im Beruf des Lehrers, des Schauspielers, des Comedians und des Musikers. Aber auch in vielen anderen Berufen ist es nötig, Präsentationen zu halten und die Menschen von der eigenen Meinung zu überzeugen.

Neben der beruflichen Weiterentwicklung hat die Rhetorik auch im privaten Bereich seine Vorteile. Man kann sich besser ausdrücken und seine Gefühle äußern. Dies ist in jeder Beziehung hilfreich. Nur die wenigsten Leute werden allerdings als Rhetoriker geboren. Wer bisher seine Probleme damit hatte, sich gut auszudrücken, kann Rhetorik auch erlernen. Ein guter

Redner hat außerdem Vorteile, wenn er eine Trauerrede halten muss oder auf dem Geburtstag oder der Hochzeit eines Familienmitglieds reden soll. Die Rhetorik findet überall Anwendung und hat für jeden Menschen Vorteile.

Methoden der Kommunikation

Kommunikation ist ein sehr umfangreiches Thema. Es gibt verschiedene Methoden, die dabei helfen, sich richtig auszudrücken. Um ein guter Redner zu werden, sollte man sich mit den wichtigsten Methoden auskennen.

Kommunikationsmodelle

Für eine gute Kommunikation muss man nicht nur das Gesagte des Menschen verstehen, sondern auch die versteckten Mitteilungen, die sich durch Gefühle, Mimiken und Gestiken äußern. Dadurch können Missverständnisse verhindert werden. Hier stellen wir vier Kommunikationsmodelle vor, die dabei helfen, den Gesprächspartner besser zu verstehen.

Das Eisbergmodell

Der Eisberg wird gerne genutzt, um Dinge zu verbildlichen. Ebenso eignet er sich auch, um die Kommunikation darzustellen. Entwickelt wurde dieses Modell von Sigmund Freud und Paul Watzlawick. Der Eisberg ist nur zu 20% sichtbar, die anderen 80% liegen unter der Wasseroberfläche und sind somit versteckt. Der sichtbare Teil des Eisbergs steht für die direkte

Kommunikation, mit der Zahlen, Fakten und Informationen übertragen werden. Die anderen 80% der Kommunikation beinhalten Emotionen, Instinkte, Erfahrungen und Traumata. Diese werden durch die Mimik, die Gestik und die Körpersprache übermittelt.

Dieses Bild verdeutlicht, wie wichtig es ist, auf die nonverbale Körpersprache zu achten. Wenn zwei Menschen sich auf dieser Ebene nicht verstehen, kommt es zu Missverständnissen, die im Streit enden können.

Das 4-Ohren-Modell

Bei diesem Modell soll verdeutlicht werden, welche Möglichkeiten der Kommunikation uns Menschen zur Verfügung stehen.

Das Modell wurde von Friedemann Schulz entwickelt. Er beschreibt, dass man ein Gespräch mit vier Ohren wahrnehmen sollte.

Das erste Ohr hört auf die Sachebene. Dabei handelt es sich um Daten und Fakten. Alles, was eine Person direkt ausspricht, wird auf der Sachebene wahrgenommen. Das zweite Ohr nimmt die Selbstoffenbarung des Gesprächspartners wahr. Es ist nicht allen Menschen bewusst, aber mit jedem Satz, den wir aussprechen, offenbaren wir etwas über uns selbst. Wir können in unseren Gesprächspartner hineinblicken, wenn wir darauf achten.

Mit dem dritten Ohr nehmen wir die Beziehungsebene wahr. Dabei geht es um die Beziehung zwischen den Gesprächspartnern. In jeder Unterhaltung kann man heraushören, wie es um die Beziehung zweier Menschen steht. Ob man sich wertschätzt, Respekt voreinander hat, eine distanzierte Beziehung führt oder sich nicht gut leiden kann, ist durch die Mimik und die Gestik zu erkennen.

Das vierte Ohr nimmt den Appel der Aussage wahr. Mit jedem Satz soll etwas bei dem Gesprächspartner bewirkt werden. Dieser nicht ausgesprochene Appel wird mit dem vierten Ohr wahrgenommen und ist sehr wichtig, um den Gesprächspartner richtig zu verstehen.

Wenn sich zwei Menschen mit allen vier Ohren gut verständigen können und auf einer Ebene sind, können sie gute Gespräche führen und eine enge Bindung zueinander aufbauen.

Die Transaktionsanalyse

Bei diesem Modell wird das Verhalten eines Menschen analysiert. Der Entwickler Eric Berne unterteilt einen Menschen in drei verschiedene Ich-Zustände. Dabei handelt es sich um das Eltern-Ich, das Erwachsenen-Ich und das Kind-Ich.

Das Eltern-Ich steckt in jedem Menschen und nicht nur in denen, die Kinder haben. Es bezeichnet die Verhaltensweisen, wenn man den Gesprächspartner korrigiert, zurechtweist und umsorgt. Das Erwachsenen-Ich zeigt sich in respektvoller, sachlicher und durchdachter Kommunikation. Im Gegensatz dazu steht das Kind-Ich. Dieses tritt durch alberne, verspielte und trotzige Verhaltensweisen auf.

Manchmal treten auch verschiedene Zustände in einer Unterhaltung auf. Welcher Zustand sich zeigt, ist stark von der Beziehung des Gesprächspartners abhängig. Bei neuen Bekanntschaften tritt in der Regel nur das Erwachsenen-Ich in den Vordergrund. Erst wenn die Beziehung enger ist, kommt das Kind-Ich öfter hervor. Das Eltern-Ich zeigt sich ebenfalls meistens in engeren Beziehungen.

Eine gute Kommunikation entsteht dann, wenn zwei gleiche Zustände aufeinandertreffen. Streitgespräche treten eher dann auf, wenn die Gesprächspartner sich in zwei verschiedenen Zuständen befinden.

Um die eigene Kommunikation zu verbessern, sollte man sich immer selbst hinterfragen und herausfinden, auf welcher Ebene man selbst kommuniziert. Außerdem muss man feststellen können, in welchem Zustand sich der Gesprächspartner befindet. Wenn man es schafft, sich dem Zustand des Gesprächspartners anzupassen, ist dies ein guter Grundstein für eine erfolgreiche Kommunikation.

Das Sender-Empfänger-Modell

Dieses Modell wurde von zwei Mathematikern aufgestellt, die die telefonische Kommunikation verbessern wollten. Dabei wird die These aufgestellt, dass es einen Sender und einen Empfänger gibt. Der Sender sendet eine kodierte Botschaft aus. Damit ist gemeint, dass die Gedanken eines Menschen in Worte und Körpersprache verpackt werden. Der Empfänger muss diese Botschaft entschlüsseln, damit eine gute Kommunikation stattfinden kann. Dabei ist es hilfreich, wenn der Empfänger ein Feedback zurücksendet. Dadurch weiß der Sender, dass seine Botschaft richtig angekommen ist.

Durch dieses Modell wird deutlich, dass die Kommunikation nicht so einfach ist, wie oft gedacht. Gedanken werden nie genau in Worte gefasst, sondern umformuliert. Dass die Worte eines Menschen vom Gesprächspartner verstanden wurden, muss nicht heißen, dass die Gedanken und Gefühle dahinter verstanden wurden.

Arten der Kommunikation

Die Kommunikation zwischen Menschen spielt sich nicht nur mit Worten ab. Es steckt noch einiges mehr dahinter. Jedes Wort, das ausgesprochen wird, wird von Emotionen und der Körpersprache begleitet. Für eine gute Kommunikation muss auf diese Dinge geachtet werden.

Aktives Zuhören

Hierbei handelt es sich um eine Methode für die Kommunikation, die alle Menschen kennen, allerdings nur die Wenigsten beherrschen. Sie wird gerne vernachlässigt. Doch das aktive Zuhören ist sehr wichtig, um dem Gesprächspartner zu zeigen, dass man Interesse an ihm und seiner Meinung hat.

Aktives Zuhören bedeutet nicht, nur nicken und darauf warten, dass man selbst wieder reden kann. Es bedeutet, dass man versteht, was der Partner einem inhaltlich mitteilen möchte. Dafür muss man mit allen Sinnen auf den Gesprächspartner konzentriert sein und seine Worte inhaltlich wiedergeben können, ohne sie zu bewerten oder zu verurteilen.

Das Geben von guten Ratschlägen, das Kritisieren, die ironische Wiedergabe oder das Bagatellisieren gehören nicht zum aktiven Zuhören.

Wenn der Gesprächspartner merkt, dass man ihm zuhört und sich für seine Meinung interessiert, wird er sich öffnen. Daraus können eine gute Unterhaltung und eine enge Bindung entstehen. Beides ist für private, aber auch für berufliche Unterhaltungen wichtig.

Durch das Wiederholen der Aussagen vom Gesprächspartner macht man deutlich, dass man ihm zugehört und ihn verstanden hat. Dabei gibt es zwei Möglichkeiten. Beim Paraphrasieren, der ersten Möglichkeit, wiederholt man den Inhalt des Gesagten, um klarzustellen, ob man ihn richtig verstanden hat. Die zweite Möglichkeit ist die Verbalisierung. Dabei wird der Gefühlsanteil der Aussagen wiederholt. Hinter jedem Satz steckt ein Gefühl. Bei der Verbalisierung sucht man genau diese Gefühlslage des Gesprächspartners und gibt sie ihm wieder.

Die Sprache der Sinne

Um zu einem Menschen eine Bindung aufzubauen, muss man auf einer Wellenlänge sein. Menschen haben unterschiedliche Arten zu kommunizieren und die Welt wahrzunehmen. Einige konzentrieren sich sehr auf das, was sie sehen, andere mehr auf das, was sie hören und wieder andere hauptsächlich auf das, was sie spüren. Man unterteilt sie in visuell orientierte, auditive und kinästhetische Menschen.

Visuell orientierte Menschen nutzen eher eine bildhafte Sprache. Sie beschreiben, was sie gesehen haben. Dafür nutzen sie Wörter wie sehen, zeigen, erkennen, Licht, Vorstellung, sichtbar und blendende Idee.

Auditive Menschen beschreiben wiederum meistens das, was sie hören und konzentrieren ihre gesamte Sprache darauf. Sie benutzen Wörter wie zuhören, donnernd, ausdrücken, nie davon gehört und vorschlagen.

Kinästhetische Menschen werden sehr von ihren Gefühlen geleitet. Dadurch nutzen sie auch in ihrer Sprache viele Wörter, mit denen sie ihre Gefühle und Handlungen zum Ausdruck bringen können. Dazu gehören Wörter wie fühlen, reichen, Bewegung, durchhalten, Schock, durchführen und greifen.

Nicht alle Wörter können diesen Systemen zugeordnet werden und nicht immer kann man die Menschen eindeutig einordnen. Um zu erkennen, auf welchen Sinn sich ein Mensch konzentriert, muss man ihm genau zuhören und sich konzentrieren.

Wenn man es geschafft hat, eine Person eindeutig zu identifizieren, kann man sich auf dessen Ebene begeben. Ein auditiver Mensch fühlt sich verbundener zu jemandem, der ebenfalls eine auditive Sprache nutzt. Dies nimmt niemand bewusst wahr, aber auf der unterbewussten Ebene macht es einen großen Unterschied.

Körpersprache

Die Körpersprache des Menschen ist sehr wichtig. Sie ist immer aktiv. Selbst wenn ein Mensch nicht spricht, verrät seine Körpersprache eine Menge über ihn. Durch Kleinigkeiten, wie eine hochgezogene Augenbraue, verschränkte Arme oder ein Rümpfen der Nase, verrät ein Mensch seine Gefühle und Meinungen. Es lohnt sich daher, besonderen Augenmerk auf die Körpersprache zu legen.

Besonders in Vorstellungsgesprächen oder beim Kontakt mit Kunden ist eine gute Körpersprache sehr wichtig. Man möchte Selbstbewusstsein ausstrahlen und dies gelingt hauptsächlich durch die Körpersprache.

Es gibt einige wichtige Dinge, die eine erfolgreiche Körpersprache ausmachen. Ein ehrliches und entspanntes Lächeln ist dafür sehr wichtig, da dadurch eine offene, freundliche und entspannte Haltung ausgestrahlt wird. Außerdem ist eine aufrechte Haltung entscheidend. Egal, ob im Sitzen oder im Stehen, ein gekrümmter Rücken deutet an, dass man sich kleinmacht, unsicher ist und sich am liebsten verstecken möchte. Deshalb sollte man aufrecht sitzen oder stehen.

Das Händefalten ist besonders bei Politikern eine beliebte Geste. Auch in einem Vorstellungs oder Arbeitsgespräch und auch im Kontakt mit Kunden ist dies eine Geste, die man nutzen kann, um aufmerksamer und seriöser zu wirken. Es gibt allerdings auch den falschen Zeitpunkt oder falsche Gesprächspartner dafür. Besonders bei aufgeregten Menschen ist das Händefalten eher nicht angebracht. Deshalb sollte immer darauf geachtet werden, dass sich diese Geste natürlich anfühlt.

Ein wichtiger Teil der Körpersprache ist der Blickkontakt. Dieser sollte in jedem Gespräch angewendet und gleichzeitig nicht übertrieben werden. Ein zu ausgeprägter Blickkontakt wirkt schnell unnatürlich und unheimlich und schreckt den Gesprächspartner ab. Kein Blickkontakt deutet wiederum darauf hin, dass ein Mensch unsicher ist oder kein Interesse an dem Gespräch hat. Ein gutes Mittelmaß ist hier sehr wichtig.

Der Höhenunterschied zwischen zwei Menschen hat einen einschüchternden Effekt auf den niedrigeren Gesprächspartner. Manchmal ist dies gewünscht, in anderen Situationen verhindert es eine gute und entspannte Kommunikation. Wer auf seinen Gesprächspartner sympathisch wirken möchte, sollte sich lieber auf ein Höhenniveau begeben.

Besonders wichtig sind ruhige Bewegungen. Eine nervöse Stimmung äußert sich meistens in einer hektischen Körpersprache. Damit macht man auch den Gesprächspartner nervös und sorgt für ein unruhiges Gespräch. Deshalb sollte man trotz nervöser Stimmung auf eine ruhige Körpersprache achten. Ein positiver Nebeneffekt ist, dass entspannte Bewegungen auch eine beruhigende Wirkung auf den Geist haben und man selbst nicht mehr ganz so nervös ist.

Die Körpersprache verrät außerdem, ob man seinem Gesprächspartner zuhört. Wenn man abgelenkt ist, ist es kaum möglich, so zu tun, als wäre man aufmerksam. Deshalb sollte man seinem Gesprächspartner unbedingt die volle Aufmerksamkeit schenken. Die Körpersprache wird dies automatisch signalisieren.

Trotz all der Aufmerksamkeit und Freundlichkeit sollte unbedingt ein angemessener Abstand vom Gesprächspartner gehalten werden. Jeder Mensch hat eine Zone, in der er sich keine fremden Menschen wünscht. Man nimmt den Gesprächspartner automatisch als unsympathisch wahr, wenn dieser den eigenen Privatbereich nicht respektiert.

Methoden, um die Kommunikation zu verbessern

Kommunikation ist nicht so einfach, wie es auf den ersten Blick erscheint. Viele Faktoren müssen dabei beachtet werden. Deshalb kommt es oft vor, dass die Kommunikation gestört ist. Besonders problematisch ist dies bei Geschäftsbeziehungen. Um Gespräche zu verbessern, sollten die Kommunikationsmodelle und die Arten der Kommunikation beachtet werden. Wer die Kommunikation innerhalb eines Unternehmens verbessern möchte, findet dafür hier einige Methoden.

Appreciative Inquiry

Die erste Methode, die vorgestellt wird, wurde im Jahr 1987 entwickelt und heißt Appreciative Inquiry. Dabei geht es darum, sich auf die positiven Aspekte in einem Team zu konzentrieren. Mit gezielten Fragen soll eine Gruppe oder ein einzelner Mensch seine größten Potentiale erkennen.

Wer etwas Positives bewirken möchte, muss sich auf die positiven Dinge konzentrieren. Es geht darum, Stärken, erfüllte Ziele oder positive Erwartungen zu erkennen.

Diese Methode lässt sich überall anwenden, wo positive Veränderungen gewünscht sind. Bei der Entwicklung eines Unternehmens, der Verbesserungen der Kommunikation in einem Team oder in der Kommunikation mit Kunden kann diese Methode gute Ergebnisse hervorbringen. Jeder ist motivierter etwas zu verändern, wenn er zuerst seine positiven Eigenschaften aufgezählt bekommt.

Eine Vorgehensweise kann beispielsweise so aussehen:

1. Positive Eigenschaften und erreichte Ziele werden durch gezielte Fragen aufgelistet.
2. Die positiven Erwartungen für die Zukunft werden festgelegt.
3. Realistische Ziele werden entwickelt.
4. Die gesetzten Ziele werden in die Tat umgesetzt.

Barcamp

Damit das Unternehmen sich weiterentwickeln kann, müssen die Mitarbeiter miteinbezogen werden. Nur wenn sie sich beteiligt fühlen, leisten sie gute Arbeit. Dafür gibt es Barcamps. Dies sind keine Konferenzen, bei denen nur eine Person spricht und die anderen zuhören. Bei Barcamps sollen alle Beteiligten aktiv werden. Es geht um einen bewussten Austausch und nicht um eine sture Vorstellung. Dadurch können sich die Teilnehmer vernetzen und weiterentwickeln. In der Regel handelt es sich bei Barcamps um Veranstaltungen, die über mehrere Tage gehen. Alle Teilnehmer werden dazu aufgerufen, eine Arbeitssitzung zu leiten. Dies kann eine Diskussion, ein Workshop oder ein Vortrag sein.

Zu jedem Thema kann ein Barcamp stattfinden. Es kann sich um ein offenes Barcamp handeln, zu dem sich jeder freiwillig anmelden kann und das nicht von einem bestimmten Unternehmen eingeleitet wurde.

Ein Barcamp kann allerdings auch von einem bestimmten Unternehmen abgehalten werden. Da geht es in der Regel darum, die Kommunikation zu verbessern und das Unternehmen weiterzuentwickeln.

Ein Barcamp läuft meistens so ab:

1. Im ersten Schritt werden die Teilnehmer begrüßt und die Organisatoren stellen sich vor. Dafür gibt es einen Moderator, der die Teilnehmer durch die Veranstaltung führt.
2. Anschließend erhält jeder Teilnehmer die Chance sich mit seinem Namen und einigen Stichworten vorzustellen.
3. Nun müssen die einzelnen Arbeitssitzungen festgelegt werden. Dafür notiert jeder Teilnehmer einen Themenvorschlag. Danach folgt eine Abstimmung, für welches Thema sich die Mehrheit interessiert.

4. Die Arbeitssitzungen werden abgehalten. Sie finden in verschiedenen Räumen statt und in der Regel wird für eine Sitzung eine Stunde eingeplant.
5. Nach den Arbeitssitzungen treffen sich alle Teilnehmer wieder, um Erfahrungen und Eindrücke auszutauschen. Bei der Gelegenheit können sie außerdem Feedback zur Veranstaltung geben.
6. Selbstverständlich sollte das Catering nicht vergessen werden. Die Teilnehmer müssen schließlich versorgt werden.
7. Am Ende können sich die Teilnehmer über die sozialen Netzwerke miteinander verbinden. Es kann auch ein gemeinsamer Hashtag benutzt werden, in dem die Fotos des Tages mit allen geteilt werden können.

Fishbowl

Diese Methode der Kommunikation zielt auf die Sitzordnung ab. Hierbei geht es darum, dass sich die Teilnehmer in einen Kreis, ähnlich einem Fischglas, setzen. Dadurch kann die Gruppe besser diskutieren.

Zur Erweiterung der Methode kann man den Kreis in zwei Hälften aufteilen. Die eine Hälfte ist dem Thema positiv und die andere negativ gestimmt. In der Mitte nehmen jeweils ein oder zwei Stellvertreter Platz. Die Stellvertreter können ihre Meinung kundtun und von anderen Mitgliedern ihrer Gruppe jederzeit abgelöst werden.

Kugellager

Auch diese Methode bezieht sich auf die Sitzordnung der Teilnehmer. Sie ist besonders gut geeignet für Gruppen, denen das Diskutieren schwerfällt.

Jeder kann seine Meinung dazugeben und es entwickeln sich viele verschiedene Meinungen und Standpunkte. Bei dieser Methode werden zwei Kreise gebildet. Ein innerer und ein äußerer. Am Ende soll jeder Teilnehmer einen Partner haben, der ihm gegenübersitzt. Deshalb wird dafür eine gerade Anzahl von Teilnehmern benötigt.

Es wird ein Diskussionsthema vorgegeben, über das die Partner sich dann unterhalten. Nach einer gewissen Zeit rutschen die Teilnehmer des inneren Kreises zwei Plätze weiter und diskutieren mit einem anderen Partner weiter. Dadurch ergeben sich viele verschiedene Standpunkte.

Groupware Systeme

Besonders in großen Unternehmen tritt oft das Problem fehlender Kommunikation auf. Der eine weiß nichts von wichtigen Terminen, die der andere vereinbart hat, bestimmte Aufgaben gehen unter oder Deadlines werden nicht an alle Mitarbeiter weitergegeben. Dies hängt damit zusammen, dass die

Mitarbeiter nicht im selben Raum, manchmal sogar nicht einmal im selben Gebäude oder derselben Stadt sitzen.

Um das zu verhindern, kann es sich lohnen, Groupware Systeme zu nutzen. Das sind IT-Systeme, die von einem ganzen Unternehmen genutzt werden können. Sie haben eine einheitliche Benutzeroberfläche und jeder Mitarbeiter, der einen Zugang erhält, kann darauf zugreifen. Dazu können gemeinsame E-Mail-Systeme, Terminkalender oder Aufgabenverwaltungen zählen.

Durch diese Systeme können die Kommunikation und die Zusammenarbeit in einem Unternehmen deutlich verbessert werden.

Kommunikationen am Beispiel von Personen

Die Theorie ist oft schwierig zu verstehen, wenn es dazu keine Beispiele gibt. Deshalb folgen nun einige Gesprächsbeispiele, in denen die Kommunikationsmethoden angewandt werden.

Das Eisbergmodell

Mit einem einfachen Satz können sehr viele Gefühle ausgedrückt werden.

Marie sagt: „Ich habe Hunger."

Ist ihr Tonfall dabei auffordernd, möchte sie, dass ihr Gesprächspartner etwas zu essen macht. Bei einem leidenden Tonfall könnte es sein, dass sie von ihrem Gesprächspartner Mitgefühl erwartet oder möchte, dass er sagt, dass es ihm ebenso geht.

Außerdem kann die Körpersprache eine Menge verraten. Verschränkte Arme könnten wieder als Aufforderung an den Gesprächspartner gelten, etwas zu essen zu machen. Ein nervöses Fummeln in den Haaren könnte bedeuten, dass die Person sich unwohl dabei fühlt, etwas über sich selbst preiszugeben.

Jeder Satz, den eine Person ausspricht, kann analysiert werden und liefert sehr viele Informationen.

Das 4-Ohren-Modell

Laut diesem Modell beinhaltet jeder Satz mehrere Aussagen.

Phillip fragt Tanja: „Ist noch Kaffee da?"

Dieser Satz kann mit verschiedenen Ohren gehört werden:

Sachverhalt: Ist noch Kaffee da?

Selbstoffenbarung: Phillip möchte Kaffee haben und weiß nicht, ob noch welcher da ist.

Beziehung: Phillip glaubt, dass Tanja weiß, ob es noch Kaffee gibt.

Appell: Phillip möchte von Tanja wissen, ob es noch Kaffee gibt.

Tanja könnte diesen Satz allerdings auch vollkommen falsch verstehen:

Sachverhalt: Ist noch Kaffee da?

Selbstoffenbarung: Phillip möchte Kaffee haben und weiß nicht, ob noch welcher da ist.

Beziehung: Phillip ist zu faul, um selbst nachzugucken und möchte stattdessen, dass Tanja ihm dies abnimmt.

Appell: Phillip möchte, dass Tanja neuen Kaffee kocht.

Dieses Missverständnis könnte zu einem Streit führen, weil Tanja sich von Phillip ausgenutzt fühlt. Deshalb ist es so wichtig, dass jeder Satz mit allen vier Ohren richtig gedeutet wird. Wenn dies nicht gelingt, kann keine gute Kommunikation stattfinden.

Laura sagt zu Marc: „Ich liebe dich!"

Sie meint damit Folgendes:

Sachverhalt: Ich liebe dich!

Selbstoffenbarung: Laura ist unsicher und wünscht sich ein liebevolles Gespräch, um ihr Selbstvertrauen aufzubauen.

Beziehung: Laura liebt Marc und möchte es ihm mitteilen.

Appell: Laura wünscht sich, dass Marc ihr mit denselben Worten antwortet.

Marc könnte diese Aussage allerdings auch falsch verstehen:

Sachverhalt: Ich liebe dich!

Selbstoffenbarung: Laura möchte die Kontrolle über die Beziehung haben.

Beziehung: Laura liebt Marc und möchte, dass er sie ebenfalls liebt.

Appell: Laura setzt Marc unter Druck, damit er zu ihr „Ich liebe dich" sagt.

Laura ist ein eher unsicherer Mensch und wünscht sich viel Liebe, während Marc vermutlich eine Bindungsangst hat oder sich zumindest unwohl damit fühlt, seine Gefühle auszudrücken. Dadurch nehmen beide diese Aussage so unterschiedlich wahr. Dies kann schnell zu Konflikten führen.

Die Transaktionsanalyse

Hierbei kann es ebenfalls schnell zu Missverständnissen kommen.

Kommunikation zwischen einem Erwachsenen-Ich und einem Erwachsenen-Ich:

Maria: „Wie spät ist es?"

Sara: „Es ist 12:00."

Maria: „Sehr schön. Dann kommen wir pünktlich."

Sara: „Genau. Gut, dass wir immer einen Zeitpuffer einplanen."

Die beiden Frauen unterhalten sich sachlich und durchdacht. Sie befinden sich auf einer Ebene und haben dadurch eine angenehme Unterhaltung.

Kommunikation zwischen einem Erwachsenen-Ich und einem Kind-Ich:

Sebastian: „Bis wann erledigst du das?"

Karl: „Das wirst du schon sehen."

Sebastian: „Weißt du denn, was du genau machen musst?"

Karl: „So ungefähr."

Sebastian: „Ich kann es dir nochmal erklären." Karl: „Vielleicht später."

Bei diesem Beispiel sind die Gesprächspartner absolut nicht auf einer Wellenlänge. Sebastian geht sachlich an die Situation heran und möchte eine bestimmte Aufgabe schnell und gut erledigt haben. Für Karl ist die Aufgabe allerdings scheinbar nicht so wichtig. Er weiß nicht genau, was er machen soll und es ist ihm auch egal, ob er sie richtig ausführt. Er redet in der Situation mit seinem Kind-Ich.

Kommunikation zwischen einem Eltern-Ich und einem Kind-Ich:

Anna: „Ich kann das nicht."

Miriam: „Keine Sorge. Ich bin sicher, du schaffst das. Ich helfe dir."

Hier treffen ebenfalls zwei verschiedene Zustände aufeinander. In diesem Fall verstehen sich die beiden allerdings. Anna redet mit ihrem Kind-Ich und sucht nach Hilfe. Miriam springt dadurch automatisch in ihr Elter-Ich und gibt Anna die Unterstützung, die sie braucht.

Das Sender-Empfänger-Modell

Hierbei geht es darum, dass die Gedanken eines Menschen oft verschlüsselt wiedergegeben und vom Empfänger verstanden werden müssen.

Sophie: „Du bist 37 Jahre alt?"

Sophie zieht ungläubig die Augenbrauen hoch, fährt sich unsicher durch die Haare und sieht Silvia bewundernd an. Diese Verhaltensweisen sagen aus, dass sie gedacht hätte, Silvia wäre jünger. Der bewundernde Blick und das unsichere Verhalten zeigen, dass sie sich selbst dadurch sofort minderwertig fühlt.

Anders würde es aussehen, wenn Sophie bei demselben Satz anders reagieren würde. Wenn sie zum Beispiel die Arme verschränkt, den Kopf leicht schief legt und die Augenbrauen zusammenzieht, sind dies Verhaltensweisen, die andeuten, dass Sophie sich von Silvia verarscht fühlt. Sie denkt, dass Silvia in Wirklichkeit älter ist und sich jünger schummelt.

Zur Entschlüsselung der ausgesendeten Botschaft müssen daher immer alle Verhaltensweisen angesehen und beurteilt werden. Nur wenn jeder Satz vom Empfänger richtig entschlüsselt wird, kann eine erfolgreiche Kommunikation stattfinden.

Aktives Zuhören

Das aktive Zuhören ist ein besonders wichtiger Teil der Kommunikation. Es gibt ein paar Phrasen, die man verwenden kann, um dem Gesprächspartner deutlich zu machen, dass man ihm zugehört hat.

Paraphrasierung:

Corinna: „Ich bin Vegetarierin, weil der übermäßige Fleischkonsum schlecht für die Umwelt ist und Tierleid fördert."

Max: „Wenn ich dich richtig verstanden habe, möchtest du, dass Tiere besser behandelt und die Umweltschäden ernst genommen werden?"

Corinna: „Ganz genau."

Bei diesem Beispiel macht Max Corinna deutlich, dass er ihre Worte verstanden hat, ohne sie zu bewerten. Darauf können beide ein gutes Gespräch aufbauen.

Verbalisierung:

Corinna: „Ich bin Vegetarierin, weil der übermäßige Fleischkonsum schlecht für die Umwelt ist und Tierleid fördert."

Max: „Du scheinst sehr traurig darüber zu sein, dass die Tiere und die Umwelt von den meisten Menschen so schlecht behandelt werden."

Corinna: „Ja, das bin ich wirklich. Ich wünschte, die Menschen würden sich mehr Gedanken darüber machen."

Hierbei hat Max die Gefühle herausgehört, die in Corinnas Satz zwischen den Zeilen versteckt waren. Indem er sie wiedergibt, fühlt Corinna sich verstanden und empfindet eine stärkere Bindung zu Max.

Die Sprache der Sinne

Visuell orientierte Menschen beschreiben meistens das, was sie sehen.

Sandra: „Haben Sie sich schon eine gute **Übersicht** verschafft?"

Klara: „Können Sie mir noch ein anderes Angebot **zeigen**?"

Sandra: „Aber selbstverständlich. **Sehen** Sie sich dieses hier an."

Klara: „Vielen Dank. Ich sehe schon etwas **klarer**, aber ich tappe mit meiner Entscheidung immer noch **im Dunkeln**."

Bei dieser Unterhaltung sind beide Gesprächspartner auf einer Ebene. Unterbewusst verstehen sie sich automatisch besser, weil sie die Verbindung spüren.

Anders sieht es aus, wenn ein auditiver und ein kinästhetischer Mensch aufeinandertreffen.

Linda: „Erzähle mir mehr. Ich habe schon einiges darüber **gehört**."

Volker: „Der Film war **spannend. Mir lief es kalt den Rücken herunter.**"

Linda: „Das **klingt** sehr gut. Wenn ich selbst endlich drin war, kann ich auch mitreden."

Volker: „Bei der einen Szene wirst du einen **Schock** bekommen. Ich bin sehr gespannt, wie sie dir gefallen wird."

Während Linda ein auditiver Mensch ist, spricht Volker eher mit kinästhetischen Worten. Daraus muss natürlich kein Streit entstehen, allerdings spüren zwei Menschen, die sich auf unterschiedlichen Ebenen bewegen, eine weniger enge Verbindung zueinander.

Rhetorische Stilmittel

Rhetorische Stilmittel sind ein großer Teil unserer Sprache. Alle benutzen sie, aber es ist nicht jedem bewusst. Menschen, die rhetorische Stilmittel bewusst einsetzen können, sind besonders gute Redner und können andere von ihrer Meinung überzeugen.

Fast alle rhetorischen Stilmittel stammen aus der Antike. Die meisten Bezeichnungen sind an lateinische oder griechische Wörter angelehnt. Einige kommen aus dem Französischen. Manche sind sogar im Deutschen bekannt. Nicht alle Stilmittel können in jeder Sprache angewendet werden.

Durch Veranschaulichung, Betonung oder besondere Einprägsamkeit sind rhetorische Stilmittel sprachliche Ausdrucksmittel, mit denen einzelne Teile eines Textes hervorgehoben werden. Dadurch können Gefühle transportiert und eine Rede anschaulicher gestaltet werden. Dies macht die Texte unterhaltsamer und sorgt dafür, dass sie sich in den Köpfen der Zuhörer festsetzen. Deshalb werden sie auch besonders häufig in der Werbung angewendet. Aber auch in der Literatur, in der Politik, in der Schule und im Alltag sind sie sehr beliebt.

- **Akkumulation:** Dies ist die Bezeichnung für eine Anhäufung von mehreren Worten, die unter einem Oberbegriff zusammengefasst werden könnten. Ein Beispiel hierfür: Wald, Blumen, Wiesen und Heiden.

- **Allegorie:** Die Allegorie ähnelt dem Symbol. Während ein Symbol für etwas steht, ist die Allegorie das Etwas. Dazu zählt zum Beispiel Amor – Liebe.

- **Alliteration:** Dabei beginnen mindestens zwei Worte, die hintereinanderstehen mit demselben Anfangsbuchstaben. Dies sorgt für eine gute Einprägsamkeit bei den Zuhörern. Beispiele hierfür sind Sieben Siegel oder Veni, vidi, vici.

- **Allusion:** Dies ist eine Anspielung auf Etwas, das als allgemein bekannt gilt. Dazu zählt zum Beispiel: Da steh ich nun wie Hannibal vor deiner Tür" als Anspielung auf die lateinische Redewendung "Hannibal ante portas.

- **Anapher:** Hier beginnen zwei Sätze mit demselben Wort oder demselben Satzteil. Ein Beispiel hierfür ist: „Kann es sein, dass der Apfelsaft leer ist? Kann es sein, dass du ihn getrunken hast?"

- **Chiasmus:** Damit ist eine symmetrische Überkreuzung von Satzgliedern gemeint. Das kann zum Beispiel so aussehen: Der Einsatz war groß, klein war der Gewinn.

- **Correctio:** Bei diesem Stilmittel wird ein schwacher Ausdruck zurückgenommen und durch einen deutlich stärkeren ersetzt. Ein Beispiel hierfür: Um unsere Umwelt steht es schlecht, nein, geradezu miserabel.

- **Ellipse:** So wird es bezeichnet, wenn ein Satzteil ausgelassen wird. Dazu zählt zum Beispiel: Je schneller, desto besser. Dies ist die Kurzform für: Je schneller wir handeln, desto besser ist es für uns.

- **Enjambement:** Damit ist gemeint, dass ein Satz am Versende nicht abgeschlossen, sondern im nächsten Vers fortgeführt wird. Dies kann so aussehen: Stilmittel in der Schule sind schwer für jedes Kind.

- **Enumeration:** Damit ist eine abschließende Aufzählung gemeint. Hier ein Beispiel dafür: mit Kind und Kegel.

- **Euphemismus:** Dieses Stilmittel wird genutzt, um etwas zu beschönigen. Dies kann so aussehen: für immer eingeschlafen = tot.

- **Hendiadyoin:** Dabei werden zwei Begriffe hintereinander aufgezählt, die dasselbe meinen. Dazu zählt zum Beispiel: Hab und Gut.

- **Hyperbel:** Dies ist ein sehr beliebtes Stilmittel, bei dem die derzeitige Situation stark übertrieben wird. Ein Beispiel dafür: Ihm fallen fast die Augen aus dem Kopf.

- **Interjektion:** Damit ist ein kurzer Ausruf gemeint. Dies sind einige Beispiele: Aha, oh, hey.

- **Ironie:** Dabei wird eine Aussage gemacht, mit der das genaue Gegenteil gemeint ist. Das kann zum Beispiel so aussehen: „Nicht du schon wieder." „Ich habe dich auch vermisst."

- **Klimax:** Mit diesem Stilmittel ist eine dreigliedrige Steigerung gemeint. Ein bekanntes Beispiel dafür ist dieses: Ich kam, ich sah, ich siegte.

- **Litotes:** Das ist ein anderes Wort für die Verneinung. Damit ist zum Beispiel „nicht schlecht" gemeint.

- **Metapher:** Hierbei wird ein bildlicher Vergleich gezogen, damit die Zuhörer sich das Gesagte besser vorstellen können. Das ist ein gutes Beispiel: Mauer des Schweigens.

- **Neologismus:** Damit sind Wortneu-schöpfungen gemeint. Zu diesen zählen zum Beispiel: chillen, Hartz 4.

- **Onomatopoesie:** Dies ist die Klangmalerei. Dabei wird ein Geräusch mit Worten nachgeahmt. Beispiele hierfür: Kuckuck, wau-wau.

- **Oxymoron:** Damit sind zwei Begriffe gemeint, die hintereinander folgen und sich wiedersprechen. Dazu zählen zum Beispiel: bittersüß, alter Knabe, offenes Geheimnis.

- **Paradoxon:** Dabei werden scheinbar widersprüchliche Aussagen oder Begriffe miteinander verbunden. Dies kann zum Beispiel so aussehen: Weniger ist mehr.

- **Parallelismus:** So nennt man es, wenn zwei gleiche oder ähnliche Wortgefüge aufeinander folgen. Das kann zum Beispiel so aussehen: Heiß ist die Liebe, kalt ist der Schnee.

- **Personifikation:** Damit sich die Zuhörer etwas besser vorstellen können, wird es vermenschlicht. Dazu zählen zum Beispiel: Mutter Natur; der Tag verabschiedet sich.

- **Pleonasmus:** Das ist die Bezeichnung dafür, wenn zwei Begriffe, die im Grunde dasselbe meinen, hintereinanderstehen. Jeder dieser Begriffe könnte auch ohne den anderen auskommen. Das ist ein Beispiel dafür: alter Greis.

- **Polysyndeton:** Hierbei werden mehrere Satzgefüge durch Bindewörter aneinandergereiht. Das kann zum Beispiel so aussehen: Die Stadt ist dreckig und verschmutzt und unrein.

- **Synästhesie:** Dabei werden verschiedene Sinneseindrücke miteinander verbunden. Einige Beispiele: schreiendes Rot, süß spricht das Herz.

- **Symbol:** Durch ein Symbol wird etwas veranschaulicht und verdeutlicht. Die weiße Taube ist zum Beispiel ein Symbol für Frieden und der Totenkopf ein Symbol für den Tod.

- **Tautologie:** Um einen Eindruck zu verstärken, werden bei diesem Stilmittel mehrere Begriffe, die dasselbe meinen, miteinander verbunden. So können einige Beispiele dafür aussehen: nie und nimmer, einzig und allein.

- **Vergleich:** Dabei werden zwei Dinge miteinander verglichen, damit der Zuhörer es sich besser vorstellen kann. Dies ist ein Beispiel dafür: So finster wie die Nacht.

Körpersprache macht mehr aus als man denkt

Die Körpersprache des Menschen ist instinktiv und zeigt unserem Gesprächspartner oft sehr deutlich, was wir denken und empfinden. Dadurch verrät man oft mehr über sich selbst als man möchte. Klitzekleine Regungen in der Miene oder den Schultern können eine große Bedeutung haben. Menschen können sich daher auch komplett ohne Worte unterhalten und sich nur durch die Körpersprache ausdrücken.

Durch eine leichte Berührung, ein freundliches Lächeln und eine zugewandte Haltung machen wir deutlich, dass uns eine Person sympathisch ist. Ein koketter Blick, ein schiefes Lächeln und das Spielen mit den Haaren ist eine eindeutige Einladung zu einem Flirt. Wenn sich ein Mensch in einer Situation unwohl fühlt, nimmt er eine gekrümmte Haltung ein, schaut zum Boden und vermeidet Blickkontakt.

Manchmal sagt die Körpersprache eines Menschen genau das Gegenteil von dem aus, was seine Worte behaupten, und verrät damit unsere wahren Gefühle. Das liegt daran, dass die Körpersprache meistens nicht so bewusst kontrolliert wird wie die Worte. Ein Sprachkünstler, der Menschen auf seine Seite ziehen und sie überzeugen möchte, braucht mehr als nur einleuchtende Worte. Er benötigt eine überzeugende Körpersprache.

Laut Studien werden 95% des Ersteindrucks eines Menschen durch die Mimiken, Gestiken und die Körperhaltung festgelegt. Dazu zählt auch die Kleidung, die Ton- und die Stimmlage. Nur zu etwa 5% zählt, was die Worte eines Menschen aussagen. Diese erste Einschätzung einer Person geschieht in wenigen Sekunden.

Selbst Menschen, denen bewusst ist, wie wichtig die Körpersprache ist, haben es schwer, sie bewusst zu kontrollieren. Die Körpersprache ist viel instinktiver als die Worte eines Menschen. Es erfordert etwas Übung, sie so gut kontrollieren zu können.

Im ersten Moment denkt man, dass die Körpersprache international ist und man damit nicht viel falsch machen kann. In den meisten Fällen stimmt dies auch. Ein Stirnrunzeln oder ein Lächeln sind menschliche Ausdrücke, die in jedem Land verstanden werden und nie zu Missverständnissen führen. Zur Körpersprache zählen allerdings ebenso kulturell entwickelte Zeichen. Damit sind zum Beispiel ein Daumen nach oben, das Zeigen des Mittelfingers oder das Übereinanderschlagen der Beine gemeint. In unserer Kultur bedeuten sie das eine und in einer anderen Kultur das komplette Gegenteil. Mit diesen Körpersignalen kann man in anderen Ländern großen Ärger bekommen. Deshalb bietet es sich an, sich vor einem Urlaub in einem anderen Land über die Kultur zu informieren.

Sehr oft wird der Ausdruck unserer Augen unterschätzt. Dabei können unsere Augen viele verschiedene Emotionen übertragen. Wer den Blickkontakt sucht, zeigt Interesse und wird als freundlich wahrgenommen. Menschen, die sich von ihrem Gesprächspartner abwenden und ihm nicht in die Augen schauen möchte, wird als unsicher und desinteressiert wahrgenommen. Zu viel Blickkontakt kann wiederum als unheimlich und aggressiv aufgefasst werden.

Die Augen haben beim Pokern einen besonders wichtigen Einfluss. Dadurch hat sich auch das Pokerface etabliert. Die Spieler haben einen besonders starren Blick, um nicht zu verraten, ob sie ein gutes oder ein schlechtes Blatt auf der Hand haben.

Wissenschaftler können selbst an den kleinsten Regungen der Gesichtsmuskeln die Gefühle eines Menschen erkennen. Dafür ist jedoch sehr viel Forschung nötig. Disney gibt sich immer sehr viel Mühe den Charakteren Leben einzuhauchen, indem auf die ganz kleinen Regungen im Gesicht geachtet wird.

Die Gestik ist der Teil des Körpers, der sich in den verschiedenen Kulturen sehr unterscheidet. Dies trifft allerdings nur auf die bewussten Gestiken zu. Die unbewussten Gestiken bringen keine Gefahr mit sich, dass man in anderen Kulturen falsch verstanden wird. Damit sind kleine Handlungen gemeint, wie das Herumfuchteln mit den Händen, das Zeigen mit dem Finger und das Tippen an die Stirn gemeint. Alle diese unbewussten Gestiken sind intuitiv und lassen sich kaum verhindern. Wer versucht, sich beim Reden gar nicht zu bewegen, wird schnell feststellen, wie schwer das ist. Die Gestiken sind sehr wichtig. Mit ihnen können Gefühle ausgedrückt werden. Selbst am Telefon führen Menschen Gestiken aus, obwohl der Gesprächspartner sie nicht wahrnehmen kann. Daran kann man sehen, wie schwer es ist, sie abzustellen.

Die Gesten sollten an die Gesprächspartner angepasst werden. In einem kleinen Raum sind kleine Gesten angebracht. In einem riesigen Saal mit mehr als 1.000 Menschen sind deutlich größere Gesten angebracht, damit alle Menschen erreicht werden können.

Sehr interessant ist außerdem die Haltung. Dabei geht es nicht nur um den aufrechten und den gekrümmten Stand. Wenn man seinem Gesprächspartner gegenübersitzt und sich vorbeugt, signalisiert man Interesse. Das angespannte Sitzen auf der Stuhlkante wird wiederum als nervös und unsicher gedeutet.

Ebenso kann man anhand des Ganges einer Person interessante Informationen erhalten. Ein langsamer, schleifender Gang deutet auf eine traurige Stimmung hin. Ein sehr schneller und stampfender Gang heißt meistens, dass die Person wütend und aufgebracht ist. Ein beschwingter Gang deutet auf eine fröhliche Stimmung hin. Meistens können wir von hinten bereits erkennen, in welcher Stimmung die Person vor uns ist.

Um die Beziehung zueinander auszudrücken, sagt außerdem der Körperkontakt sehr viel aus. Wenn man eine enge Beziehung zu einer Person hat, sucht man viel Kontakt und sitzt näher beieinander. Ein Kuss, ein Streicheln über die Wange oder eine Umarmung sind eindeutige Zeichen der Zuneigung, die auf der ganzen Welt verstanden werden. Zu fremden Menschen hält man lieber Abstand.

Wie viel Kontakt zu anderen Personen gesucht wird, ist allerdings in jeder Kultur unterschiedlich. Dabei kann es wieder zu Missverständnissen kommen. In einigen Kulturen ist sehr viel Nähe total normal, während dies in anderen Kulturen als zu aufdringlich wirkt.

Neben der Körpersprache sagt auch die Kleidung eines Menschen eine Menge über ihn aus. Aus diesem Grund gibt es Vereinskleidung, Schuluniformen und Arbeitsuniformen. Durch Kleidung kann die Zugehörigkeit zu einer Gruppe ausgedrückt werden. Selbst wenn es keine Uniform ist. Menschen, die einen Anzug tragen, zählen sich ebenfalls zu einer Gruppe. Nämlich die, der reichen und erfolgreichen Menschen. Jeder Mensch drückt durch seine Kleidung eine Zugehörigkeit und seine persönlichen Einstellungen aus. Deshalb macht sie für den ersten Eindruck, den wir von einer Person haben, einen großen Unterschied.

Hierbei spielt allerdings die Kultur wieder eine große Rolle. Durch Kleidung kann eine kulturelle Zuordnung stattfinden. In manchen Ländern ist es vollkommen normal viel Haut zu zeigen und in anderen Ländern ist dies sehr verpönt. Die Kleidung darf deshalb niemals vernachlässigt werden. Für ein Vorstellungsgespräch macht man sich besonders schick und für ein kleines Treffen mit Freunden zieht man sich eher entspannt an. Niemand möchte zu schick oder zu leger angezogen sein. Menschen passen sich mit ihrer Kleidung aneinander an. Einige Menschen wollen dies nicht und ziehen sich bewusst anders an. Auch dadurch drücken sie einen Teil ihrer Persönlichkeit aus.

Schon in früheren Zeiten wurde die Körpersprache sehr wertgeschätzt. Daraus entwickelten sich verschiedene Berufe. Der Pantomime drückt sich zum Beispiel nur durch seine Gestik, Mimik und Bewegung aus. Es gibt Hinweise darauf, dass diese Kunstform bereits 400 Jahre vor Christus existierte.

Ähnlich arbeitet auch der Clown. Er kommt meistens vollkommen ohne Worte aus und bringt seine Zuschauer lediglich durch Körpersprache zum Lachen.

Ein Beruf, der heute noch nicht an Beliebtheit verloren hat, ist der des Tänzers. Beim Tanz bewegt man sich zur Musik, drückt Gefühle aus und erzählt teilweise sogar ganze Geschichten. Dabei kommt ein Tänzer lediglich mit Bewegungen aus.

Menschen, die in diesen Berufen tätig sind, haben sehr viel Erfahrung im Bereich Körpersprache und können in den Zuschauern nur durch Bewegungen große Emotionen wecken.

Tipps zur perfekten Körpersprache

Dass die Körpersprache einen großen Einfluss in der Kommunikation hat, ist klar. Sie macht einen riesigen Unterschied, ob man sich sympathisch findet oder nicht. Deshalb muss man lernen, sie bewusst einzusetzen, wenn man besser kommunizieren möchte. Obwohl die Körpersprache sehr auf Intuitionen basiert, gibt es einige Tipps, mit denen man einen optimalen ersten Eindruck machen kann.

1. **Der Glaube an die eigenen Argumente:** Da die Körpersprache eines Menschen sehr verräterisch ist, sollte man sich vor einem wichtigen Gespräch oder einer großen Präsentation unbedingt sicher über die eigenen Ansichten und Argumente sein. Wenn man sich die Gründe bewusst macht, dass man gute Argumente hat, kann man viel selbstsicherer in das Gespräch gehen und das wird automatisch durch die Körperhaltung ausgestrahlt.

2. **Ausschweifende Gesten:** Gesten sind sehr wichtig, da man mit ihnen die eigenen Aussagen unterstreichen und glaubhafter wirken lassen kann. Deshalb sollte man nicht darauf verzichten. Sie sorgen außerdem dafür, dass man selbstbewusster wirkt. Natürlich darf man es nicht übertreiben. Zu

große Gesten wirken schnell gestellt und übereifrig. Eine gute Regel ist es, die Oberarme beim Gestikulieren immer dicht am Körper zu behalten.

3. **Ehrliches Lächeln:** Der schönste und wichtigste Teil der Körpersprache ist ein aufrichtiges und freundliches Lächeln. Es zeigt dem Gegenüber, dass man selbstbewusst und positiv gestimmt ist. Nur durch diese kleine Geste wird sofort eine starke Sympathie auf beiden Seiten verspürt. Ein gestelltes Lächeln lässt sich allerdings leicht erkennen. Deshalb sollte man immer darauf achten, dass das Lächeln ehrlich ist.

4. **Blickkontakt:** Der Blickkontakt ist ein wichtiger Punkt. Er zeigt, dass man interessiert ist. Zu viel Augenkontakt sorgt allerdings dafür, dass man als aufdringlich wahrgenommen wird.

5. **Aufrechte und zugewandte Haltung:** Man sollte niemals die Körperhaltung unterschätzen. Eine aufrechte Sitz- oder Stehposition zeigt dem Gesprächspartner, dass man selbstbewusst ist. Eine gekrümmte Haltung drückt unsicher aus und wenn man sich zurücklehnt und zu entspannt aussieht, wirkt dies auf den Gesprächspartner meistens arrogant.

Außerdem sollte man immer daran denken, dem Gegenüber mit dem ganzen Körper zugewandt zu sein. Dadurch zeigt man sich offen und bedeutet, dass man Interesse an dem Gespräch hat.

6. **Ausreichend Abstand halten:** Bei Freunden kann man sich sehr offen zeigen und viel Körperkontakt suchen. Bei fremden Menschen hat man allerdings automatisch das Bedürfnis nach Abstand. Das ist vollkommen normal und sollte gewahrt werden. Hierbei ist es wichtig, das richtige Mittelmaß zu finden. Zu viel Abstand kann als Unsicherheit gewertet werden, während zu wenig Abstand einen sehr aufdringlich erscheinen lässt. Wenn man den optimalen Abstand gefunden hat und einhält, kann dies sehr positive Auswirkungen auf das Gespräch und die Sympathie zwischen den Gesprächspartnern haben.

7. **Natürlich bleiben:** Man sollte es niemals mit einer Geste oder Mimik übertreiben. Das führt nur dazu, dass man unnatürlich und gestellt wirkt. Der Gesprächspartner nimmt einen dadurch sofort als unsympathisch wahr. Man sollte immer nur das machen, was sich natürlich und gut anfühlt. Wenn man sich unsicher ist, kann man vor dem Spiegel üben und sich bestimmte Gesten antrainieren. Wer sich mit

seiner Körpersprache sicher fühlt, wird selbstbewusster, was wiederum zu natürlicheren Gesten führt.

8. **Ruhe bewahren:** Besonders vor großen Präsentationen oder wichtigen Gesprächen ist man in der Regel sehr aufgeregt. Dies führt schnell dazu, dass die Gesten hektisch werden. Der Gesprächspartner kann dadurch sofort durchschauen, dass man nervös ist. Deshalb sollte man trotz aller Aufregung ruhige Gesten machen. Ruhige Bewegungen sorgen automatisch auch dafür, dass die allgemeine Aufregung etwas nachlässt.

   Einige Menschen neigen dazu, mit den Beinen oder Händen zu zappeln, wenn sie nervös werden. In dem Fall sollte man darauf achten, dass die Körperteile stillzuhalten. Vielleicht hilft es, die Beine zu kreuzen oder die Hände zu falten. Dadurch fällt es leichter, sich nicht zu viel zu bewegen.

9. **Einen Zuhörer fixieren:** Wenn man vor einer Menschenmenge spricht, wandert der Blick meistens hektisch von Person zu Person. Dies gibt den Zuhörern den Eindruck, dass man nervös ist. Viel besser ist es, sich auf eine Person zu fixieren, der positiv eingestellt zu sein scheint. Das nimmt den

Druck und die Zuhörer nehmen einen als entspannter und selbstbewusster wahr.

10. **Bewegung in den Beinen:** Bei einem Vorstellungsgespräch ist dies meistens kein besonders interessanter Punkt. In Präsentationen stellen sich die Menschen jedoch oft die Frage, ob sie sich bewegen oder auf einem Punkt stehen bleiben sollen.

In den meisten Fällen ist es angebracht, ruhig zu stehen. Hin und wieder kann man ein oder zwei Schritte auf die Zuhörer machen. Wer sich zu viel bewegt und ständig hin und her läuft, wirkt allerdings nervös und unsicher.

In einigen Situationen kann man sich etwas mehr bewegen. Wenn man zum Beispiel eine Sache von einem anderen Standpunkt beleuchten möchte, kann man von einem Punkt zum anderen laufen.

Man sollte es unbedingt vermeiden, die Beine nervös auszuschütteln oder ständig die Stehposition zu ändern. Dadurch sehen die Zuschauer sofort, dass man nervös ist.

11. **Das Händeschütteln:** Bei einem Vorstellungsgespräch oder einem geschäftlichen Treffen stellt schon die Begrüßung manchmal eine

Herausforderung dar. Manche Menschen haben das Gefühl, sie müssten besonders stark zudrücken, um selbstbewusst und stark rüberzukommen. Dies ist jedoch Unsinn. Selbstverständlich sollte der Händedruck ebenfalls nicht zu lasch sein. Ein gutes Mittelmaß ist hier angebracht. Das Händeschütteln sollte außerdem kurzgehalten werden. Ein Blickkontakt und ein freundliches Lächeln sind beim Händeschütteln Pflicht. Trotz des Namens sollte die Hand nicht ausgiebig geschüttelt werden. Ein kurzer Griff nach der Hand des Gesprächspartners reicht vollkommen aus.

Wichtig zu wissen ist, dass der Rang der Geprächspartner ausschlaggebend dafür ist, wer zuerst die Hand reicht. Derjenige, der einen höher angesehenen Job hat, trifft die Entscheidung, ob er seinem Gegenüber die Hand reichen möchte oder nicht.

12. **Saubere Kleidung:** Die Kleidung ist ein ausschlaggebender Punkt und darf nicht vernachlässigt werden. Es muss nicht immer ein Anzug sein. Die Art der Kleidung hängt vom Anlass ab. In vielen Unternehmen sind Anzüge angebracht, bei einigen Firmen ist man damit allerdings overdressed. Man sollte sich deshalb immer nach dem Anlass und

dem Unternehmen richten, wenn man sich überlegt, was man anziehen möchte.

Doch egal, für welche Kleidung man sich entscheidet, man muss gepflegt aussehen. Gewaschene und gekämmte Haare, saubere und ordentliche Kleidung und geputzte Schuhe sind sehr wichtig. Man muss es nicht übertreiben mit dem Styling. Vor allem Frauen sollten sich nicht tonnenweise Make-up ins Gesicht schmieren. Aber ein gepflegtes Aussehen ist Pflicht.

Parfum sollte ebenfalls vorsichtig behandelt werden. Schmuck ist nicht nötig. Wenn man sich dennoch etwas schmücken möchte, sollte es dezent sein. Vor einem wichtigen Gespräch oder Vortrag sollte selbstverständlich auf Zigaretten, Knoblauch und Alkohol verzichtet werden, da sich dies im Atem wiederspiegelt.

13. **Hände zeigen:** Dieses Verhalten hat in der heutigen Zeit keinen großen Sinn mehr. Es geht aber tief in die alten Zeiten zurück. Wenn man die Hände eines Menschen nicht sieht, könnte er darin eine Waffe tragen. Deshalb hat man seinem Gesprächspartner immer die Hände gezeigt, wenn man Vertrauen aufbauen wollte. Dies ist auch heute noch ein Verhalten, was unterbewusst etwas in einem Menschen auslöst. Niemand wird bewusst merken,

dass er einem anderen Menschen mehr vertraut, wenn er dessen Hände sieht. Doch im Unterbewusstsein sorgt dies für mehr Vertrauen. Außerdem ist es eine Geste, die viele Menschen als höflich wahrnehmen.

14. **Das absolute No-Go:** Selbstverständlich gibt es ein No-Go in der Körpersprache. Bei einem entspannten Treffen mit Freunden muss man sich keine so großen Gedanken machen. Doch in einem geschäftlichen Treffen sollte man souverän erscheinen. Deshalb sind verschränkte Arme das No-Go in der Körpersprache. Sie zeigen Ablehnung, Verschlossenheit und Unsicherheit an. Man macht dem Gesprächspartner deutlich, dass man keine große Lust auf die Unterhaltung hat und wirkt sofort unsympathisch.

Praxisteil der Kommunikation

Kommunikation muss geübt sein. Deshalb gibt es dafür genau hier einige Übungen. Nur wer die verschiedenen Methoden der Kommunikation richtig versteht, kann sie im Gespräch anwenden und mit seinen Fähigkeiten glänzen. Es gibt für diese Übungen keinen Antwortbogen, da es bei diesen Übungen nicht darum geht, die exakt richtige Antwort zu geben. Durch die Übungen soll lediglich ein Gefühl für die Sprache und den Gesprächspartner entwickelt werden. Es ist wichtig, dass Sie die vorgestellten Methoden verinnerlichen und nicht, dass Sie nach einem Antwortbogen arbeiten.

Übung 1:

Es geht hier um das aktive Zuhören. Schreiben Sie eine Antwort auf, die sie für angemessen halten und die dem Gesprächspartner zeigt, dass Sie aufmerksam waren. Schreiben Sie außerdem auf, weshalb die bereits vorhandene Antwort nicht zeigt, dass Sie aktiv zugehört haben.

Aussage: „Maria ist es doch egal, was ich davon halte."
Antwort: „Ich denke, du reagierst über."
Bemerkungen zur Antwort:

Schreiben Sie hier nun Ihre Antwort auf:

Aussage: „Das Fußballspiel gestern war ziemlich langweilig."

Antwort: „Ich habe es gar nicht gesehen."

Bemerkungen zur Antwort:

Schreiben Sie hier nun Ihre Antwort auf:

Übung 2:

In dieser Übung geht es darum, die versteckten Gefühle und Emotionen in einer Aussage zu erkennen. Nur wer das schafft, kann optimal auf seinen Gesprächspartner eingehen. Schreiben Sie auf, welche Gefühle in der Aussage zu erkennen sind und geben Sie anschließend eine Antwort auf die Aussage.

Aussage: „Das alles soll ich heute abarbeiten?"

Gefühle:

Antwort:

Aussage: „Ich weiß, dass ich richtig liege und es ist mir egal, was die anderen dazu sagen."

Gefühle:

Antwort:

Aussage: „Ich habe so oft Überstunden gemacht und gute Arbeit geleistet. Inzwischen arbeite ich schon so viele Jahre in dem Unternehmen. Unfassbar, dass ich jetzt durch jemanden ersetzt werde, nur weil er jünger ist."

Gefühle:

Antwort:

Übung 3:

Die Sprache der Sinne hat einen wichtigen Einfluss auf das Unterbewusstsein eines Menschen. Deshalb kann es hilfreich sein, sich mit der Sprache des anderen auseinanderzusetzen und die eigenen Worte daran anzupassen. Schreiben Sie zu den folgenden Aussagen eine Antwort auf, die sich die Sprache des Gesprächspartners bezieht und visuelle, auditive oder kinästhetische Wörter beinhaltet. Analysieren Sie außerdem, um welchen Typ Menschen es sich handelt.

Aussage: „Ich habe versucht, mir Gehör zu verschaffen, aber die anderen quatschen ständig dazwischen."

Visuell □ _____ Auditiv □ _____ Kinästhetisch □ _____

Antwort:

Aussage: „Mit welchem Ziel haben Sie sich für die Stelle beworben?"

Visuell □ _____ Auditiv □ _____ Kinästhetisch □ _____

Antwort:

Aussage: „Ich habe es allein versucht, aber ich habe das Gefühl, dass ich mit diesem Thema noch Hilfe brauche."

Aussage: „Das klingt gut. Ich bin sicher, dass wir in einem weiteren Gespräch Argumente austauschen und zu einer Klärung kommen können."

Visuell □ _____ Auditiv □ _____ Kinästhetisch □ _____

Antwort:

Aussage: „Können Sie mir die Übersicht erneut zeigen? Ich bin nicht sicher, ob ich die Situation richtig vor Augen habe."

Visuell □ _____ Auditiv □ _____ Kinästhetisch □ _____

Antwort:

Aussage: „Es war ein großer Schock, als ich das gesehen habe. Aber die Sache hat sich wieder eingerenkt. Ich war sehr froh, als die Spannung aus der Situation genommen wurde."

Visuell □ _____ Auditiv □ _____ Kinästhetisch □ _____

Antwort:

Übung 4:

In dieser Übung sollen Sie sich Gedanken machen, welche Aussagen hinter einem Satz stehen können. Wenn man eine reale Person vor sich hat, müssen die Worte anders bewertet werden als hier auf dem Papier. Denn zu jeder Aussage kommt der Tonfall, die Gestik und die Mimik hinzu. All diese Dinge haben einen entscheidenden Einfluss darauf, was mit einem Satz gemeint ist.

In diesen Übungen fehlt die Körpersprache der Personen. Es soll allerdings in diesem Schritt darum gehen, dass man sich Gedanken darüber macht, was mit einer Aussage gemeint und welche unterschiedlichen Emotionen dahinterstecken könnten.

Machen Sie sich zu den folgenden Sätzen Gedanken über die Selbstoffenbarung, die Beziehung und den Appell. Hierzu gibt es ebenfalls keine richtigen und falschen Angaben. Es geht lediglich darum, die Analyse verschiedener Aussagen zu üben.

Aussage: „Ach, du hast ja noch einen Tacker da. Kannst du ihn mir mal geben?"

Sachverhalt:

Selbstoffenbarung:

Beziehung:

Appell:

Aussage: „Ich habe noch nie versucht, ein Lied zu schreiben. Das ist bestimmt gar nicht so einfach."

Sachverhalt:

Selbstoffenbarung:

Beziehung:

Appell:

Aussage: „Morgen muss ich nach der Arbeit noch meine Wohnung aufräumen und alles für die Party vorbereiten. Das wird ganz schön anstrengend."

Sachverhalt:

Selbstoffenbarung:

Beziehung:

Appell:

Übung 5:

In dieser Übung sollen die rhetorischen Stilmittel eingeübt werden. Es geht darum, eine Metapher für das Arbeitsklima in

Ihrer Firma zu finden. Um dies hinzukriegen, müssen Sie sich ihr Arbeitsklima selbst bildlich vorstellen.

Welche Landschaft entspricht dem Arbeitsklima in ihrer Firma?

Welche Farben beschreiben Ihr Arbeitsklima am besten?

Welche Klänge, Geräusche oder Musik hören Sie, wenn Sie an das Arbeitsklima denken?

Erfinden Sie Personen, die in der Landschaft, die das Arbeitsklima am besten beschreibt, leben.

Denken Sie über die Gefühle nach, die diese Personen erleben.

Welche Tiere leben in der von Ihnen erfundenen Landschaft?

Erfinden Sie Früchte, die in der Landschaft geerntet werden können.

Welche Blumen und Pflanzen wachsen sonst noch in dem Klima?

Welchen Duft können Sie sich in der Landschaft vorstellen?

Erfinden Sie ein Symbol, das Ihr Arbeitsklima am besten beschreibt.

Selbstverständlich sind diese einzelnen Übungen etwas übertrieben, nur um eine Metapher zu finden. Es ist nicht nötig, sie jedes Mal zu machen. Aber sie helfen dabei, Kreativität zu entwickeln und Ideen für Metaphern zu erhalten. Deshalb bietet es sich an, diese Übung öfter zu machen. Sie können dafür einfach das Wort verändern, zu dem eine Metapher gefunden werden soll. Statt dem Arbeitsklima könnten Sie dieselbe Übung mit dem Internet oder einer Beziehung ausführen. Wie bei allen Übungen geht es lediglich darum, dass die Anwendung geübt wird. Richtige oder Falsche Aussagen gibt es hier nicht. Menschen, die gerne kreativ sind, werden besonders viel Spaß an dieser Übung haben.

Durch Kommunikation und Körpersprache das Selbstbewusstsein steigern

Selbstbewusstsein und gute Kommunikation sind zwei Dinge, die sehr eng miteinander verstrickt sind. Wer nicht gut kommunizieren kann, verliert Selbstbewusstsein, was wiederum dazu führt, dass man noch schlechter kommuniziert. Und schon befindet man sich in einem Teufelskreis. Andersherum funktioniert dies allerdings auch. Geringes Selbstbewusstsein kann durch Kommunikation und Körpersprache gesteigert werden.

Ein geringes Selbstbewusstsein spiegelt sich in der Kommunikation wider. Man traut sich nicht, ausschweifende Gesten zu machen, man spricht leise und stottert vielleicht sogar. Die Gesprächspartner und Zuhörer nehmen dies wahr und sind nicht überzeugt. Das misslungene Gespräch führt zu einem deutlich geringeren Selbstbewusstsein. Doch wie kann man diesen Kreis durchbrechen?

Die eigenen Stärken kennen

Ein wichtiger Schritt ist es, sich über die richtige Kommunikation zu informieren. Wer weiß, wie er sich richtig ausdrückt und Menschen überzeugt, hat schon einen großen Fortschritt gemacht. Dabei können Bücher, Seminare Coachings helfen. Leider fehlt trotzdem noch das Selbstbewusstsein, um das gelernte Wissen richtig anzuwenden. Alle Informationen bringen nicht viel, wenn man sich vor großen Menschenmengen unsicher fühlt.

Wenn man weiß, wie man richtig kommuniziert, sollte man zusätzlich am Selbstbewusstsein arbeiten. Eine erste hilfreiche Übung ist das Bewusstmachen der eigenen Stärken. Es ist den meisten Menschen nicht bewusst, doch ein geringes Selbstvertrauen kommt daher, dass man nicht an sich selbst glaubt und sich ständig schlecht redet. Deshalb ist es an der Zeit, dies zu durchbrechen und sich die eigenen Stärken bewusst zu machen. Dafür können auf einem Zettel alle positiven Eigenschaften aufgelistet werden. Auf der Liste sollten am Ende mindestens zehn Dinge stehen. Mehr sind immer besser. Es können auch 20 oder 30 werden. Wem dieser Schritt schwerfällt, der kann sich Freunde oder Familienmitglieder zur Hilfe rufen. Oft ist man selbst überrascht, wie positiv diese Menschen über einen denken.

Diese Liste verschwindet selbstverständlich nicht sofort in der Schublade. Sie wird mehrmals am Tag durchgelesen, damit jede einzelne positive Eigenschaft verinnerlicht werden kann. Wichtig ist, dass man selbst daran glaubt, dass dies eine wirkliche positive Eigenschaft ist. Am besten hängt die Liste an der

Wohnungseingangstür oder einer Pinnwand. Sie muss gut sichtbar sein, damit man immer wieder darauf stößt.

Dadurch, dass man sich bewusst gemacht hat, was man alles kann, steigert sich das Selbstbewusstsein. Viel zu oft machen die Menschen sich die negativen Eigenschaften an sich selbst bewusst. Das muss aufhören, denn das sorgt nur für ein niedriges Selbstbewusstsein.

Wer sich seine Stärken bewusst gemacht hat, kann auch über seine Schwächen nachdenken. Im Berufsalltag begegnen wir ihnen immer wieder. Manche Vorgesetzten machen ihre Angestellten regelmäßig auf ihre Schwächen aufmerksam. Das ist kein schönes Arbeitsklima und sorgt für ein geringeres Selbstbewusstsein. Doch jeder Mensch hat Schwächen, an denen er arbeiten kann. Wenn der Chef einen auf eine Schwäche oder einen Fehler hinweist, sollte man nicht verbittert auf einem Stressball herumkneten, sondern stattdessen darüber nachdenken. Vielleicht hat der Chef einige Tipps, mit denen man sich selbst verbessern kann. Indem man ihn danach fragt, merkt er, dass man seine Kritik ernst nimmt und sich bessern möchte. Das macht einen guten Eindruck. Zusätzlich wird man nach kurzer Zeit eine deutliche Besserung in der Arbeit merken, die dafür sorgt, dass das Selbstbewusstsein steigt.

Gezielte Selbstkritik kann sehr hilfreich sein, sollte aber vorsichtig eingesetzt werden. Wer ständig an sich zweifelt, hat ziemlich bald kein Selbstwertgefühl mehr. Wer die Selbstkritik bewusst einsetzt, um sich zu verbessern, wird zufriedener mit sich selbst sein und ein erhöhtes Selbstbewusstsein haben.

Dies wirkt außerdem positiv auf andere Personen. Menschen, die sich immer nur verteidigen und keine Fehler einsehen, werden als arrogant und unbelehrbar angesehen. Leute, die Kritik annehmen und an sich arbeiten, werden von anderen als selbstbewusst und intelligent wahrgenommen.

Bevor ein Mensch bewusste Selbstkritik ausüben kann, muss er allerdings mit sich selbst im Reinen sein und sich selbst annehmen. Deshalb sollte im ersten Schritt der Zettel mit den Stärken geschrieben werden.

Die Sprache anpassen

Durch diese Maßnahmen sollte das Selbstbewusstsein deutlich gestärkt sein. Einen weiteren positiven Effekt hat die Veränderung der Sprache. Wer mehr Menschen für sich begeistern möchte, sollte die Gedanken und die Sprache auf die positiven Dinge des Lebens ausrichten. Ein Problem ist nur eine Herausforderung und eine Chance zu Verbesserung. Negative Wörter sollten komplett aus dem Sprachgebrauch gestrichen und durch positive Wörter ersetzt werden. Das hat die Auswirkung, dass man selbst deutlich positiver und selbstbewusster wird. Gleichzeitig hat dies auch einen Effekt auf die Gesprächspartner. Ein Mensch, der sehr positiv spricht, wird automatisch als sympathisch und selbstbewusst wahrgenommen.

Die positive Sprache hat bereits einen guten Effekt. Es gibt allerdings noch mehr, was in der Sprache angepasst werden muss. Dazu gehört die Vermeidung des Konjunktivs. Damit sind Wörter wie würde, könnte, wünschte und hätte gemeint. Sie drücken hypothetische Tatsachen aus und zeigen, dass man sich nicht sicher ist, ob dieser Sachverhalt eintreten wird. Eine selbstbewusste Sprache vermeidet den Konjunktiv komplett. Dies hat auf beide Gesprächspartner einen Effekt. Es steigert das eigene Selbstbewusstsein und zeigt auch dem Gegenüber, dass man sich seiner sicher ist. Besonders in Geschäftsgesprächen ist dies wichtig.

Die Sprache allein reicht natürlich nicht aus, um einen selbstbewussten Eindruck zu machen. Wie bereits festgestellt, hat die Körpersprache einen viel größeren Einfluss darauf. Deshalb müssen in einem Gespräch immer die Tipps zur richtigen Körpersprache berücksichtigt werden. Ein großer Fehler ist es, wenn ein sehr schüchterner Mensch zu selbstbewusst erscheinen möchte. Dies führt meistens zu übertriebenen und unnatürlich wirkenden Gesten. Deshalb sollten alle Gesten möglichst natürlich aussehen. Man muss sich wohl damit fühlen, sie auszuführen. Eine gute Körpersprache zeigt dem Gesprächspartner an, dass man selbstbewusst ist. Das wiederum hat einen positiven Einfluss auf die eigenen Gedanken.

Weitere Tipps

Ein stärkeres Selbstbewusstsein kann außerdem durch Achtsamkeit erreicht werden. Wer mehr Achtsamkeit in sein Leben integriert, konzentriert sich auf das Hier und Jetzt und macht sich nicht mehr so viele Gedanken über die Vergangenheit und die Zukunft. Menschen, die sich nicht so viele Gedanken machen, sind automatisch entspannter und haben zusätzlich ein höheres Selbstbewusstsein.

Der Selbstwert kann außerdem durch ein neues Hobby gesteigert werden. Menschen, die in der Arbeitswelt sind, denken meistens nur noch an den Job und machen kaum etwas anderes. Dadurch fällt es vielen Menschen schwer, gute Eigenschaften an sich selbst festzustellen. In einem Hobby kommen plötzlich viele neue Merkmale zutage, von denen man bisher keine Ahnung hatte. Dadurch bringt ein Hobby nicht nur den Ausgleich zum Job, sondern kann zusätzlich das Selbstbewusstsein erhöhen, da man sich selbst auf eine ganz neue Art und Weise kennenlernt.

Menschen neigen dazu, sich mit anderen Leuten zu vergleichen. Man fühlt sich sofort schlecht, wenn man nicht die gleiche Fähigkeit hat, wie jemand anderes. Dass man selbst eine andere positive Eigenschaft besitzt, die sonst keiner hat, fällt dabei schnell unter den Tisch. Vergleiche mit anderen Menschen führen zu nichts und sollten deshalb komplett ausgeschlossen werden. Jeder Mensch ist unvollkommen und sollte sich genau so akzeptieren.

Das Selbstbewusstsein kann außerdem durch eine kleine Übung gesteigert werden. Man sagt sich selbst jeden Abend drei Dinge, die man an diesem Tag gut gemacht hat. Das kann auf der Arbeit gewesen sein, es kann aber auch eine gelungene Kommunikation oder ein Fortschritt im Hobby sein. Durch diese Übung lernt man, das Leben und sich selbst positiver zu sehen.

Wer sich an diese Übungen hält steigert sein Selbstbewusstsein. Das führt dazu, dass man besser kommunizieren kann, was wiederum das Selbstbewusstsein stärkt. So einfach kann man es aus dem Teufelskreis schaffen und ihn umkehren. Die Steigerung des Selbstwertgefühls benötigt allerdings Zeit. Niemand kann in zwei Wochen zum perfekten Rhetoriker werden. Es werden mehrere Monate oder sogar Jahre benötigt, um Veränderungen zu sehen. Wer zu hohe Erwartungen hat, wird nur enttäuscht werden. Deshalb ist es wichtig, dass man sich das bewusst macht.

Wer sich kurzfristig eine bessere Kommunikation wünscht, sollte sich auf die Körpersprache und rhetorischen Stilmittel konzentrieren. Gleichzeitig muss man allerdings auch die langfristigen Methoden in Angriff nehmen.

Ein erhöhtes Selbstbewusstsein ist nicht nur für die Kommunikation, sondern in allen Lebensbereichen hilfreich.

Dates sind entspannter, die Familie des neuen Freundes kennenzulernen ist nicht mehr so aufregend, Vorstellungsgespräche sin erfolgreicher und man kann besser mit Kritik umgehen.

Charisma und Ausstrahlung

Überall hört man von Charisma und der Ausstrahlung. Zwei sehr wichtige Punkte, wenn man einen guten ersten Eindruck machen möchte. Charismatische Menschen haben einen besonderen Einfluss auf andere und sind sofort beliebt. Doch was genau ist das eigentlich und wie kann man es bekommen?

Charisma sorgt dafür, dass man auch in schwierigen Situationen ruhig bleiben kann. Außerdem sind sie besonders gut darin, mit anderen Menschen umzugehen. Sie haben ein freundliches Wesen und sind sich ihrer Meinung und ihren Handlungen sicher. Durch diese positiven Eigenschaften besitzen charismatische Menschen eine besondere Ausstrahlung, die sie sofort beliebt macht. Sie müssen nur einen Raum betreten und ziehen direkt alle Aufmerksamkeit auf sich. Durch ihr Charisma werden sie schnell von anderen Menschen bewundert. Dies sorgt dafür, dass sie meistens eine Führungsposition einnehmen.

Charisma und die Ausstrahlung sind zwei Dinge, die nur schwer zu beschreiben sind. Deshalb wissen viele Menschen nicht, was damit gemeint ist. Das Wort Charisma stammt aus dem Griechischen. Ursprünglich war damit die Fähigkeit gemeint, Erleuchtungen und Offenbarungen zu erlangen. Heute wird es in Zusammenhang mit einer guten Ausstrahlung und Anziehungskraft gebracht.

Manche Menschen haben ihr Charisma geschenkt bekommen. Die meisten haben es jedoch schwieriger und müssen sich das Charisma selbst beibringen.

Obwohl der Begriff Charisma hauptsächlich mit negativen Aspekten verbunden ist, haben diese Menschen meistens auch einen Hang zum Narzissmus. Nicht jeder charismatische Mensch ist narzisstisch, aber jeder narzisstische Mensch ist charismatisch. Deshalb sollte bei diesen Personen ein genauerer Blick riskiert werden. Narzisstische Menschen sind sehr selbstverliebt und überschätzen sich oft selbst. Sie haben ein besonders hohes Verlangen nach Anerkennung.

Obwohl charismatische Personen nah am Narzissmus sind, ist es dennoch eine erstrebenswerte Eigenschaft. Um sie zu erlernen, muss man sich zuerst klarmachen, was eine charismatische Person ausmacht.

1. Charismatische Menschen lieben sich selbst. Dies wird oft im negativen Sinn verwendet, ist jedoch eine sehr positive Eigenschaft. Es ist gut, wenn man sich selbst liebt und seinen eigenen Wert zu schätzen weiß.
2. Außerdem sind Menschen mit diesem Charakterzug sehr zufrieden. Sie schätzen sich selbst, ihren Job und ihre Mitmenschen. Dadurch strahlen sie diese entspannte Grundhaltung aus.

3. Natürlich zählt ein hohes Selbstbewusstsein zu den Eigenschaften von charismatischen Menschen.
4. Zielstrebigkeit ist eine weitere gute Eigenschaft. Charismatische Menschen wissen genau, was sie wollen und arbeiten zielstrebig darauf hin.
5. In der Regel haben sie auch viel Energie.
6. Da sie sich schnell bei anderen Menschen beliebt machen, haben sie außerdem eine gute Kommunikation. Nicht nur mit Worten, sondern auch mit ihrer Körpersprache überzeugen sie.

Um zu einem charismatischen Menschen zu werden, muss man sich diese Eigenschaften ansehen und verinnerlichen.

Ziele setzen

Charismatische Menschen haben genau vor Augen, was sie mit ihrem Leben machen wollen und wissen, wie sie dies verwirklichen können. Sie gehen dieser Idee mit Leidenschaft nach. Jeder Mensch, der charismatisch werden möchte, sollte sich deshalb konkrete Ziele setzen. Dafür reicht es, alle Träume, die man hat, aufzuschreiben. Die Wünsche, die nicht mehr so dringend erscheinen, kann man anschließend wieder wegstreichen. Dabei handelt es sich häufig um Wünsche, die auf den zweiten Blick oberflächlich erscheinen und zum Glücklichsein nicht nötig sind. Jeder Mensch hat verschiedene Träume. Doch im Großen und Ganzen lässt sich aus diesen Träumen meistens ein übergeordnetes Ziel bilden, auf das diese Person hinarbeiten kann.

Der nächste Schritt ist es daher, sich die eigenen Wünsche anzusehen und genau zu überlegen, wie man all diese Träume zu einem Ziel zusammenfassen kann. Dadurch weiß man, was man im Leben wirklich erreich möchte. Dies ist den meisten Menschen oft gar nicht bewusst, weil sie sich nicht intensiv damit beschäftigen. Wer sich ein großes Ziel gesetzt hat, das er im Leben erreichen möchte, kann seine ganze Zeit darauf fokussieren, auf dieses Ziel hinzuarbeiten. Dafür kann er seine ganze Leidenschaft und Willenskraft fokussieren. Dies führt dazu, dass es sehr viel wahrscheinlicher ist, dass er sein Ziel auch erreichen wird. Außerdem nehmen andere Menschen diese Person als zielstrebig wahr, was eine sehr gute Eigenschaft ist.

Erkennen der Stärken und Schwächen

Ein charismatischer Mensch kennt seine Stärken und Schwächen. Dadurch ist er selbstsicher. Man sollte sich seiner Stärken unbedingt bewusst sein und akzeptieren, dass man außerdem Schwächen hat. Jeder Mensch hat Schwächen. Niemand ist perfekt.

Damit man sich seine Stärken bewusst machen kann, sollte man sie aufschreiben und verinnerlichen.

Selbstliebe

Charismatische Menschen lieben sich selbst. Das ist eine gute Eigenschaft. Viel zu schnell wird in unserer Gesellschaft ein Mensch als eingebildet bezeichnet, wenn er sich selbst lobt. Dabei ist es gut, wenn man stolz auf sich selbst ist und die positiven Eigenschaften, die man hat, zu schätzen weiß. Menschen, die zufrieden mit sich selbst sind, sind allgemein glücklicher und entspannter. In diesem Fall fällt es auch leichter, sich für andere Menschen zu freuen. Personen, die sich selbst lieben, lächeln häufiger und machen einen sympathischen Eindruck.

Heutzutage ist es manchmal schwierig, sich selbst zu lieben, weil man dauerhaft eingeredet bekommt, wie man sich verbessern sollte. Es ist gut, an sich zu arbeiten. Doch wenn man dauerhaft unzufrieden mit sich ist, kann dies nichts daran ändern. Man kann so viel an sich arbeiten wie man will und wird dennoch immer neue Dinge finden, mit denen man unzufrieden ist. Man muss sich erst selbst akzeptieren und kann dann an gewissen Dingen arbeiten. Das ist vermutlich die wichtigste Eigenschaft, die ein charismatischer Mensch besitzt. Selbstliebe führt fast automatisch zu vielen weiteren positiven Eigenschaften. Außerdem sind viele menschendavon fasziniert, wenn sie einen Menschen treffen, der glücklich mit sich selbst ist. Da es nur den wenigsten Menschen so geht, wirkt diese Eigenschaft faszinierend.

Selbstliebe sollte keine narzisstischen Züge annehmen. Der Unterschied ist, dass eine übersteigerte Selbstverliebtheit den Menschen denken lässt, er wäre perfekt und fehlerfrei. Dies ist ein kleiner Unterschied, der große Auswirkungen hat. Narzisstische Menschen nimmt man schnell als unfreundlich und anstrengend wahr, während charismatische Menschen freundlich und selbstbewusst wirken.

Zufriedenheit

Neben Selbstliebe haben charismatische Menschen oft die Eigenschaft, dass sie zufrieden sind. Nicht nur mit sich selbst, sondern ebenso mit ihrer Umwelt und ihren Mitmenschen. Dies ist nicht sehr leicht und gelingt nur den wenigsten Menschen. Unzufriedenheit wird einem von allen Seiten eingeredet. Nur wenn Menschen unzufrieden sind, kaufen sie viel ein. Um zu einem zufriedeneren Menschen zu werden, muss man daraus ausbrechen und sich bewusst machen, dass keine Gegenstände und kein Geld einen wirklich glücklich machen.

Um zufrieden mit sich selbst und seinem Leben zu sein, muss man sich selbst akzeptieren und sich auf die positiven Dinge konzentrieren.

Um zufriedener zu werden, kann außerdem Achtsamkeit helfen. Regelmäßige Meditation hilft dabei, sich auf die wirklich wichtigen Dinge zu konzentrieren und sich nicht über Kleinigkeiten aufzuregen.

Zufriedene Menschen strahlen Freude aus und wirken auf andere Leute sympathisch. Die Zufriedenheit ist eine weitere Eigenschaft, die nur wenige Menschen beherrschen und die deshalb viele Leute an anderen bewundern.

Selbstbewusstsein

Menschen, die sich selbst akzeptieren, strahlen Selbstbewusstsein aus. Sie haben Vertrauen in ihre Stärken und kennen ihre Grenzen. Gleichzeitig kennen und schätzen selbstbewusste Menschen ihre Schwächen. Dies führt dazu, dass man Aufgaben realistisch einschätzen und selbstbewusst ausführen kann. Ein gesundes Selbstbewusstsein ist eine gute Eigenschaft, die viele Menschen in Führungspositionen besitzen.

Damit andere Menschen an einen glauben können, muss man als erstes selbst an sich glauben.

Doch wie schafft man es, mehr Vertrauen in sich selbst zu bekommen? Dies ist nicht so einfach getan wie gesagt. Dafür muss man analysieren, weshalb das Vertrauen in die eigenen Fähigkeiten blockiert ist. Meistens liegt dies an schlechten Erfahrungen. Abwertende Kommentare von Menschen, die einem wichtig sind oder Misserfolge können dazu führen, dass man sich selbst nicht mehr vertraut. Wenn man sich dies bewusst gemacht hat, kann man dagegen steuern. Außerdem hilft es sehr, sich über die eigenen Stärken und Schwächen bewusst zu werden. Ein starkes Vertrauen in sich selbst kommt niemals von heute auf morgen. Es benötigt viel Zeit, Geduld und Arbeit. Doch wer bereit ist, diese Arbeit zu investieren, wird sehr gute Ergebnisse erzielen.

Ehrliche Art

Eine ehrliche und offene Art ist eine sehr gute Eigenschaft. Den meisten Menschen ist nicht bewusst, wie viel dies ausmacht. Jemand der ehrlich seine Meinung sagt, wirkt sofort viel sympathischer. Außerdem fragt man einen ehrlichen Menschen gerne um Rat, da man sich von ihm eine hilfreiche Antwort erwartet. Auf Menschen, die immer nur das sagen, was andere hören wollen, kann man sich nicht verlassen.

Selbstverständlich darf man dabei nicht außer Acht lassen, dass man andere Menschen nicht verletzen sollte. Wer ehrlich seine Meinung sagt, sollte sie immer freundlich ausdrücken, um niemanden vor den Kopf zu stoßen.

Eine ehrliche und offene Art kommt jedoch nicht nur bei den Mitmenschen gut an, sondern ist auch für einen selbst angenehmer. Man muss sich nicht ständig hinter kleinen Notlügen verstecken, sondern kann seine ehrliche Meinung verbreiten.

Es ist nicht einfach ehrlich zu sein, aber es bringt einige Vorteile mit sich. Deshalb sollte man es versuchen. Allerdings ist hin und wieder eine kleine Notlüge gestattet, wenn man andere verletzen könnte.

Wer es schafft ein ehrlicherer Mensch zu werden, wirkt authentisch. Dies ist eine Eigenschaft, die Menschen vertrauensvoll wirken lässt. Man weiß, woran man mit diesen Menschen ist. Dadurch vertraut man ihnen viel schneller. Um authentisch zu wirken, muss jedoch die Körpersprache mit den Wörtern übereinstimmen.

Energie

Charismatischen Menschen wird eine unglaubliche Energie zugeschrieben. Doch warum?

Diese Menschen lieben sich selbst und nehmen sich an, wie sie sind. Zusätzlich vertrauen sie in sich und arbeiten leidenschaftlich auf ihr selbstgestecktes Ziel hin. Alle diese Eigenschaften verleihen diesen Menschen eine großartige Energie, die sonst kaum jemand vorzuweisen hat. Sie kommt nicht vom Körper, sondern aus dem Geist. Mit dieser Energie kann ein charismatischer Mensch andere Leute schnell mitreißen und für sich gewinnen.

Diese Energie ist besonders für Führungskräfte sehr hilfreich. Wenn sie es schaffen, ihren Angestellten ein Lächeln auf die Lippen zu zaubern und sie zu motivieren, haben sie gute Arbeit geleistet. Außerdem ist die eine sehr gesundheitsfördernde Eigenschaft.

Gute Kommunikation

Kommunikation ist eine sehr wichtige Eigenschaft. Menschen, die charismatisch sind, können sich gut ausdrücken und Menschen mit ihren Worten mitreißen. Sie zeigen außerdem ein Interesse an dem, was andere Mensch zu sagen haben und versuchen sie zu verstehen. Sie können ihre Wörter mit der Körpersprache in Einklang bringen, was sie sehr sympathisch wirken lässt. Manche Menschen haben diese Eigenschaft, ohne groß darüber nachdenken zu müssen. Andere müssen sich dies aneignen. Wenn man zu der Gruppe der Menschen gehört, die nicht als Kommunikationsgenies geboren sind, kann man bewusst etwas daran ändern. Tipps für eine bessere Kommunikation gibt es in diesem Buch eine Menge. Wer sie sich zu Herzen nimmt und umsetzt, wird nicht nur seine Kommunikation, sondern auch sein Selbstbewusstsein verbessern.

Ein großer Teil der Kommunikation: Manipulationstechniken

Manipulationen sind ein großer Teil der Kommunikation. Jeder Mensch hat schon einmal Manipulationstechniken angewendet, um das zu bekommen, was er möchte. In der Regel geschieht dies unbewusst, doch man kann sie auch bewusst einsetzen. Wer diese Techniken beherrscht, muss sie allerdings gekonnt und verantwortungsbewusst einsetzen. Außerdem kann das Wissen über die beliebtesten Techniken dabei helfen, dass man Manipulationsversuche besser abwehren kann.

Es ist daher wichtig, dass man sich damit auskennt, wenn man ein guter Redner werden möchte.

Im ersten Moment klingt Manipulation sehr negativ. Dies liegt daran, dass jeder Mensch schon die Erfahrung gemacht hat, dass man durch Manipulation sehr ausgenutzt werden kann. Das ist auch tatsächlich der Fall. Durch bestimmte Kommunikationstechniken kann das Denken und Handeln eines Menschen beeinflusst werden. Die Manipulation hat auch positive Eigenschaften. Indem man einen Menschen manipuliert, kann man ihn motivieren und zu etwas überzeugen, was gut für ihn ist. Man sollte einen Menschen niemals so manipulieren, dass er etwas tut, was er nicht wollte und was nicht gut für ihn. Menschen, die dies tun, nur um selbst davon zu profitieren, haben oft eine narzisstische Persönlichkeit.

Meistens merkt man es gar nicht, wenn Manipulationstechniken an einem angewendet wurden. Das macht sie so erfolgreich. Jeder hatte bestimmt schon einmal ein Gespräch, das sich in eine komplett andere Richtung entwickelt hat als erwartet. Vielleicht hat man selbst seine Meinung überraschend geändert oder man hat sein Anliegen nicht erreichen können. In diesem Fall wurden möglicherweise Manipulationstechniken vom Gesprächspartner angewandt. Das kann unbewusst oder bewusst geschehen sein. In der Rhetorik werden sie gerne angewandt, um die Zuhörer von der eigenen Meinung zu überzeugen.

Man kann davon ausgehen, dass überall wo Kompromisse ausgehandelt oder Strategien verfolgt werden, Manipulationstechniken angewendet werden. Dadurch gehören sie in unseren alltäglichen Sprachgebrauch. Viele Menschen wenden diese Techniken an, um die Aufmerksamkeit der Gesprächspartner zu erhalten. Oft merken sie dabei gar nicht, dass sie andere Menschen manipuliert haben. Allerdings gibt es verschiedene Ausprägungen der Manipulation. Bei einer geringen Beeinflussung geht es lediglich darum, andere Menschen zum Zuhören zu bringen. Stärkere Manipulation findet sich in Gehaltsverhandlungen wieder oder wenn man einen

Menschen zum Kauf überreden will. Dabei wird versucht die Meinung eines Menschen zu ändern. Extreme Manipulation kommt nur sehr selten vor, ist aber auch im Bereich des Möglichen. Menschen, die Manipulationskünstler sind, können andere Menschen dazu bringen, Dinge für sie zu tun, die manchmal schreckliche Ausmaße annehmen können. Nur Menschen, die sich mit Manipulationstechniken auskennen, können diese erkennen und abwehren.

Anwendung von Manipulationstechniken

Die Manipulationstechniken bilden den Unterschied zwischen Überreden und Überzeugen. Wer eine andere Person überredet hat, hat ihn dazu gebracht, mit Wiederwillen zuzustimmen. Einen anderen Menschen zu überzeugen bedeutet, dass man seine Meinung geändert hat und dem Manipulator zustimmt.

Hauptsächlich werden Manipulationstechniken in Verkaufsgesprächen, Gehaltsverhandlungen und in der Werbung angewendet. Allerdings kommen sie auch in anderen beruflichen und privaten Bereichen zum Einsatz. In der Regel werden sie in Gesprächen angewendet, in denen verschiedene Meinungen aufeinandertreffen. Um den Gesprächspartner zu überzeugen, werden bewusst oder unbewusst Manipulationstechniken angewendet. Das Anwenden von stressigen Fragen im Bewerbungsgespräch kann ebenfalls als Manipulation gesehen werden.

Da die Manipulation nicht vor dem Privatleben Halt macht, sollte man sich auch in Beziehungen zu Verwandten und Freunden immer wieder fragen, ob diese Techniken angewendet werden.

Besonders leicht zu beeinflussen sind Menschen, die unter großem Stress stehen. Da sie mit anderen Dingen beschäftigt sind, achten sie nicht mehr so genau auf ihre Körpersprache und verraten viel zu viel über ihre Gedanken und Ängste. Manipulationstechniken helfen nicht nur Menschen, die ein Bewerbungsgespräch abhalten, sondern auch denen, die zu einem Vorstellungsgespräch eingeladen wurden und auf ihren Traumjob hoffen. Durch gezielte Körpersprache und rhetorische Tricks kann man sich selbst verkaufen und den Personaler davon überzeugen, dass er einen braucht.

Manipulation durch Wiederholung

Vermutlich kann jeder Mensch sofort sagen, wo diese Art der Manipulation regelmäßig angewendet wird. In der Werbung. Werbesendungen oder-slogans werden einem so penetrant immer und immer wieder angezeigt, bis man nachgibt und doch sein Geld für das Produkt ausgibt.

Die ständige Wiederholung hat tatsächlich einen Einfluss auf den Menschen. Wenn der Mensch eine Sache öfter hört, bekommt er das Gefühl, dass mehrere Menschen ihm davon erzählt hätten. Dies ist ein Qualitätsmerkmal des Gehirns. Wenn man Informationen über eine bestimmte Sache immer wieder erhält, selbst wenn es durch die gleiche Werbung ist, bekommt das Unterbewusstsein automatisch das Gefühl, dass es sich um etwas Gutes handelt.

Das Erzeugen von Angst

Angst ist ein sehr starkes Gefühl, das eine Menge bewirken kann. Es soll dazu führen, dass wir im Notfall fast übermenschliche Kräfte bekommen, um fliehen oder kämpfen zu können. Aus diesem Grund ist das Gefühl so stark. Wenn man es schafft, Angst bei einem Menschen auszulösen, hat man ihn in der Hand. Angst sorgt dafür, dass man die Kontrolle über sich selbst verliert, da sie das logische Denken außer Kraft setzt. Wenn dieses Gefühl einmal in einem Menschen ausgelöst wurde, verstärkt es sich von selbst.

Medien nutzen Angst sehr gerne. Wenn sie auf eine Gefahr aufmerksam machen, haben sie die Menschen and er Angel. Jeder möchte wissen, wie es mit dieser Gefahr weitergeht und schaut sich deshalb besonders regelmäßig die Nachrichten an. Aus diesem Grund verbreiten die Medien gerne Berichte über Krankheiten, Kriege oder Krisen. Fast alles, was in den Medien gebracht wird, hat keine wirklich schlimmen Auswirkungen. Aber damit die Menschen, die Nachrichten sehen oder die Zeitung kaufen, wird ihnen vermittelt, dass sie unbedingt wissen müssen, wie es mit der Krise weitergeht.

Um Angst optimal zu nutzen, wird sie gerne mit Zeitdruck verbunden. Diese beiden Dinge vereint, bringen die meisten Menschen dazu, sofort zu handeln und die dümmsten Dinge zu tun. Deshalb arbeiten Betrüger gerne mit diesen Mitteln. Um sich dagegen zu wehren, sollte man alles, was einem erzählt wird, erstmal hinterfragt werden. Besonders, wenn Zeitdruck dazu kommt, sollte man kritisch reagieren.

Angst ist besonders gefährlich, wenn sie eine große Gruppe von Menschen betrifft. Selbst wenn die Situation nicht wirklich schlimm ist, kann aus einer falschen oder abgeänderten Information eine Massenpanik entstehen, durch die schon Menschen gestorben sind.

Wenn man im Grunde eine ähnliche Meinung wie der Gesprächspartner hat und ihn zu drastischen Maßnahmen überzeugen möchte, gibt es ebenfalls eine gute Manipulationstechnik. Zum Beispiel wurde diese Technik von vielen Menschen während der Flüchtlingskrise angewendet. Viele Menschen waren deswegen verunsichert. Rechtsextreme Menschen haben sich diese Verunsicherung vorgenommen und eine schwarze und düstere Zukunft gemalt, die aufzeigt, wie schlimm sich das eigene Leben verändern wird, wenn Flüchtlinge ins Land kommen. Dadurch, dass die Menschen eh schon verunsichert waren, zeigte das Malen dieser düsteren Zukunft gute Wirkung und versetzte viele Menschen in Angst.

Die Manipulation des Denkens

Das Denken ist zum großen Teil ein unterbewusster Prozess. Deshalb lässt es sich leichter manipulieren als die meisten Menschen denken. Es gibt einige Techniken, mit denen sich die Gedanken eines Menschen beeinflussen lassen.

Einen großen Einfluss haben Schlagwörter, die dafür sorgen, dass etwas größer wirkt als es ist. Wörter wie Superweiß geben dem Zuhörer das Gefühl, dass es weißer als weiß ist, obwohl dies nicht möglich ist.

Außerdem sind Fremdwörter und Begriffe, die nicht eindeutig klar sind, eine große Hilfe, wenn man jemanden manipulieren möchte. Wer einen Begriff hört, den er nur halb versteht, stellt sich schnell etwas Falsches darunter vor und kann dadurch leichter beeinflusst werden.

Eine erfolgreiche Manipulation kann außerdem durch eine besonders intellektuelle Präsentation geschehen. Dadurch, dass die Zuhörer nur einen Teil des Gesagten verstehen, kann das Denken in eine bestimmte Richtung gelenkt werden.

Die einfachste Art der Manipulation ist das Verschweigen von gewissen Tatsachen.

Bestätigung und Zuspruch sind zwei Mittel, durch die man Menschen dazu bringt, sich zu öffnen und dem Manipulator zu vertrauen. Dadurch sind sie leichter zu manipulieren.

Um Menschen von etwas zu überzeugen, kann man es visualisieren. Dies sorgt dafür, dass die Zuhörer es sich besser vorstellen können. Wenn man andere Aspekte der Rede jedoch nicht visualisiert, beeinflusst man die Zuhörer, da sie sich auf die visualisierten Worte konzentrieren.

Das Verhalten durch Sprache beeinflussen

Menschen sind Gruppentiere und machen am liebsten das, was alle tun. Deshalb lassen sie sich besonders gut davon beeinflussen, wenn man in der Sprache andeutet, das bedeutende Persönlichkeiten oder die Mehrheit der Menschen etwas für Gut befinden. Oft reicht es auch aus, zu sagen, dass eine Reihe von Wissenschaftlern dieser Meinung ist.

Es hält sich das Gerücht, dass Komiker im Publikum Menschen platzieren, die nach jedem Witz klatschen. Dadurch sollen sie das restliche Publikum dazu bewegen, ebenfalls zu klatschen. Dies gibt den Zuschauern das Gefühl, sie hätten mehr Spaß bei der Show gehabt als es ohne die Fake-Zuschauer der Fall gewesen wäre.

Um Menschen durch Sprache zu beeinflussen, können ihm Wahlmöglichkeiten gegeben werden. Man setzt bei den Wahlmöglichkeiten voraus, dass der Gesprächspartner bereits zugesagt hat und stellt ihn vor eine Wahl, die einem selbst nicht so wichtig ist. Wenn man einen Menschen dazu bringen möchte, etwas zu kaufen, fragt man nicht: „Möchten Sie dieses Handy kaufen?" Stattdessen stellt man ihn vor die Wahl: „Möchten Sie das Handy in schwarzer oder weißer Farbe haben?"

Dadurch bekommt der Kunde das Gefühl, dass die Entscheidung, das Handy zu kaufen, bereits gemacht wurde. Durch die Wahlmöglichkeiten hat er gar keine Zeit groß darüber nachzudenken, ob er das Handy wirklich möchte. Stattdessen überlegt er, welche Farbe ihm besser gefällt. Dazu kommt, dass der Kunde durch diese Sprache schon fast ein schlechtes Gewissen bekommt, wenn er das Handy nicht kauft.

Das Loben der eigenen Kompetenzen ist eine gute Möglichkeit, wenn man jemanden davon überzeugen will, einem zu vertrauen. Wenn man auf einem Gebiet keine Ausbildung vorzuweisen hat und dennoch möchte, dass andere Menschen einem vertrauen und vielleicht sogar Geld für eine Dienstleistung zu bezahlen, muss man ihn unterbewusst immer wieder auf die eigenen Fähigkeiten hinweisen. Es ist natürlich zu offensichtlich, wenn man offen davon erzählt, wie gut man ist. Dies wirkt auf den Gesprächspartner wie Werbung und sorgt dafür, dass er genervt ist. Stattdessen sollte man lieber der anderen Person aufmerksam zuhören und auf das Gesagte eingehen. Dabei lässt man immer wieder kleine Sätze fallen die mit „Als ich in dieser Situation war…" oder „Als ich das gemacht habe…". Wenn man immer öfter nebenbei die eigenen Erfahrungen anspricht, bekommt der Gesprächspartner das Gefühl, man hätte viel Erfahrung und wäre ein Experte auf dem Gebiet.

Um starke Argumente zu setzen, gegen die sich der Gesprächspartner nicht traut, anzugehen, kann man bestimmte Einleitungen für die Sätze verwenden. Dazu zählen zum Beispiel: „Es weiß doch jeder, dass…", „Alle sind sich einig, dass…",

„Niemand mit gesundem Menschenverstand wird bestreiten, dass…" oder „Es ist unbestritten, dass…".

Kaum jemand wird sich trauen, gegen ein Argument vorzugehen, wenn es so eingeleitet wurde.

Besonders extreme Manipulationstechniken sind es, Lügen zu verbreiten oder sogar anderen Menschen zu drohen. Auch das absichtliche Missverstehen oder Ignorieren einer Frage führen dazu, dass man seinen Willen durchsetzen kann.

Manipulation von Informationen

Informationen lassen sich von verschiedenen Seiten beleuchten und können dadurch komplett verschiedene Bedeutungen ausweisen.

In Diktaturen wird oft nur ein einziger Informationssender erlaubt, der lediglich die Informationen sendet, die von der Regierung für gut befunden werden.

Die gegensätzliche Taktik ist es, die Menschen mit Informationen zu überfordern. Dadurch verlieren sie komplett den Überblick und wissen letztendlich gar nicht, worum es eigentlich geht.

Um Menschen zu manipulieren, kann man außerdem wichtige Information nebensächlich erscheinen lassen und andere besonders groß diskutieren. Dadurch wirken sie viel wichtiger und überschatten alle anderen Informationen.

Die einfachste Methode der Manipulation ist das bewusste Verschweigen von Informationen. Außerdem kann eine Information auch gleichzeitig mi einer Wertung übermittelt werden. Dies sorgt dafür, dass sich die Information zusammen mit der Wertung im Kopf der Zuhörer festsetzt.

Manipulation von Bedürfnissen

Die Bedürfnisse eines Menschen leiten ihn durch das Leben. Unerfüllte Bedürfnisse sind ein großes Problem und sorgen dafür, dass man sich leicht manipulieren lässt.

Wenn man einem Menschen verspricht, dass seine Bedürfnisse erfüllt werden, wenn er etwas Bestimmtes tut, ist dies eine einfache Art der Manipulation.

Eine andere Möglichkeit ist es, ein Bedürfnis bei den Menschen zu wecken, dass man anschließend erfüllen kann. Das geschieht besonders häufig durch die Werbung.

Die Manipulation von den Bedürfnissen ist besonders erfolgreich, wenn man es mit Angst verbindet. Menschen, die Angst davor haben, dass sie in Zukunft ihre Bedürfnisse nicht mehr erfüllen können, sind leicht zu beeinflussen.

10 Schritte zum Kommunikationsexperten

In diesem Buch wurden viele Dinge besprochen, die zu einer besseren Kommunikation verhelfen. Um es einfach zu machen, fehlt noch eine genaue Anleitung, wie man es zum Kommunikationsexperten schafft. Deshalb folgen nun 10 Schritte, wie jeder Mensch zum Kommunikationsexperten wird.

1. Zuhören

Ironischerweise ist der erste Schritt zum Kommunikationsexperten, das Nichtreden. Um einen Menschen von der eigenen Meinung zu überzeugen, muss er einem vertrauen und sympathisch finden. Das passiert nur, wenn man den Gesprächspartner selbst reden lassen und ihm gut zuhören. Wenn er das Gefühl hat, dass man sich für ihn und seine Meinung interessiert, redet er viel offener und ehrlicher und es kann eine bessere Unterhaltung geführt werden. Das Zuhören wird leider viel zu häufig unterschätzt, dabei ist es ein wichtiger Teil der Kommunikation.

Wenn man das Gefühl hat, dass der Gegenüber nur darauf wartet, dass man endlich mit dem Reden fertig ist, macht die Unterhaltung sofort weniger Spaß, da man sich nicht ernst genommen fühlt. Mit dem aktiven Zuhören zeigt man dem

Gesprächspartner, dass man sich für ihn und seine Meinung interessiert. Dies schafft man ganz ohne Worte und nur mit der Körpersprache. Ein interessiertes Lehnen nach vorne, ein Nicken mit dem Kopf und Blickkontakt zeigen an, dass man sich für das Gespräch interessiert.

Außerdem erfährt man durch das Zuhören mehr über die Gefühle und Gedanken des Gegenübers zu dem Thema. Wenn man später darauf eingehen kann, hat man bessere Chancen ihn zu überzeugen.

Ein Kommunikationsexperte muss daher wissen, wie er seinem Gesprächspartner richtig zuhört.

2. Vertrauen aufbauen

Um jemanden von der eigenen Meinung zu überzeugen, muss man Vertrauen aufbauen. Man nimmt meistens die Meinungen von Personen, die einem nah stehen, besonders ernst. Die Aussagen von fremden Menschen ignoriert man daher viel eher. Man sollte daher langsam in ein Gespräch starten. Deshalb bietet es sich an, den Gesprächspartner zu fragen, wie es ihm geht und was er am Wochenende gemacht hat. Dadurch zeigt am Interesse und baut Vertrauen auf. In diesem Teil der Unterhaltung kann man außerdem die Taktik anwenden, dass man immer wieder eigene Erfahrungen in das Gespräch einfließen lässt. Dadurch bekommt der Gesprächspartner das Gefühl, dass man weiß, wovon man redet und ein Experte auf dem Gebiet ist. Dies baut weiteres Vertrauen auf. Wenn es im späteren Verlauf des Gesprächs darum geht, ihn zu etwas zu überzeugen, hat man es viel leichter.

3. Den Gesprächspartner verstehen

Das aktive Zuhören ist ein wichtiger Teil des Gesprächs. Doch dabei handelt es sich darum, die Worte des Gegenübers zu verstehen. Fast noch wichtiger ist es allerdings, seine Gedanken und Gefühle hinter den Worten zu erkennen. Dafür konzentriert man sich auf seine Körpersprache. Die Gestik und die Mimik verraten sehr viel über die Gedanken eines Menschen. Da die Körpersprache etwa 80 % der Kommunikation ausmacht, muss man sie verstehen können, um ein Kommunikationsexperte zu sein.

4. Charisma besitzen

Das ist einfacher gesagt als getan. Niemand kann in den Supermarkt gehen und sich ein bisschen Charisma kaufen. Es ist allerdings ein wichtiger Teil der Kommunikation, da charismatische Menschen selbstbewusst und sympathisch wirken und die ganze Aufmerksamkeit auf sich ziehen. Einige Menschen sind mit Charisma geboren. Andere müssen es sich aneignen. Dafür kann man sich das entsprechende Kapitel in diesem Buch ansehen. Besonders wichtig, um charismatisch zu werden, ist ein gutes Selbstbewusstsein. Jeder Mensch, der gerne sich gut ausdrücken möchte, sollte sofort aufhören, sich schlecht zu reden. Stattdessen sollte man sich seine Stärken immer wieder vor Augen halten. Charismatische Menschen besitzen allerdings noch mehr Eigenschaften, die sie zu bewundernswerten Menschen machen. Es dauert lange, sie sich alle anzueignen, aber es ist möglich.

5. Die Beherrschung rhetorischer Stilmittel

Kommunikationsexperten müssen rhetorische Stilmittel beherrschen. Diese sorgen dafür, dass man seine Zuhörer mitreißt. Durch verschiedene Techniken erschafft man ein Bild vor den Augen der Zuhörer. Wer Menschen auf seine Seite ziehen möchte, muss wissen, wie er Wörter anordnen und umformulieren kann. Das beste Mittel dafür sind rhetorische Stilmittel.

6. Auf die Körpersprache achten

Für eine gute Kommunikation muss man die Körpersprache des Gegenübers verstehen. Gleichzeitig ist es wichtig, dass man sich selbst durch die eigene Körpersprache optimal ausdrückt. Der Körper sollte nicht das Gegenteil behaupten, dass durch Worte ausgedrückt wird. Deshalb ist es wichtig darauf zu achten, dass der Körper mit den Worten mitgeht. Spricht man die Zuhörer direkt an, kann man einen Schritt auf sie zu und eine ausladende Geste in die Menge machen. Dadurch spüren sie, dass sie gemeint sind.

7. Die Beherrschung der Manipulationstechniken

Manipulationstechniken haben gute und schlechte Seiten. Sie dürfen niemals verwendet werden, um anderen Menschen zu schaden oder sie auszunutzen. In vielen Verkaufsgesprächen, Präsentationen oder geschäftlichen Treffen können sie sehr hilfreich sein. Außerdem muss ein Kommunikationsexperte die wichtigsten Manipulationstechniken kennen, damit er sich nicht selbst davon einwickeln lässt. Um absolut souverän in einem Gespräch aufzutreten, muss man diese Taktiken gekonnt abwehren können.

8. Wissen ansammeln

Neben all den verschiedenen Taktiken, die in diesem Buch besprochen wurden, sollte niemand vergessen, sich auf ein wichtiges Gespräch oder auf eine Präsentation richtig vorzubereiten. Wer sich auf einem Gebiet besonders gut auskennt und sich informiert hat, ist automatisch selbstbewusster und kann besser reden. Deshalb sollte es selbstverständlich sein, sich ausgiebig vorzubereiten.

9. Kommunikation an den Zuhörer anpassen

Wenn man sich auf einem bestimmten Gebiet sehr gut auskennt, neigt man dazu, mit Fachbegriffen um sich zu werfen. Damit sollte man allerdings vorsichtig sein. Die Benutzung von Fachbegriffen kann eine Taktik sein, um auf die Zuhörer intelligenter zu wirken und sie wissen zu lassen, dass man sich mit dem Thema auskennt.

Allerdings sollte die Sprache immer an die Zuhörer angepasst werden. Wenn man Menschen vor sich hat, die sich mit dem Thema ebenfalls gut auskennen, ist die Benutzung von Fachbegriffen angemessen. Manchmal hat man jedoch auch ein Publikum vor sich, dass sich noch gar nicht mit dem Thema auskennt. In diesem Fall sollte eine einfache Sprache benutzt werden, damit die Zuschauer folgen können. Hin und wieder ein Fachbegriff ist in Ordnung. Er kann außerdem erklärt werden, um die Zuschauer weiterzubilden.

10. Verhalte dich natürlich und sei ehrlich

Wer alle Tipps so schnell wie möglich umsetzen möchte, könnte sich dabei selbst vergessen und unnatürlich wirken. Es ist gut an sich selbst und der eigenen Kommunikation zu arbeiten. Allerdings sollte man dabei niemals vergessen, man selbst zu sein. Nur wer ehrlich über sich selbst und sein Leben redet, wirkt authentisch und sympathisch.

Dafür ist es wichtig, dass man sich selbst mit allen Schwächen und Stärken annimmt.

Impressum

Rocka Maldini
120, Old Railway Track SVR 9017,
Santa Venera
Malta

malta.publishing@gmail.com

Cover foto: Stock_VectorSale // www.shutterstock.com
Cover design: Alexey Designs

Printed in Poland
by Amazon Fulfillment
Poland Sp. z o.o., Wrocław

68676917R00188